**Gebrauchsanweisung
für Japan**

Andreas Neuenkirchen

Gebrauchsanweisung für Japan

Piper München Zürich

Mehr über unsere Autoren und Bücher:
www.piper.de

Widmungen sind was für Mädchen.
Also: für die Kaz

ISBN 978-3-492-27585-9
© Piper Verlag GmbH, München 2009
Satz: le-tex publishing services GmbH, Leipzig
Druck und Bindung: CPI – Clausen & Bosse, Leck
Printed in Germany

Inhalt

Hokkaido

Otaru○○Sapporo

Japanisches
Meer

Aomori○

Nagano○　■ **Nikko**
Tojinbo■
Awara○　■ **Eiheiji**　**Tokio**◉
　　　　　　○○Kawasaki
Kyoto○　　Yokohama
Kobe○○Osaka　Nagoya○
Hiroshima○　　　　Honshu
Matsuyama○　Takamatsu○
Fukuoka○
Nagasaki○　　Shikoku

Kyushu

Pazifischer
Ozean

Okinawa-Inseln

Du bist Japan

Als im Oktober 2008 ein nackt badender Tourist in der Nähe des japanischen Kaiserpalastes Polizisten und Passanten irritierte, ging die Meldung schwer übersehbar durch alle deutschen Medien, von Boulevard bis bildungsbürgerlich.

Als einen Monat zuvor Japan, immerhin die zweitgrößte Wirtschaftsmacht der Welt, zum dritten Mal in weniger als zwei Jahren überraschend den Premierminister wechselte, war das den hiesigen Medien kaum mehr als eine Randnotiz wert. Zur gleichen Zeit wurde jedes Räuspern jedes Nebendarstellers im US-amerikanischen Vorwahlkampf mit derartigem Nachdruck in die Öffentlichkeit posaunt, dass man meinen konnte, Deutschland dürfe diesmal mitwählen.

Es ist, als wäre hierzulande eine Nachrichtensperre über Japan verhängt, solange es nicht um Kurioses oder Technologisches oder – am besten – Kurioses aus dem Bereich der Technologie geht. Japan scheint fern. Dabei ist Japan im westlichen Alltag längst angekommen, sei es in der Ess-, Pop- oder Unternehmenskultur. Das Sushi-Röllchen ist eine echte Gefährdung für die Currywurst geworden, und die Instant-Nudelsuppe aus dem Asia-Laden hat das Studentenfutter als Studentenfutter abgelöst. Tim, Struppi, Asterix und Spiderman haben den Auflagenkampf gegen die Comickonkurrenz aus Fernost endgültig verloren, im Fernsehen sind Heidi und der Geißenpeter bereits seit den Siebzigern Japaner. Vor Hello Kitty schlottert selbst Mickymaus. Tokio Hotel heißen nicht nur so, sondern orientieren sich auch – genau wie etliche Nachahmungstäter – an Ästhetik und Sound japanischer Visual-Kei-Bands. Personalmanager und Motivationstrainer kommen mit jedem Unsinn durch, wenn sie nur behaupten, es handele sich um »eine traditionelle Methode aus Japan«. Karaoke, Videospiele, Sumo im Randgruppenfernsehen – wäre ein Leben ohne noch lebenswert? Hollywood importiert schon lange seine besten Ideen aus Japan, von den glorreichen Sieben (vor ihrer Cowboylaufbahn waren sie Samurai) über den König der Löwen (Simba hieß mal Kimba) bis hin zu den modernen Gruselfilmen der *Ring*- und *Grudge*-Serien. Geändert hat sich daran in den letzten Jahren nur, dass amerikanische Produzenten inzwischen artig die Rechte an den Stoffen kaufen, anstatt ohne Unrechtsbewusstsein geistiges Eigentum zu stehlen.

Aber der Kulturaustausch ist keine Einbahnstraße. Vieles hat Japan aus Ländern nah und fern übernommen: die Schrift aus China, die Braukunst aus Deutschland, Starbucks aus Amerika – um nur drei besonders markante Beispiele zu nennen. Wie in jedem Land der Welt gilt auch in Japan Internationales vielfach als schicker und verheißungsvoller als inländisch Produziertes. US-amerikanische Einflüsse haben die Nase vorn, aber deutsche Exotik hat durchaus ihren Stellenwert. In einem Kaufhaus in Fukui geriet ich in ein ›internationales Festival‹: An einem Stand wurden chinesische Frühlingsrollen zubereitet, daneben bot man internationales Lifestyle-Spülmittel zum Verkauf an: »*Frosch from Germany!*« In einer ideologisch unverdächtigen Kettenbuchhandlung in Osaka fand ich eine liebevoll und kindgerecht gestaltete Verkaufsfläche: »*Kinderbücher aus der DDR*« – im ostdeutschen

Original und viele Jahre nach der Wende. Ob Ostalgie auch von Japanern empfunden wird, erschloss sich mir nicht.

In Deutschland und anderswo hat sich das Wort *Manga* längst durchgesetzt, wenn von japanischen Comics die Rede ist. In der Verwendung des original japanischen Ausdrucks soll Coolness und Insiderwissen mitschwingen. In Japan dürften deutsche Manga-Fans damit allerdings weniger Eindruck schinden, denn dort sagt die junge Generation lieber *Comics* – weil der ausländische Begriff auch dort cooler ist.

Genau wie sich deutsche Hausfrauen und Kleingärtner gerne asiatische Schriftzeichen auf Schultern und Hinterbacken tätowieren lassen, solange sie nur hübsch aussehen und ihnen der Tätowierer glaubhaft versichert hat, das gewählte Modell stehe für Liebe, Glück oder Kraft (obwohl es in Wirklichkeit bloß Maisbrei bedeutet), so haben auch eingebildete Trendsetter in Japan ein Faible für ausländische Schriftzeichen, ohne deren Bedeutung besondere Beachtung zu schenken oder einer genaueren Überprüfung zu unterziehen. Englische, französische und deutsche Slogans von großer Kreativität und geringem Sinngehalt zieren Geschäftsfassaden, T-Shirts, Handtaschen und Schreibutensilien. Auf dem Schreibblock, auf dem die Rohfassung dieses Buches entstand, steht gedruckt: *»Die Eier, The most famous symbol which symbolizes Germany 1237–1987«*.

Dem Charme des Bemühten, aber Falschen kann man sich schwer entziehen. Mittlerweile haben Taschenkalender und Notizblöcke mit grammatikalisch fragwürdigen französischen Slogans aus japanischer Produktion den Weg in die Papeterie des Pariser Kunst- und Kulturzentrums Centre Pompidou gefunden. Was in japanischen Kaufhäusern wegen des französischen Flairs um Käufer buhlt, wird in Frankreich als japanischer Chic verkauft – selbstverständlich deutlich teurer als im Herkunftsland.

Die Tatsache, dass bei Japans Jugend französisches Savoir-vivre, italienische Dolce Vita und der American Way of Life zusehends höher im Kurs stehen als deutsches Dichten und Denken, beunruhigte vor ein paar Jahren die Bundesregierung, und man rief 2005 das ›Deutschland in Japan‹-Jahr aus. Als kulturelle Botschafter bereisten Horst Köhler, die Maus und der blaue Elefant das Land, bisweilen begleitet von Blasmusikern. Der Erfolg lässt sich im Nachhinein schwer messen. Eine japanische Freundin von mir zischte damals jedenfalls mit nach Landesmentalität untypischer Meinungsstärke: »Die Maus ist langweilig, und ich HASSE den Elefanten!«

Ich weiß nicht, ob sie mit dieser Meinung alleine dastand. Fest steht, dass man noch heute Maus-Souvenirs in japanischen Geschäften findet. Ich weiß aber auch nicht, ob das an der großen Nachfrage liegt oder ob es sich um hartnäckige Restposten handelt.

Die Kulturen durchdringen einander also bereits aufs Schönste. Und doch bleibt uns Japan in vielerlei Hinsicht fremd. Supermärkte, in denen immer alle Kassen besetzt sind; freundlicher Service, wo man geht und steht; Züge, die immer pünktlich kommen und fahren – das sind Konzepte, die dem Deutschen wie Hirngespinste aus dem Fiebertraum eines Wahnsinnigen vorkommen müssen. In Japan sind sie Realität. Genauso wie eine Hauptstadt, die zwölf Millionen Einwohner, aber kaum Straßennamen hat. Oder Geschäftsverhandlungen, bei denen ein ›Ja‹ nur in Ausnahmefällen ›ja‹ bedeutet. Oder politische und wirtschaftliche Skandale, die mit einfachen Entschuldigungen aus der Welt geschafft werden. Oder eine Küche, die gleichzeitig die gesündeste und potenziell tödlichste der Welt ist.

Die Gebrauchsanweisung, die Sie in den Händen halten, soll nicht alles erklären, aber vieles näherbringen. So sollen Sie etwa erfahren, wann man bei der Teezeremonie endlich trinken darf, wie tief man sich wann wem gegenüber verbeugt, wie man shintōistisch korrekt betet und warum junge Frauen im Park in erster Linie vor anderen jungen Frauen im Park Angst haben. Sie werden lernen, wie Sie sich mit einem einzigen japanischen Wort durch die meisten Alltagssituationen mogeln können und wie Sie notfalls Wörter anderer Sprachen im Handumdrehen japanisieren. Außerdem bekommen Sie wertvolle Tipps, was Sie mit Stäbchen zu tun und zu lassen haben und wie sich ein rosa Spitzenhäubchen auf männliche Weise tragen lässt. Was Sie daraus machen, ist Ihnen überlassen und geht mich nichts an.

Wer ein Buch schreibt, hat nie das letzte Wort. Das hat immer der Leser, und häufig lautet es: »Quatsch!« So lautete jedenfalls meines nach der Lektüre etlicher Japan-Reiseführer. Das lag nicht immer daran, dass die Verfasser von vorn bis hinten unrecht hatten. Meist lag es am unberechenbaren Lauf der Zeit. Sitten und Unsitten sterben aus, entwickeln sich weiter oder mutieren. Eine Beobachtung aus dem 20. Jahrhundert muss im 21. nicht mehr stimmen, eine aus dem 19. kann noch immer Relevanz haben. Niemand wirkt älter und falscher als der, der in der Jugendsprache des Vorjahres spricht. Wer hingegen in der Jugendsprache des vergangenen Jahrzehnts spricht, könnte schon wieder voll im Retrotrend liegen. Einigen veralteten Vorstellungen von Land und Leuten, die sich hartnäckig in der Japan-Literatur halten, möchte dieses Buch Gegendarstellung sein. Mag sein, dass dort, wo alte Vorurteile hinterfragt werden, neue entstehen. Es liegt in der Natur des Menschen, mehr als einmal Erlebtes zur Regel hochzuloben, auch wenn es sich um reinen Zufall handelt. Sie sind also herzlich eingeladen, an meinen Fehlern teilzuhaben, gegebenenfalls sogar etwas daraus zu lernen. Machen Sie aber bitte unbedingt auch Ihre eigenen! Die machen nämlich am meisten Spaß.

Hajimemashite!
Von Kontakt und Kommunikation und anderem Unvermeidlichen

Guten Morgen, guten Tag, guten Abend, gute Nacht. All das kann man ohne Weiteres auf Japanisch sagen: *ohayo gozaimasu, konnichi wa, konban wa, oyasumi nasai*. Wobei Letzteres ebenso gut *gute Freizeit* wie *gute Nacht* heißen könnte, denn wann außer zur Nachtruhe hat man als Japaner schon Freizeit? Trifft man jemanden zum ersten Mal im Leben, sagt man zur Begrüßung erst mal: »*Hajimemashite!*« Wörtlich übersetzen lässt der Ausdruck sich schwer; es handelt sich um die Feststellung, dass es das erste Mal ist, und gibt der Hoffnung Ausdruck, dass man einander gewogen sein wird.

Aber die Frage, was man zur Begrüßung sagt, ist gar nicht des Pudels Kern. Interessanter ist, was man dabei mit Körper und Gliedmaßen tut.

Das große Zappeln

Wenn Japaner und Europäer aufeinandertreffen, wird es zappelig. Japaner wissen, dass Europäer einander die Hände schütteln, besonders lebenslustige Exemplare einander sogar die Wangen küssen. Europäer wissen, dass in Japan beides unüblich ist und dass man sich stattdessen voreinander verbeugt. Nur: Soll man sich als Besucher der Landessitte anbiedern oder davon ausgehen, dass die Einheimischen das gar nicht erwarten, und von sich aus die Hand zum Gruße strecken? Die Antwort kennt niemand, denn es gibt keine. Japaner machen sich vor der Begegnung dieselben bangen Gedanken. Deshalb wird das erste Aufeinandertreffen von Ost und West immer ein großes Zappeln zwischen angetäuschten Verbeugungen, zuckenden Handbewegungen und nervösem Gelächter sein. Und das wird so lange anhalten, bis beide Parteien einen gemeinsamen Rhythmus, vielleicht ein gemeinsames Ritual gefunden haben.

Wer bereits einem Japaner die Hand geschüttelt hat, mag zu der Überzeugung gelangen, Japaner können keine Hände schütteln. Die Flosse liegt passiv in der eigenen und lässt die Begrüßung über sich ergehen, eigener Druck wird nicht ausgeübt. Das liegt an der mangelnden Erfahrung mit diesem Brauchtum. Umgekehrt gilt genauso: Europäer können sich einfach nicht anständig verbeugen. Denn Verbeugung ist nicht gleich Verbeugung. Unterschiede finden sich sowohl in der Tiefe der Bewegung wie in der Dauer des gebeugten Verharrens. Abhängig ist das von Alter und Status des Begrüßten im Verhältnis zum eigenen Alter und Status. Manche Verbeugung ist kaum mehr als ein Nicken, bei anderen fragt man sich nach einer Weile bang, ob dem Grüßenden da unten etwas zugestoßen ist. Gerne wird sich auch mehrmals kurz hintereinander verbeugt, insbesondere bei der Verabschiedung oder beim Bedanken und Entschuldigen (es ist oft eh ein und dasselbe, siehe das Kapitel *Mein erstes japanisches Wort*). Die Verbeugung gehört nämlich keinesfalls exklusiv der Begrüßung, sondern ist ein unverzichtbares Kommunikationsmittel, genauso wie inflationär genutzte Füllwörter der Zustimmung oder Verwunderung wie »a so« oder »so so so« (nicht zu verwechseln mit dem skeptischen deutschen

»*So so*…«, eher vergleichbar mit einem bestätigenden: »*So ist es!*«). Verbeugt wird sich demnach auch beim Telefonieren. Weil man gar nicht anders kann. Die Verbeugung ist mit den Jahren zum atmungsähnlichen Reflex geworden.

Nicht ohne *omiyage*

Wenn man von Reisen zurückkehrt oder ohnehin aus dem Ausland kommt, ist es unvermeidlich, beim Treffen von Bekannten, Verwandten, Freunden und Geschäftspartnern kleine Geschenke mitzubringen, sogenannte *omiyage*. Das Geschenk sollte den Ort reflektieren, aus dem man kommt. Ich bringe gerne Rammstein-CDs, Teddybären und Schnapsgläser mit, weil ich damit den deutschen Rundumschlag elegant ausgeführt finde. Wer innerhalb Japans reist, wird an Bahnhöfen erschlagen von Verkaufsständen, die original regionale Mitbringsel verkaufen, meistens kulinarischer Natur. Halten Sie das nicht für zu touristisch – zu touristisch geht gar nicht, wenn es um *omiyage* geht. Kaufen Sie die Grünteepralinen mit der großäugigen Geisha-Karikatur auf der Packung oder die Schokolade mit der aufgedruckten Gebirgskette, man wird es Ihnen danken.

Eine schöne Verpackung versteht sich von selbst. Auch hier gilt: Was in Deutschland gilt, muss nicht in Japan gelten. Wer in deutschen Geschäften für deutsche Bekannte Artikel als Geschenk verpacken lässt, ärgert sich oftmals, wenn auf der Verpackung unübersehbar das Logo des Geschäfts prangt. Genau das aber stört Japaner nicht nur nicht, sondern wird von ihnen sogar sehr geschätzt. Solange es sich nicht um das Logo eines 100-Yen-Shops handelt, versteht sich. Wer sein Geschenk in einem Kaufhaus guten Rufes kauft, möchte damit nicht hinter dem Berg halten. Auch das Preisschild am Geschenk ist kein absolutes Tabu. Schließlich braucht man einen Richtwert für die Revanche.

Der 100-Yen-Shop übrigens eignet sich für japanische Reisemitbringsel an Daheimgebliebene durchaus. Das Konzept der 100-Yen-Shops, von denen es mehrere Ketten gibt, erklärt sich aus dem Namen: Im Prinzip kostet jeder angebotene Artikel – bis auf ein paar deutlich ausgezeichnete Ausnahmen – 100 Yen (einfache Faust-Daumen-Umrechnungsformel: Yen geteilt durch 100, minus ein Viertel bis ein Drittel – der Kurs schwankt –, ist gleich Euro). Man ist also mit rund 70 Cent dabei. Die Mehrwertsteuer kommt meistens noch dazu, ein paar Cent pro Produkt.

Im 100-Yen-Shop gibt es Hübsches, Hässliches, Nützliches und Nutzloses, und mitunter verschwimmen diese Kategorien nach längerer Benutzung der Artikel. Meine kleine rosa Küchenuhr funktioniert schon weitaus länger und besser, als ich es für 100 Yen erwartet hatte. Meine Filzuntersetzer aber sind farblich unerträglich und zogen sich bei Kontakt mit Flüssigkeit sofort bis zur Unbrauchbarkeit zusammen. Aber ich konnte mit ihnen hervorragend meine Bettmatratze flicken, die sich jetzt wieder anfühlt wie neu.

Hai heißt ja – vielleicht

So mancher Geschäftsmann ist schon an dem Umstand verzweifelt, dass in Japan ein anderes Verhältnis zum Wort ›ja‹ gepflegt wird als außerhalb Japans. Zwar lautet die Übersetzung des Wortes *hai* ja, die Bedeutung geht aber über die positive Beantwortung einer Frage oder das Kundtun einer Zustimmung weit hinaus. Oder bleibt dahinter zurück. Ein *hai* ist in den meisten Verhandlungen das meistgehörte Wort. Wer nun meint, dass seine dreistündige Powerpoint-Präsentation ausgesprochen gut liefe, weil die japanischen Verhandlungspartner offenbar zu allem *hai* und Amen sagen, wird sich später wundern, wenn die Unterschriften auf den Verträgen dennoch ausbleiben. Was die Verhandlungspartner mit ihrem *hai* sagen wollten, war nicht notwendigerweise: »*Ja, so machen wir's.*« Eher: »*Ja, ich verstehe.*« Oder auch nur: »*Ja, ich höre noch zu.*« Einen Redenden zu unterbrechen gilt als ebenso unhöflich wie ihn zu lange ohne ein eigenes Signal der Gesprächsbeteiligung reden zu lassen. Der Gipfel der Unhöflichkeit wäre allerdings die offen ausgedrückte Ablehnung des Gesagten. Ein *iie* – nein – wird man nicht zu hören bekommen. Das kann man auch anders ausdrücken. Und zwar am liebsten gar nicht.

Keine Antwort ist die Antwort

Der Inbegriff des Ursprünglichen im japanischen Ausflugswesen ist ein Aufenthalt im Ryokan, einem traditionellen Gasthaus mit gastronomischer Vollbetreuung durch die Gastwirte, Strohmatten als Zimmerboden und ausrollbarem Futon als Schlafgelegenheit. Weil es japanischer kaum geht, sollte sich das kein Japan-Interessierter entgehen lassen. Und weil es so japanisch ist, sind viele Ryokan nicht scharf auf ausländische Gäste, die mit Sprache oder Sitten in Konflikt geraten könnten. Als ich mir vorgenommen hatte, ein paar Nächte in dem einen oder anderen Ryokan auf der Insel Shikoku zu verbringen, stellte sich die Planung von Deutschland aus als organisatorischer Kraftakt heraus. Da ich bei der Internetrecherche nicht weiterkam, schaltete ich ein japanisches Reisebüro in meiner Nähe ein. Dort bekommen die Mitarbeiter aber regelmäßig Panikattacken, sobald jemand einen anderen Reisewunsch als Tokio oder Kyoto äußert. Wenn dann auch noch das Stichwort Ryokan fällt, wird gekeucht: »Da müssen Sie das Büro in Frankfurt anrufen. Aber Sie sollten sich keine großen Hoffnungen machen, das sage ich Ihnen gleich.«

Ich rufe also in Frankfurt an: »Hallo, man hat mir gesagt, ich solle mich an Sie wenden: Ich möchte einen Ryokan buchen …«

»Ryokan?! Das ist aber teuer!«

Habe ich die Stimme eines armen Mannes? »Machen Sie sich darüber mal keine Gedanken, ich werde das Geld schon irgendwie auftreiben ...«

»Wann wollen Sie denn reisen?«

»So Mitte März.«

»Mitte März? Da ist aber noch gar nicht Kirschblütensaison, und es ist noch ziemlich kalt!«

»Ich bin darüber informiert, aber meine Pläne stehen fest ...«

»Da werden viele Ryokan schon ausgebucht sein ...«

»Obwohl noch gar nicht Saison ist?«

»Hotels westlicher Art sind viel billiger ...«

»Ich weiß, aber ich will Authentizität.«

Die japanische Dame in Frankfurt seufzt. »Also gut. Wohin möchten Sie denn reisen, Tokio oder Kyoto?«

»Matsuyama.«

»Matsuyama?!«

»Das ist auf Shikoku.«

»Ich weiß, dass das auf Shikoku ist! Das wird aber schwierig!«

»Takamatsu würde auch gehen ...«

»Das ist auch auf Shikoku!«

»Das weiß ich. Was wäre denn nicht so schwierig für Sie?«

»Tokio oder Kyoto.«

»Ich fürchte, dass ich auf Shikoku bestehen muss.«

»Sprechen Sie denn Japanisch? Sonst könnte es schwierig werden in einem Ryokan ...«

»Nur wenig, aber ich reise in Begleitung einer Japanerin!«

»Ich schaue mal, was ich für Sie tun kann. Aber ich muss Sie zurückrufen, mein Computer ist gerade kaputt.«

Die Dame hat mein Mitgefühl, ihr Computer wurde bis heute nicht repariert.

Kommt ein Japaner gar nicht darum herum, eine Bitte direkt abzuschlagen, tut er das für unsere Begriffe immer noch sehr indirekt: Er wird nicht so ein hässliches Wort wie *unmöglich* verwenden, sondern sie als *schwierig* (*muzukashii*) bezeichnen.

Am liebsten aber wird auf eine Reaktion komplett verzichtet. Das gilt für abschlägige Antworten auf Bitten um Gefälligkeiten genauso wie für Antworten auf Fragen, die dem Gefragten thematisch unangenehm sind. Bei der schriftlichen Korrespondenz mit Japanern fand ich es früher befremdlich und sogar ein bisschen kränkend, dass meine Korrespondenzpartner meine E-Mails offenbar überhaupt nicht richtig lasen – schließlich beantworteten sie stets nur einen Teil meiner Fragen. Diese Nachlässigkeit passte gar nicht in das Bild, das ich von Japanern hatte (ordentlich, gewissenhaft, gründlich). Mit der Zeit merkte ich: Die lesen ganz genau, und sie beantworten jede Frage – auf ihre Art. Manchmal ist keine Antwort halt die Art zu sagen: Diese Frage geht zu weit. Oder: Nein. Das funktioniert nicht nur schriftlich, sondern auch mündlich.

Genauso wenig werden Erlebnisse verbal aufgewärmt, die den Beteiligten im Nachhinein peinlich sein könnten. Lässt sich beim geselligen Abend unter Kollegen jemand nach Strich und Faden volllaufen, singt schließlich den gesamten Karaoke-Katalog von Engelbert Humperdinck durch und erbricht sich auf der Heimfahrt aus dem Taxifenster, mag das in der Euphorie des Abends für die Mitfeiernden rechtmäßiger Quell ausgelassenen Amüsements sein. Es versteht sich aber, dass die Angelegenheit am nächsten Morgen kein Thema mehr ist, auch nicht für harmlos-kumpelhaft verstandene Spitzen.

Das Schutzlächeln

Am Ende meiner ersten Japan-Reise gab es ein kleines Problem mit meiner Hotelrechnung. Ich war (fälschlicherweise, wie sich herausstellte) der Ansicht, sie sei bereits im Voraus durch meinen Arbeitgeber bezahlt worden. Der Hotelrezeptionist und ich insistierten höflich hin und her, das Lächeln meines Gegenübers wurde dabei immer breiter und heller.

Das gleiche Phänomen hatte ich ein paar Tage zuvor beobachtet, als mir der Zutritt zu einer Bar verweigert wurde, die ich eigentlich äußerlich als sehr einladend empfunden hatte (im Fenster waren Kerzen und Totenköpfe). Der Platzanweiser des Lokals redete mit einem so ansteckenden Lächeln auf mich ein, dass ich mich sofort heimisch fühlte. Ich sprach und verstand damals kein Wort, deshalb dauerte es eine Weile, bis mir klar wurde, dass der freundliche Herr sich nicht nach meinem Befinden erkundigte oder meine Bestellung aufnehmen wollte, sondern mich gerade rausschmiss. Er wollte mir zu verstehen geben, man sei komplett ausgebucht (Übersetzung: nicht auf Ausländer eingestellt).

Das Klischee vom ständig lächelnden Japaner ist ein eben solches. Das meiste im Leben verrichten Japaner mit großer Ernsthaftigkeit und entsprechender Miene. An schlechten Tagen ist man versucht zu sagen: Sobald gelächelt wird, stimmt irgendwas nicht. Aber das wäre natürlich auch paranoid – die internationalen Lächelgründe Freundlichkeit, Wohlbefinden und Heiterkeit sind auch in Japan nicht unbekannt. Man sollte nur im Hinterkopf behalten, dass diese dort bei Weitem nicht die einzigen Gründe sein müssen. Oft maskiert das Lächeln Unsicherheit und Irritation, vielleicht sogar Unmut. Alles Gefühlsregungen, die ungern offen gezeigt werden, weshalb sie mimisch ins Gegenteil verkehrt werden.

Schuhe aus

Das Hotel, in dem ich die Irritation mit meiner Rechnung erlebte, war ein sogenanntes Business Hotel. So bezeichnen sich japanische Hotels westlichen Standards, die auf Geschäftsreisende spezialisiert sind: Es fehlt an nichts, außer an Luxus. Die Zimmer sind klein und zweckmäßig eingerichtet, man kann dort bequem nächtigen und bekommt sehr anständigen Service, aber wer mit größerem Gepäck anreist, könnte vor Unterbringungsprobleme gestellt werden. Mit japanischen Traditionen hat man es in solchen Häusern weniger: Die Straßenschuhe können überall dranbleiben.

In einem Ryokan, wie ich ihn später auf Shikoku doch noch dank Intervention meiner einheimischen Gefährtin von innen sehen durfte, sieht das anders aus. Im holzgetäfelten Eingangsbereich, *genkan* genannt, werden die Schuhe ausgezogen. Die *tatami*, mit geflochtenen Reisstrohmatten überzogene Bodenelemente des Wohnbereichs, werden auf Socken betreten. Das gilt nicht nur für Ryokan, sondern auch für Tempel, viele traditionelle Restaurants und die meisten Privatwohnungen. Zwar wird das Wohnen immer stärker verwestlicht, und die *tatami*, die eigentlich so stark in der japanischen Wohnkultur verankert sind, dass sie auch als Flächenmaß herhalten (Anzahl der *tatami* anstatt Quadratmeter), verschwinden zusehends aus Wohnungen und Wohnhäusern. Aber der Brauch des Schuheausziehens besteht weiter.

Werfen Japaner einen Blick in ausländische Japan-Reiseführer, sorgt es für große Heiterkeit, wenn sie darin den Hinweis finden, man solle darauf achten, keine Löcher in den Socken zu haben. Es ist nämlich so, dass die Vorstellung, Socken könnten Löcher haben, für die allermeisten Japaner total absurd ist.

Bevor man in einem Privathaushalt die Toilette oder das Bad betritt, wechselt man in die Badpantoffeln, die vor oder hinter der Tür stehen. Größere Peinlichkeit bei der Rückkehr in die Gesellschaft lässt sich vermeiden, indem man beim Verlassen des stillen Örtchens daran denkt, die Badpantoffeln wieder auszuziehen und so zurückzulassen, wie man sie vorgefunden hat, anstatt in ihnen zurück an den Esstisch zu watscheln.

Loch im Boden oder Hightechthron: die japanische Toilette

Die öffentlichen Toiletten sind die Visitenkarten eines Landes. Nirgendwo stimmt das mehr als in Japan. Um den viel beschworenen Kontrast zwischen Tradition und Ultramoderne zu bebildern, der bekanntlich in Japan grassiert wie sonst nirgends, muss man sich gar nicht die Mühe machen, einen Shintō-Schrein zu finden, der neben einem verspiegelten Hochhaus mit einem Videobildschirm obendrauf steht. Man geht einfach in ein gehobenes Kaufhaus einer größeren Stadt und vergleicht die Auswahl an Kundentoiletten. Da wird der Traditionalist ebenso bedient wie der, der schon immer wissen wollte, wie wir in Zukunft, also in der Ära fliegender Autos und intergalaktischer Interessenverbände, unsere unvermeidlichsten Bedürfnisse befriedigen werden. Die traditionelle japanische Toilette ist schlicht und zweckmäßig, ohne viel Chichi. Form follows function: Aus einem Loch kommt es raus, in ein anderes Loch geht es rein. Denn viel mehr als ein ovales, mit Porzellan veredeltes Loch im Boden ist diese Toilette nicht. Man hockt sich darüber und tut, was getan werden muss.

Etwas ganz anderes sind da die modernen japanischen Toiletten, die als Western Style bekannt sind. ›Western Style‹ ist gut. Gerade Besucher aus dem Westen sind es, die sich nach ihrer ersten Toilette Western Style nicht mehr einkriegen können. Manche wollen gar nicht wieder runter.

Das einzig Westliche an dieser Toilette sind ihre Form und die damit einhergehende Tatsache, dass man sie sitzend benutzt. Alles andere könnte japanischer nicht sein. Die Anzahl von Knöpfchen und Rädchen und begleitenden Piktogrammen an oft beidseitig angebrachten Armaturenbrettern überfordert manche zunächst. Hier kann nicht nur runter-, sondern auch hochgespült werden. Bidet- und andere Reinigungsfunktionen sind integriert, konfigurierbar nach Stärke und Dauer, komplett mit Trocknungsgebläse. Die Sitze sind meist weich und warm, nicht vom Vorbenutzer, sondern von der eingebauten Heizung. Etwas bevormundend ist die automatische Spülung, die auf überempfindliche Bewegungssensoren reagiert oder sich einfach in bestimmten Zeitabständen meldet, ob nötig oder nicht. Das ist ärgerliche Wasserverschwendung und als solche verwunderlich, denn an anderer Stelle haben die japanischen Hightechtoilettendesigner früherer Wasserverschwendung geschickt Einhalt geboten. Japanische Damen wollen auf öffentlichen Toiletten mitunter nicht, dass die Damen in den angrenzenden Kabinen mitbekommen, was sie gerade machen. Um ihre eigenen Geräusche akustisch zu verschleiern, betätigten sie deshalb in der Vergangenheit permanent die Spülung. Das muss nun nicht mehr sein: Viele Toiletten sind inzwischen mit einem Knopf ausgestattet, der lediglich das Geräusch der Spülung simuliert, ohne dass tatsächlich Wasser fließt.

Dass diese Toiletten mit ausführlichen Gebrauchsanweisungen bedruckt sind, ist übrigens nicht allein ihrer umfangreichen Sonderausstattung geschuldet. Als westlich inspirierte Toiletten in Japan eingeführt wurden, war Teilen der Bevölkerung nicht bewusst, dass man sich auf die Brille setzt, anstatt draufzuklettern und sich zu hocken. Inzwischen braucht dafür natürlich niemand mehr eine Anleitung. Neun von zehn Japanern, wenn nicht mehr, bevorzugen dieser Tage das Modell Western Style. Auf öffentlichen Toiletten wird meist durch ein Schild an der Tür angegeben, ob sich die Ost-

oder Westvariante dahinter verbirgt. In Stoßzeiten kann man beobachten, wie sich vor den Sitztoiletten lange Schlangen bilden, während die traditionellen Hockmodelle nebenan ungenutzt bleiben. Wer also lange Wartezeiten vermeiden möchte, gewöhnt sich den Umgang mit dem Loch im Boden an und lässt die Japaner vor den Hightechschüsseln anstehen.

An öffentlichen Toiletten mangelt es in japanischen Städten, Dörfern und Erholungsgebieten nicht. Wie überall in der Welt sinkt der Grad der Heimeligkeit bei steigendem Grad der Öffentlichkeit, aber hygienische Totalausfälle sind selten. Selbst Toiletten in entlegenen Winkeln von U-Bahnhof-Verbindungsschächten sind meist mit etwas Mut und großer Not begehbar und sogar benutzbar. Unter Umständen ist kein Gratispapier vorgesehen, der findige Notdürftige hat Papiertaschentücher dabei, wie sie in Städten an jeder Ecke mit Werbeaufdruck verteilt werden, oder benutzt die nahe gelegenen Automaten. Das kostet zwar ein paar Yen, dafür sind etwaige Zahlungen an Wach- oder Putzpersonal genauso unbekannt wie Trinkgelder in anderen Lebensbereichen.

Japaner lassen sich nichts verbieten

Einmal hätte ich beinahe einem Raucher ein Vitamin-C-Getränk über den Kopf geschüttet. Nicht etwa aus penetrant-militanter Nichtraucherrüpelei. Ich wollte nur helfen. Die Episode trug sich in einem japanischen Zug zu, und ich hatte zunächst den Raucher nicht gesehen, sondern nur den Rauch, der von der Sitzreihe vor meiner aufstieg, in einem Nichtraucherabteil wohlgemerkt.

Bei den strengen gesellschaftlichen Regeln, die von der Mehrheit der Gesellschaft ohne Hinterfragen akzeptiert werden, und bei der erstaunlich niedrigen Kriminalitätsrate sollte man annehmen, dass Japaner allgemein gesetzestreue Bürger seien. Das stimmt nur bedingt. Von Mord, Totschlag und Plünderung sehen die meisten zwar ab, aber ansonsten gilt: Wenn eine Gesetzesübertretung niemandem schadet (also keinem Mitglied der Gesellschaft), ist es auch keine echte Gesetzesübertretung. Wenn ein Zugabteil weitgehend leer und gut klimatisiert ist, muss man sich von einem Piktogramm an der Tür nicht vorschreiben lassen, was und was nicht man sich in den Mund stecken darf. Wenn nachts ein Pendlerzug eh von den immer gleichen Angestellten benutzt wird, dann herrscht zwischen den Männern (und späte Heimkehrer sind so gut wie immer ausschließlich Männer) die stille Übereinkunft, dass jedes Abteil Raucherabteil ist.

Zumindest solange es das Prinzip des Raucherabteils noch gibt. Zunehmend werden Züge und Bahnhöfe zu kompletten Nichtraucherzonen erklärt, und da fügen sich dann auch die Japaner. In den letzten Jahren wurden nicht nur im Schienenverkehr Rauchverbote verschärft und ausgeweitet. Selbst auf offener Straße darf in der Regel nur an ausgewiesenen Orten mit bereitgestellten Aschenbechern geraucht werden. Wie sklavisch man sich daran hält, ist allerdings stark abhängig von der Tageszeit und dem Selbstverständnis der Gegend. Wer nachts im halbstarken Bohèmeviertel brav am Aschenbecher steht, wird schiefer beäugt als der, der mit der Kippe im Mund wild und frei durch die Straßen rennt. Wahrscheinlich wird der wilde und freie Straßenläufer auch an keiner roten Ampel haltmachen, solange keine Gefährdung für Leib und Leben besteht. Zu Ampeln haben Japaner eher ein französisches als deutsches Verhältnis: Wenn nichts kommt, kann man auch gehen, egal, was das Männchen vorschlägt.

Darauf, dass Ampeln grün werden, kann man in Japan übrigens warten, bis man es selbst wird. In Japan ist Blau die Farbe des legalen Passierens.

Sollten Sie sich über die vielen Fahrradfahrer ärgern, die auf dem Bürgersteig um Sie herumzischen – die handeln gerade nicht gesetzlos, sondern gesetzestreu. Auf der Straße dürfen sie nicht fahren, und Radwege gibt es nicht. Von der Klingel Gebrauch zu machen gilt als unhöflicher, als ohne Vorwarnung haarscharf an einem vorbeizuschlenkern. Man gewöhnt sich daran. Durch eine Mischung aus Respekt vor dem Fußgänger und fahrerischer Routine kommt es selten zu Zusammenstößen. Der beste Sicherheitstipp: Beachten Sie die Radfahrer nicht; die wissen, was sie tun. Auch wenn es zuweilen idiotisch bis gefährlich aussieht.

Nicht unwichtig sowohl im Straßenverkehr als auch in der Begegnung mit Bekannten und anderen Menschen ist der Hinweis auf die Eigenarten der japanischen Winkgeste. Möchte man jemanden herbeiwinken oder freundlich grüßen, macht man eine Unterarmbewegung von oben nach unten mit zum Gegenüber gekrümmter Hand. Nach westlichem Winkverständnis wirkt diese Geste eher abweisend oder warnend. Lassen Sie sich aber nicht abschrecken. Macht ein Verkehrsregler an Baustellen oder vor Parkhäusern die fremdartige Winkbewegung, so heißt das: Bitte kommen Sie!

Apropos Rauchen: Das Bild von Japan als weitgehend drogenfreies Musterland bekommt zunehmend Kratzer, wenn es denn überhaupt noch hängt. Es stimmt, dass die Strafen für den Besitz illegaler Drogen (das sind dieselben wie bei uns) nichts für Spaßvögel sind. Aber drakonische Strafen haben ja noch nie irgendwo irgendeinen ernsthaften Spaßvogel von irgendetwas abhalten können. Jüngst wurde verstärkt gefahndet, mit dem Ergebnis: An japanischen Universitäten geht es nicht sonderlich anders zu als an deutschen. Während sich die Öffentlichkeit Sorgen um die Jugend macht, stolpern links und rechts Pop- und Sportstars über ihr entblößtes Konsumverhalten. Einen gravierenden Unterschied zu westlichen Promijunkies gibt es: Wo hiesige Stars nach tränenreicher Talkshowtour und Fototermin vor dem Gerichtsgebäude nicht nur flink da weitermachen können, wo sie aufgehört haben, sondern womöglich auch noch Coolness-

und Authentizitätspunkte gewonnen haben, ist für japanische Fehltreter der Ofen aus. Fans und Fernsehen wenden sich ab, der Plattenvertrag ist weg, die Sumo-Liga auf Lebenszeit gesperrt. Kiffer mögen den Gedanken an kiffende Sumo-Ringer zum Wiehern finden, die Autoritäten in Japan können darüber nicht lachen. Tatsächlich war es ein Haschischskandal im Sumo-Lager, der 2008 die Drogenproblematik publik machte. Die betreffenden Ringer waren namhafte Newcomer, werden aber nun aller Voraussicht nach nie wieder professionell ringen. Bislang haben die Gerichte alle Klagen gegen ihre lebenslange Sperre abgewiesen.

In erster Linie kommen die Drogen über die Yakuza, die japanischen Verbrecherorganisationen, ins Land, außerdem steigt die Zahl der inländischen Hobbybotaniker. Aber es gibt – oder gab bis vor Kurzem – auch eine ganz legale undichte Stelle. Es sind mehrere Fälle bekannt, in denen sich verdutzte Touristen bei der Polizei meldeten, weil sie im Hotel feststellten, dass sie Drogen im Gepäck hatten. Es stellte sich heraus, dass diese dort am Flughafen von japanischen Zollbeamten platziert worden waren. Nicht, um den unschuldigen Reisenden etwas anzuhängen, sondern um die Drogenhunde zu trainieren. Dabei zeigte sich, dass manche Drogenhunde wohl noch ein bisschen üben sollten. Da offenbar nicht alle Päckchen erschnüffelt wurden, muss die Frage erlaubt sein: Wie viele der betroffenen Touristen haben einfach den lieben Gott einen guten Mann sein lassen?

Es soll keineswegs der Eindruck vermittelt werden, jeder Japan-Reisende bekäme einen Gratistrip. Inzwischen wurde versichert, dass Drogenhunde nicht mehr an unschuldigen Gepäckstücken ausprobiert würden und dass die ganze Sache den Verantwortlichen ganz schrecklich leid tue. Dass der Drogenkonsum und -handel in Japan floriert, sollte außerdem keine Veranlassung sein, die Japan-Reise mit der gleichen Leichtfertigkeit wie eine Holland-Reise anzutreten. Wer erwischt wird, lernt das japanische Justizsystem kennen.

Relativ junge Gesetze sollen zwar sicherstellen, dass die Polizei nicht mehr durch aggressive Einschüchterung falsche Geständnisse erpressen kann, und ein 2009 eingeführtes Jurysystem soll einzelgängerische Richtersprüche verhindern. Trotzdem fraglich, ob man die neue Gerechtigkeit am eigenen Leib überprüfen möchte.

Ein *Kanpai* der Gemütlichkeit

Du bist nicht allein. Nie. Nirgends.

Es ist noch früh im Jahr, aber es ist ungewöhnlich warm und sonnig. Ich bin auf Reisen und werde am Wochenende in der Nähe der Kleinstadt sein, in der meine Bekannte Hinako lebt. Diese Stadt wiederum ist in der Nähe der Felsenklippen von Tojinbo. Die gelten als beliebtes Ausflugsziel, also schlage ich meiner Bekannten vor, dorthin einen Wochenendausflug zu unternehmen. Das findet sie zwar prinzipiell eine gute Idee, aber sie hat ernsthafte Bedenken: »Da werden zu dieser Jahreszeit leider noch nicht so viele Leute sein.«

Das bringt den Hauptunterschied zwischen westlicher und östlicher Touristenmentalität auf den Punkt: Der deutsche Tourist möchte eigentlich keiner sein, also empfindet er es eher als Vorteil, wenn ein Ausflugsort nicht von anderen seiner Art überlaufen ist. Zumal wenn es sich um einen Ort handelt, an dem gemeinhin nicht quer durch die Rabatte gerockt wird, sondern entspanntes Schlendern, ehrfürchtiges Innehalten vor den Wundern der Natur und verträumtes Knabbern am Krebs-am-Stiel auf der Tagesordnung stehen.

Für den Japaner derweil ist es wichtig, dass es immer *tanoshii* (lustig) ist. Und richtig *tanoshii* ist es nur in der Gruppe.

Trotz Hinakos Bedenken machen wir uns auf den Weg. Misstrauen gegenüber Individualreisenden begegnet uns bereits in der Kleinstadt Awara, in der wir von der Eisenbahn in einen Bus umsteigen müssen. Als Hinako am Schalter ihre Busfahrkarte löst, wird sie nach ihren Personalien gefragt. Als ob das eine Antwort wäre, sagt sie: »Nein, ich reise mit diesem Herrn.« Dabei deutet sie auf mich. Offenbar ist es tatsächlich eine Antwort, denn jetzt will der Kartenverkäufer ihre Adresse nicht mehr wissen. Es handelte sich nicht etwa um einen plumpen Annäherungsversuch, sondern um bürokratische Routine, wie Hinako mich aufklärt: Die Klippen, die wir besuchen wollen, sind nicht nur beliebt zum Sehen, sondern auch zum Springen. Deshalb müssen allein reisende Frauen hier vorstellig werden, damit später der Papierkram schneller erledigt werden kann. Selbstverständlich soll durch die Befragung außerdem ein Überdenken des Vorhabens begünstigt werden. Ein weiterer psychologischer Kniff ist der Zwang, dass jeder Hinreisende auch sofort eine Rückfahrkarte kaufen muss. Ob einige Japaner wirklich so ordnungsliebend sind, dass sie eine gekaufte Rückfahrkarte nicht einfach verfallen lassen können und deshalb von ihren Selbstmordplänen absehen, ist nicht bekannt. Auch nicht, ob die unnötigen Mehrkosten knauserige Lebensmüde vergessen lassen, dass das letzte Hemd keine Taschen hat.

Es dauert eine Weile, bis der Bus fährt, deshalb schauen wir uns in Awara um. Wir fühlen uns ein wenig einsam, denn es ist keine Menschenseele auf den Straßen. Still ist es allerdings trotz der Abwesenheit von Menschenseelen keineswegs. Man sollte sich in Japan nicht darauf verlassen, außerhalb von Klöstern und Bibliotheken Möglichkeiten zur stillen Einkehr zu finden. Neben den Mitmenschen ist das Geräusch der ständige Begleiter. Sind nicht ausreichend Menschen zum Produzieren von Geräuschen vorhanden, werden einfach welche vorproduziert und per Lautsprecher eingespielt. In Awara werden alle menschenleeren Straßen mit einer einlullenden Instrumentalmusik beschallt. Und die ist auszuhalten, da ist man andernorts Schlimmeres gewohnt. Die Einkaufsstraße in Hinakos Heimatstadt wird rund um die Uhr mit den schlimmsten internationalen Hits aus den Achtzigern beschallt. In größeren Städten lassen Händler ihre Sonderangebote mit hoher Wattzahl herausschreien, wahlweise von donnernden Männern oder piepsenden Frauen. Das ist aber noch lange nichts gegen das ohrenbetäubende Geklingel und Geratter, das einen in Pachinko-Spielsalons umspült. Ein Automatenkasino in Las Vegas ist eine Wellnessoase dagegen.

Entflieht man der groß- und kleinstädtischen Krach- bis Geräuschkulisse in die umliegenden Wälder, kann man sicher sein, ohne Unterlass von unsichtbaren Vögeln angeschrien zu werden. In Japan gibt es keine Singvögel, nur Schreivögel.

Ein einziges Hinweisschild in englischer Sprache begegnet uns bei unserem gespenstischen Gang durch Awara. Es weist englischsprachige Bankräuber darauf hin, dass die Bank streng überwacht wird, auch wenn sie geschlossen hat (was selbstverständlich der Fall ist). Davon inspiriert, erzählt mir Hinako, dass sie in ihrem Heimatort polizeilich erfasst ist als Aushilfsdolmetscherin bei Verhören englischsprachiger Krimineller oder zumindest Verdächtiger. Fremdsprachenkenntnisse sind nicht die Stärken von Dorfpolizisten, deshalb hält man sich ein paar studierte Zivilisten warm, falls mal was ist. Es war aber noch nie was während Hinakos Amtszeit, und darüber ist sie nicht unglücklich. Sie hat zwar tatsächlich ein paar Sprachen studiert, aber Englisch war nicht darunter, das kann sie eher zufällig. Sie fürchtet, dass sie etwas falsch übersetzen und es zu Missverständnissen kommen könnte, die Rachegelüste bei dem Delinquenten auslösen könnten.

Wahrscheinlicher ist, dass sich Hinakos Freundin, die für deutsche Verbrecher zuständig ist, in eine solche Lage manövrieren wird. Laut Hinako spricht sie gar kein Deutsch, »aber Schwedisch«.

»Das ist doch eine ganz andere Sprache!«, gebe ich zu bedenken.

»Aber sie ist so ähnlich ...«

»Sagt wer?«

»Sagt meine Freundin.«

Ich werde mich in Hinakos Heimat fortan noch vorbildlicher benehmen.

Bevor man die Tojinbo-Klippen sieht, sieht man ein Schild mit ein paar warmen Worten und der Seelsorgenummer des nächsten Tempels. Nicht erst durch die Selbstmordwelle ist die Geschichte des Ortes mit gewaltsamen Todesfällen eng verbunden. Seinen Namen hat er von einem schurkischen und im Dorfe deshalb unbeliebten buddhistischen Mönch namens Tojinbo, der sich in die Prinzessin Aya verliebte, was einem anderen buddhistischen Mönch ein Dorn im Auge war, denn er hatte ebenfalls eines auf die Prinzessin geworfen. Geworfen hat er dann auch Tojinbo, und zwar die Klippen hinunter, woraufhin der starb. Spuken soll er dort als Geist immer noch. Unbekannt ist, ob der andere Mönch das Mädchen dann gekriegt hat. Unbekannt ist auch, ob der andere Mönch im Ort beliebter war als Tojinbo, denn zwielichtige Gestalten waren sie beide.

Viele Besucher gibt es in Mikuni, dem Ort, zu dem die Tojinbo-Klippen gehören, tatsächlich nicht, aber einige schon. Genau die richtige Anzahl, würde ich sagen. Es ist kein Tottreten, aber man fühlt sich auch nicht wie der letzte Mensch auf Erden.

Genügend Besucher für den regulären touristischen Betrieb sind vor Ort, also machen wir eine Bootsfahrt. An jeden Sitz des Bootes ist ein Stück Plastik geknotet. Als Dekoration erscheint mir das ungeeignet, aber ein Nutzwert erschließt sich mir nicht, also frage ich Hinako danach. Sie bevorzugt eine mimische Erläuterung und legt die Hände links und rechts um den Mund, als wolle sie mit übertriebener Almbewohnergeste jemanden rufen, dann öffnet sie den Mund und streckt breit die Zunge raus. Für Kotztüten sind die Plastikknoten dann doch recht dekorativ. Ich frage mich, wie schnell sich die Knoten im Ernstfall lösen ließen, aber ich bekomme keine Gelegenheit, es herauszufinden.

Nach der Fahrt kraxeln wir auf den Felsen herum, was weder leicht noch ungefährlich ist. Ich kann mich des Verdachts nicht erwehren, dass einige der vermeintlichen Selbstmorde hier simple Wanderunfälle sind. Rückfahrkarte hin oder her. Alleine wäre ich hier bestimmt nicht gekraxelt, aber Hinako und ich stacheln uns gegenseitig zu Höchstleistungen auf. Sie ist wendiger als ich, aber ich kann ausholendere Schritte machen. Wir kommen gut in der zerklüfteten grau-braunen Landschaft voran und sogar wieder zurück. Wir können von Glück sagen, dass uns nichts passiert ist. Als sicherheitsbewusster und -gewohnter Tourist finde ich es erstaunlich, dass man diese Felsen hier einfach so rumstehen lässt.

Abgeschlossen wird unser Ausflug durch einen Besuch des örtlichen Aussichtsturms. In der Draufsicht bestätigt sich mein erster Eindruck vom Ort: Er besteht aus exakt drei Straßen, sehr heimelig. Auf der einen Seite die sanft brausende See samt historienschwangeren Felsen, auf der anderen Seite Bäume, Bäume und Bäume und dann noch Bäume mit Kirschblüten. Das ist ein Ort, in den man sich spontan verliebt. Und ein Ort, der einem wahrscheinlich irgendwann auf den Geist gehen würde, ließe man seiner Liebe freien Lauf und zöge hierher auf der Flucht vor urbanem Heckmeck und der Suche nach ruraler Ruhe. Irgendwann, wahrscheinlich nach ein oder zwei Tagen, sind drei Straßen bloß drei Straßen, und man möchte auch mal was anderes als Krebs-am-Stiel essen. Aber für einen Tagesausflug ist es sehr schön und sehnsuchtsfördernd.

Auf der Aussichtsplattform liegt ein Gästebuch bereit, in das ich hineinschreibe, was meine Sprachkenntnisse hergeben: *»Es war sehr lustig.«*

Hinako schreibt: *»Es war sehr lustig, obwohl nicht so viele Leute da waren.«*

Japaner mögen aus Angst vor kulturellen und sprachlichen Missverständnissen generell etwas kontaktscheu gegenüber Ausländern sein. Haben sie sich aber mal entschlossen, Kontakt aufzunehmen oder zuzulassen, legen sie eine Gastfreundschaft an den Tag, die einen bisweilen schon mürbe machen kann. Das erfahre ich, als ich in Kyoto auf der Suche nach einer Kneipe bin, in die ich reingelassen werde. Am liebsten soll sie richtig japanisch sein, aber das ist zu viel verlangt. Alle Izakaya, jene turbulenten japanischen Mischungen aus Kneipen und Snackrestaurants, weisen mich mit der Begründung Überfüllung oder Privatveranstaltung freundlich, aber ohne Diskussionsoption ab. Mag sein, dass im Einzelfall an der Begründung was dran ist. Andererseits habe ich solche Probleme nahezu nie, wenn ich versuche, in japanischer Begleitung ein Izakaya zu betreten. In meinem Alleingang durch Kyoto schraube ich also meine Erwartungen etwas zurück und entscheide mich dafür, eine Bar westlichen Zuschnitts zu suchen. Ich finde eine, deren Außenwerbung Bier und Darts verspricht. Na gut. Wenn ich darauf zu viele Gedanken verschwende, bekomme ich nie etwas zu trinken. Es geht eine Treppe unter Straßenlevel, dann stehe ich vor einer schwarzen Tür mit Knopf. Ich drücke auf den Knopf, und die Tür öffnet sich. Ich trete durch die Tür, und die Tür schließt sich hinter mir. Jetzt bin ich in einem kleinen dunklen Zwischenraum. Ich gehe zumindest davon aus, dass er klein ist, denn sehen kann ich in der Dunkelheit rein gar nichts. Ich erwarte, dass sich jetzt vor mir eine weitere Tür öffnet und mich in die Bar lässt, aber es passiert nichts. Da ist auch kein Knopf, mit der ich die Tür hinter mir erneut öffnen könnte, um wieder auf dem Wege zu gehen, den ich gekommen bin. Ich bin ein Gefangener!

Ganz ruhig bleiben, wahrscheinlich bin ich nur zu doof dafür. Ich warte hier einfach auf die nächsten Gäste, die hoffentlich klüger sind als ich.

Da geht die vor mir richtig vermutete Tür von ganz alleine auf. Vielleicht wurde ich gerade von mir unbemerkt gesichtsüberprüft, mit hochmoderner Infrarottechnologie oder so. Kann gut sein, denn da steht als Empfangskomitee schon ein Japaner mit szenigem Kinnbart, langen geflochtenen Haaren und Rasta-Mütze und fragt mich freundlich auf Japanisch, ob ich wenigstens ein bisschen Japanisch spreche. Zu »ein bisschen« macht er die internationale »Ein bisschen«-Geste mit ein bisschen Abstand zwischen Daumen und Zeigefinger. Da ich die Frage verstanden habe, antworte ich selbstbewusst, »ein bisschen« sei schon drin, mache dabei aber die dazugehörige Geste mit bewusst noch ein bisschen weniger Abstand. Daraufhin bin ich herzlich willkommen und darf mich an die Theke setzen. Was soll schon passieren? Zum Bestellen und Bezahlen reichen meine Sprachkenntnisse. Zur Not hat der Herrgott mir Finger gegeben, um auf Zapfhähne zu deuten.

Darts wird in dieser Kneipe sehr ernst genommen. Jeder spielt Darts, ob allein in Einzelkabinen oder in Gruppen im gemeinschaftlichen Wuselbereich. Keiner sitzt einfach nur da und trinkt still sein Bier. Dann bin ich eben der Einzige. Der einzige Ausländer bin ich hier sowieso. Das überrascht mich, stört mich aber nicht. Ebenso wenig habe ich ganz allgemein Probleme damit, alleine in Kneipen zu sitzen und zu trinken. Das ist kein Zeichen von Einsamkeit, das ist nur ein Zeichen von Durst.

Der freundliche junge Mann, der mich in Empfang genommen hatte, entpuppt sich als der Barkeeper. Ich bestelle ein Bier. Er fragt mich: »Brauchst du Pfeile, oder hast du eigene?«

Ich sage: »Oh, ich spiele nicht Darts. Ich bin nur zum Trinken hier.« (Wörtlich aus dem Japanischen übersetzt, sage ich natürlich eher: *»Darts sind nein. Trinken nur.«*)

Das findet der Barkeeper ungewöhnlich, aber kein Beinbruch. Ich bekomme mein Bier.

Während ich es trinke, schaut der Wirt immer wieder besorgt zu mir rüber. Er scheint der Auffassung zu sein, als Barkeeper müsse er mich bei Laune halten. Nur wie? Es ist offensichtlich, dass mein Japanisch kaum für ein vernünftiges Gespräch unter Männern ausreicht. Er ist nervös, und das macht mich auch nervös. Ich habe schon vor einiger Zeit mit dem Rauchen aufgehört und seitdem bestimmt weitaus stressigere Situationen erlebt als in einer Kneipe ein Bier zu trinken. Und nie hatte der alte Vogel Sucht wieder seine muffigen Schwingen ausgebreitet. Aber jetzt bekomme ich die große Flatter.

Ich ziehe eine Packung Zigaretten, stecke mir eine an und gehe zurück an meinen Platz. Der Barkeeper mit der Rasta-Mütze kommt zu mir rüber und fragt: »Alles klar?«

»Alles wunderbar. Zigarette?«

»Nein, ich rauche nicht.«

»Ich auch nicht«, sage ich hustend und höre wieder auf.

»Ich bin Hiro.«

»Ich bin Andreas.« Ich schreibe meinen Namen in Katakana-Schrift (siehe Kapitel *Mein erstes japanisches Wort*, Abschnitt ›Zwei Alphabete und über zwanzigtausend Sonderzeichen‹) auf einen Zettel und zeige ihn Hiro, stolz wie Bolle.

Hiro liest korrekt vor: »Andoreasu!«

Hiro ist wirklich ein netter Zeitgenosse, aber er muss mich wirklich nicht unterhalten. Ich bin ein bisschen wie der Ehemann aus dem Zeichentricksketch von Loriot: Ich will einfach nur hier sitzen. Aber Hiro gibt überzeugend die Ehefrau, die das partout nicht wahrhaben möchte. Und warum auch nicht. So langsam entwickeln wir unsere ganz eigene Geheimsprache aus seinem gebrochenen Englisch und meinem sehr gebrochenen Japanisch. Es ist gar nicht mal unangenehm.

Weil ich aus Deutschland komme, versucht Hiro ein Gespräch über Fußball. Darauf sage ich: »Ich weiß, wie unglaubwürdig das klingen muss, aber ich interessiere mich nicht für Fußball.«

Hiro ist begeistert: »Ich mich auch nicht!«

Ein fabelhafter Ausgangspunkt: Wir haben frühzeitig eine erste Gemeinsamkeit entdeckt. Wir wissen noch nicht, dass es die einzige bleiben wird.

Dann schneidet Hiro das übliche Beschnupperungsthema an: »Was magst du für Musik?«

Da fragt er genau den Richtigen zu genau dem richtigen Zeitpunkt, denn gerade läuft in der Kneipe eine CD von Love Psychedelico, einem japanischen Pop-Rock-Duo mit trockener Gitarre und knödeligem Gesang. Also sage ich: »Japanische Musik! Zum Beispiel das, was da gerade läuft. Das ist Love Psychedelico, oder?«

Hiro ist zwar beeindruckt von meiner Fachkenntnis, teilt aber meine Wertschätzung von Love Psychedelico nicht. Ich war der Meinung, als Barkeeper hätte er auch die Musik ausgesucht. War wohl ein Irrtum. Ich erzähle ihm, dass ich außerdem Jazz, Punk und Hip-Hop mag, von Blues, Country und Folk ganz zu schweigen und auch ein bisschen Klassik und Techno, aber nur Beethoven und Miss Kittin, der Rest ist mir zu vulgär. Von alledem mag Hiro nichts wissen. Trotzdem habe ich noch ein musikalisches Konversationsass im Ärmel bzw. in der Plastiktüte, denn ich war im Verlauf des Tages CDs kaufen und habe meine Einkäufe noch dabei. Eine Hardcore-CD einer japanischen Band mit dem deutschen Namen Endzweck und eine Gitarren-Schrammel-Pop-Platte, die ich mir rein nach Gehör gekauft habe. Den Bandnamen kann ich aufgrund meiner lückenhaften Kenntnisse der Kanji-Schrift nicht lesen (das Japanische benutzt drei Schriftsysteme, von denen sich normal intelligente Menschen höchstens zwei merken können – dazu später mehr). Natürlich hatte ich bei der Band namens Endzweck Angst, dass die Musiker dem rechten Lager nahestehen, aber wahrscheinlich nicht. Ausländische Namen klingen in japanischen Ohren halt cool, und wahrscheinlich haben sich die Mitglieder von Endzweck in ihrer ganzen Karriere nicht so viele Gedanken über ihren Namen gemacht wie ich mir am heutigen Nachmittag.

Hiro kann mit beiden CDs nichts anfangen. Auf meine Bitte, mir wenigstens den Namen der mir namentlich unbekannten Band vorzusagen, zuckt er nur mit den Schultern und gibt mir die CD zurück. Unhöflich wird er nicht sein. Entweder er hat mein Anliegen nicht verstanden, oder es übersteigt auch seine sprachlichen Fähigkeiten. Total abwegig ist das nicht, denn keiner weiß genau, aus wie vielen Zeichen die Kanji-Schrift besteht, da kann keiner alle kennen. Vielleicht gehören die Zeichen, die diese Band in ihrem Namen verwendet, nicht zu den allseits wohlbekannten. Dann wäre die Band marketingtechnisch allerdings ziemlich blöde. Oder sehr konsequent indie.

Aber wahrscheinlich hat Hiro schlicht nicht verstanden, was ich wollte. Ich frage ihn: »Was für Musik hörst du denn dann?«

Er strahlt: »Reggae!«

Das hätte ich mir ja denken können. Jetzt ist es an mir, mit den Schultern zu zucken. Zu Reggae habe ich nun gar keine Meinung.

Ich frage Hiro freundlich: »Nur Reggae?«

Er strahlt: »Yes!«

Gut, er ist konsequent.

Hiro hat sich dankenswerterweise nicht die Mühe gemacht, so zu tun, als würde er meine musikalischen Vorlieben teilen, also erweise ich ihm denselben Respekt und heuchle kein Interesse an seinen. »Und was machst du in deiner Freizeit?«, frage ich.

»Darts!« Daraufhin verschwindet er unterm Tresen und kommt mit einem Pfeilset wieder hervor.

»Nein, ich möchte wirklich nicht spielen«, wehre ich ab.

»Nein, nicht spielen!«, lacht er. »Das sind *meine* Pfeile!« Ich soll sie mir nur angucken.

»Die sind ... toll!« Es sind halt Pfeile.

»Moment!« Er verschwindet wieder unter dem Tresen und kommt mit einigen Fotos hervor. Sie zeigen Hiro mit Pokalen in unterschiedlichen Größen. »Ich bin sehr gut!« Die übliche japanische Bescheidenheit geht ihm ab, das ist erfrischend. Nachdem ich die Fotos und seine Leistung gewürdigt habe, fragt er: »Kennst du *Go*?«

Go kenne ich, ein strategisches Brettspiel, das sich in Japan besonders bei Kindern und Rentnern großer Beliebtheit erfreut. Menschen, die Muße haben. »Ja, kenne ich«, sage ich.

Er zaubert ein Go-Brett hervor. »*Go* spielen?«

»Nein danke, so gut kann ich das nicht ...« Ich kenne zwar die Regeln und habe ein paar Partien Online-Go gespielt, aber das ist lange her. Außerdem ist das ein Spiel, auf das man sich stark konzentrieren muss, und streng genommen bin ich mit genau gegenteiligen Absichten hierhergekommen.

»Ich spiele sehr gut!«, freut sich Hiro.

»Das ist ein Grund mehr, warum ich nicht gegen dich spielen sollte ...«

Das *Go*-Brett verschwindet wieder. Hiros nächstes Tresenrequisit ist ein *Vier-gewinnt*-Spiel. Er grinst: »Kennst du vertikales *Go*?«

Ich gebe meinen Widerstand auf und seufze: »Ja, das kenne ich. Sehr populär in Germany. *Eine* Partie spiele ich mit dir, aber dann muss ich los.«

Vier gewinnt habe ich noch länger nicht gespielt als *Go*, aber öfter. *Vier gewinnt* ist wie Fahrrad fahren, denke ich, verlernt man nicht. Und wie ich das so denke, kommt mir der Gedanke, dass ich *Vier gewinnt* vermutlich zum letzten Mal in dem Alter gespielt habe, in dem man Fahrrad fahren lernt.

Es werden etliche Partien, ich bestelle etliche weitere Getränke und höre noch ein paarmal mit dem Rauchen auf.

Ich gewinne kein einziges Spiel.

Es läuft immer nach demselben Prinzip: Hiro kriegt scheinbar gar nichts auf die Reihe, und wenn ich davor bin, meine Dreierreihe zu einer Viererreihe zu komplettieren, wirft Hiro einen Chip an eine Stelle, an der er nicht nur meine Pläne zunichte macht, sondern auch noch für sich eine Viererreihe dort erscheinen lässt, wo ich irgendwie gar nicht hingeguckt hatte. Zauberei. Oder er hat mir was ins Glas getan. Bier zum Beispiel.

Hiro freut sich über jeden Sieg, aber es ist keine bösartige Freude, sondern eine kindliche und durchaus ansteckende. Von der guten alten Sitte, dass man Gäste und Schwachsinnige auch mal gewinnen lässt, hat er offenbar nicht gehört. Aber wenn es ihn freut, freue ich mich auch, und es wird noch ein ganz lustiger Abend, der damit endet, dass Hiro mich nicht nur bis zu der gruseligen Tür bringt, sondern bis raus auf die Straße. Das hat er bei anderen gehenden Gästen nicht gemacht, ich habe das beobachtet.

Wahrscheinlich wollte er sicher sein, dass der schwierige Gast wirklich weg ist. Und jetzt bricht er erschöpft und erleichtert hinterm Tresen zusammen.

Keine Haltungsnoten und keine Selbstbedienung

Wer keine anderen Probleme als freundliche Barkeeper hat, hat eigentlich keine Probleme. In einer japanischen Bier-und-Darts-Kneipe herrschen nicht strengere Verhaltensregeln als in einer deutschen Bier-und-Darts-Kneipe, also ungefähr gar keine. In anderen Umgebungen und Szenarien gibt es mehr Regeln. Allerdings möglicherweise nicht so viele, wie man meinen könnte. Als ich zum ersten Mal zu einer privaten Feier im Tatami-Hinterzimmer eines Izakaya eingeladen war, bemühte ich mich tunlichst, mich so auf die Strohmatten zu hocken, wie ich es aus japanischen Filmen kannte: mit den Knien auf dem Boden und den Hinterbäckchen auf den Waden. Innerhalb kürzester Zeit tat mir jeder Knochen weh, und ich stellte fest, dass ich nicht nur der einzige Ausländer war, sondern auch der Einzige, der auf diese unbequeme Art positioniert war. Alle anderen saßen, wie es ihnen passte. Manche im Schneidersitz, andere mit den Beinen zur Seite weg, aber alle mit dem Hosenboden auf dem Zimmerboden. Die einzige Regel: Bequem sollte es sein.

Ich habe mich einmal sehr gewundert, als ich in einem Japanisch-Lehrbuch folgende Frage las: *Können Sie Tofu mit den Füßen essen?* Nach wiederholtem Lesen der Frage fiel mir freilich auf, dass dort nicht *ashi* (Füße) sonder *hashi* (Stäbchen) stand. Tofu mit Stäbchen zu essen ist tatsächlich eine rechte Herausforderung, da der Sojabohnenquark häufig in weicher, beinahe flüssiger Form serviert wird und wenig mit den hiesigen Reformhaus-Briketts gemein hat. Im Übrigen ist Tofu in Japan und anderen asiatischen Ländern keinesfalls exklusiv der vegetarischen und veganen Küche zugeordnet. Man muss sich nicht wundern, wenn man auf Speisekarten Gerichte wie ›Tofu mit Hackfleisch‹ findet.

Ob man sich der Tofu-Stäbchen-Herausforderung stellen möchte, sei jedem selbst überlassen. Ganz allgemein aber wird man um das Essen mit Stäbchen kaum herumkommen. Westliches Besteck gibt es besonders in kleineren japanischen Restaurants auch auf Nachfrage nicht. Zu Suppen werden häufig Löffel gereicht. Trotzdem wird auch die Suppe soweit möglich mit Stäbchen gegessen. Soll heißen, eigentlich wird Suppe gar nicht gegessen, sondern getrunken, und zwar direkt aus der Schale, die an den Mund geführt wird. Was sich aber an fester Nahrung als Zutaten in der Suppe befindet, wird mit Stäbchen herausgefischt und gegessen. Der Löffel ist für Zutaten, die die Stäbchen vor logistische Probleme stellen.

Sushi darf ruhig mit den Fingern gegessen werden. Die Sojasauce, die zu Sushi und vielen, vielen anderen Speisen gereicht wird, wird nicht nach Ketchupmanier über das ganze Gericht gekippt. Sie kommt in eine kleine Schale, in die die Speisen häppchenweise vor dem Verzehr eingetunkt werden. In dieser Schale kann man auch den japanischen Meerrettich, den meist grünen Wasabi, der pur extrem scharf sein kann, mit der Sojasauce verrühren.

Ganz aufgeregt wird der gemeine Touristenführer, wenn es um die Vermittlung von Stäbchenetikette geht. In der Tat: Es gibt gewisse Verhaltensweisen, die sollte man im Umgang mit Stäbchen tunlichst unterlassen. Aber keine Sorge: Das sind so ziemlich dieselben Dinge, die man hoffentlich auch mit Messer und Gabel nicht tun würde, wenn auch teils aus anderen historischen Gründen. Die beliebteste Warnung: Stäbchen nicht senkrecht in den Reis stecken, wenn man die Hände frei haben möchte, denn so wird der Reis rituell den Toten als Opfergabe gebracht. Aber da wir auch Messer und Gabel nicht mal eben steil in die Kartoffeln rammen, wenn wir jemandem das Salz rüberreichen wollen, dürfte dieser Fettnapf auch ohne religiöses Insiderwissen in sicherer Entfernung stehen. Ebenso selbstverständlich in Ost wie West, dass man mit dem Esswerkzeug nicht auf Menschen zeigt. Und dass man es nach dem Essen ordentlich zusammenlegt, anstatt ein Teil in die Blumenvase zu stecken und eines unter die Tischdecke zu legen, dürfte man ebenfalls verinnerlicht haben. Besonders vorbildlich verhält sich, wer die Stäbchen nach dem Essen wieder zurück in die Papierhülle steckt, aus der sie gekommen sind.

Wer mit den eigenen Stäbchen Essen von einem fremden Teller nehmen möchte, dreht die Stäbchen dafür um und benutzt die dicken Enden. Apropos umdrehen: Stäbchen sind keine Spieße. Man greift damit, man spießt nicht auf. Normalerweise. Einmal befand ich mich in einer unfair gemischten Gesellschaft aus einer Handvoll Europäer und einer

Japanerin. Es handelte sich um eine Dinnerparty, bei der als Nachtisch Wassermelone gereicht wurde, eine äußerst beliebte Delikatesse in Japan. Wir alle bemühten uns emsig, die Schnitten mit Stäbchen möglichst würdevoll in den Mund zu bekommen, aber das war ob des natürlichen Rutschverhaltens der Wassermelone sehr schwierig; wahrscheinlich wäre es mit Füßen leichter gewesen. Als Erste verlor ausgerechnet die Japanerin die Contenance und stach einfach zu. Alle nichtjapanischen Over-Achiever schauten sie erschrocken an. Da musste sie sehr lachen.

Ob sie es lustig oder eher schrecklich peinlich fand, weiß ich bis heute nicht. Jedenfalls pieksten wir ab da alle solidarisch in die Melone.

Essen wird in Japan sehr wichtig genommen. Es ist als Small-Talk-Thema noch beliebter als das Wetter und Baseball. Allenfalls zur Kirschblütensaison sind Kirschblüten ein noch wichtigeres Thema. Aber von der Frage, ob man denn schon Kirschblüten gucken gewesen sei, ist die Frage, was es – wenn ja – dabei zu essen gab, nie weit entfernt. Wer meint, im deutschen Fernsehen liefen entschieden zu viele Kochsendungen, sollte den Fernseher in Japan lieber gar nicht erst anstellen.

Gegessen wird am liebsten in Gesellschaft, und in Gesellschaft isst und trinkt niemand für sich alleine. Die Gerichte werden munter getauscht, und man sollte es sich verkneifen, sich selbst etwas zu trinken einzuschenken. Stattdessen füllt man die Gläser der Mittrinker, die wiederum dasselbe tun, und so wird im Idealfall kein Glas jemals leer sein, und man selbst ist auch bald voll. Wer sich selbst nachschenkt, könnte den Eindruck vermitteln, er sei entweder gierig, oder die Aufmerksamkeit seiner Nächsten lasse in seinen Augen zu wünschen übrig. Bier wird oft in ungewöhnlich großen Flaschen serviert. Das kann man alleine bewältigen, aber eigentlich sind sie zum Teilen gedacht. Eine Wirtschaft, die etwas auf sich hält, serviert zum Bier automatisch und kostenlos typische Biersnacks. Als solche gelten gesalzene Erdnüsse ebenso wie eingelegte Minitintenfische. Meistens sind die Snacks nur kleine Appetit- und Durstanreger, manche Wirte sind aber so großzügig, dass man das Gefühl hat, man bezahle eigentlich für das Essen und bekäme das Bier obendrauf.

Beim Restaurantbesuch gilt es ein paar einfache Regeln zu beachten, unabhängig von der Vornehmheit des Etablissements, der nationalen Ausrichtung der Küche oder ob man sich allein oder in Gesellschaft bewegt. Zunächst stürmt man nicht ohne Vorwarnung voran und krallt sich den Stuhl, der einen am meisten anlächelt. Man wartet im Eingangsbereich, bis sich ein Mitglied des Personals seiner annimmt. Diesem wird bedeutet, für wie viele Personen Plätze benötigt werden, am besten mit den Fingern. Der Daumen wird bei der gestischen Zahlendarstellung nicht mitverwendet. Und: Möchte man mit Fingern etwas aufzählen, sind erst alle Finger in die Höhe gestreckt, dann werden sie der Reihe nach eingeknickt. Auch dabei macht der Daumen nicht mit, außerdem kommt nur eine Hand zum Einsatz.

Hat man den Platz eingenommen, der einem zugeteilt wurde, bekommt man bald ein feuchtes Tuch oder Tüchlein, je nach Größe des Restaurants. Ein Restaurant ist kein Flugzeug: Die Tücher sind nicht dafür gedacht, sich mit großer Geste Gesicht und Hals abzuwischen. Ertappen Sie Japaner dabei, wie sie dies dennoch tun, liegt das daran, dass sie es entweder selbst nicht wissen oder Männer sind. Männer meinen häufig, Anstandsregeln gelten nur für Frauen. Die Tücher sind jedoch ausschließlich für die Hände gedacht, da macht das Geschlecht keinen Unterschied. Nach der Benutzung werden sie ordentlich zusammengefaltet.

Beim Essen gehört es sich, bei aufwendigeren Kauaktionen die Hand vor den Mund zu halten, insbesondere wenn man währenddessen verbal etwas mitzuteilen hat, das nicht warten kann. Auch dies hat sich im weiblichen Teil der Bevölkerung weiter rumgesprochen als im männlichen.

Nach dem Essen ist es Sitte, nicht mehr ewig am Platz zu verweilen und ihn so für andere Gäste zu blockieren. Beliebte Restaurants und Restaurants in beliebten Gegenden haben einen hohen Durchlauf. Nicht selten sieht man Stuhlreihen vor den Lokalen, bereitgestellt für Gäste, die auf einen Platz warten. Ebenfalls nicht selten sind auch diese Warteplätze alle besetzt.

Man schnappt sich die Rechnung, die meist ungefragt mit dem Hauptgericht gebracht wird, und bezahlt sie beim Ausgang an der Kasse. Mitunter ist eine Servicegebühr in der Rechnung inbegriffen, aber selbst wenn dem nicht so ist, ist Trinkgeld in Japan nicht üblich. Man sollte es gar nicht erst versuchen, die Geste sorgt bestenfalls für Verwirrung, schlimmstenfalls für Kränkung. Einmal lief mir eine ganz aufgelöste Kassiererin auf Stöckelschuhen über mehrere Treppen auf die Straße nach, weil sie mir versehentlich dreißig Yen zu wenig rausgegeben hatte. Das sind ungefähr 0,2 Cent.

Der Mythos vom Schlürfen

Die Behauptung, das laut vernehmliche Schlürfen beim Verzehr von Nudelsuppe gehöre in Japan sowohl wörtlich wie im übertragenen Sinne zum guten Ton, bekommt man von naseweiser Reiseliteratur und neunmalklugen Pauschaltouristen so häufig um die Ohren gehauen, dass man sie fast glauben könnte. Bei genauerer Recherche liegt der Fall nicht ganz so eindeutig.

Die Recherche führt mich zurück nach Shikoku, das ich vor ein paar Jahren mit meiner damaligen Geliebten bereiste (wir berichteten). Ich wollte in erster Linie hin, weil dort der Horrorfilm *Shikoku – Rückkehr zur Insel der Toten* spielt, und in zweiter Linie, weil auch Teile von Haruki Murakamis Roman *Kafka am Strand* dort angesiedelt sind. Meine Geliebte wollte hin, weil sie gerne Nudeln isst. Sie hat zu

Horrorfilmen ein etwas mädchenhaftes Verhältnis und lehnt Murakami ab, weil der – so sie – »Mädchenbücher« schreibe. Ich hingegen habe nichts gegen Nudeln.

Die Stadt Takamatsu ist berühmt für die regionale Variante von Udon, einer breiten und schmackhaften Weizennudelspezialität. Meine Partnerin hat eine Straßenkarte, die von einer Nudelliebhabervereinigung herausgegeben wurde, alle Nudellokale sind durch rote Punkte ausgewiesen. Die ganze Karte ist ziemlich rot, man kann eigentlich nicht verhindern, auf Nudellokale zu stoßen. Und trotzdem finden wir uns oft in dunklen Straßen wieder, in denen die Lokale »Girls! Girls! Girls!« versprechen, obwohl wir doch nur scharf sind auf »Nudeln! Nudeln! Nudeln!«. Wir verlassen uns lieber auf unseren Instinkt und bleiben unter der beruhigend beleuchteten überdachten Einkaufsstraße, wo das einzig Zwielichtige ein Friseur ist, der mit einem deutsch- und einem englischsprachigen Schild wirbt. Auf dem deutschen steht: »Individueller Service war schon immer unsere Stärke!« Das ist nicht originell, aber für einen Friseursalon unverdächtig. Das englische Schild aber macht mir Angst: »Butchering is our speciality. Glue no extra charge!« Wie gut, dass ich mein eigener Friseur bin.

Gegenüber vom Haarschlächter ist das Restaurant, für das wir uns entscheiden. Es ist eines von dreien, die dicht beieinanderstehen, und ich habe vorgeschlagen, einfach das zu nehmen, das am teuersten aussieht. Am Anfang einer Reise spucke ich immer große Töne. Es geht eine Treppe hinauf, im Restaurant gibt es einen Bereich mit normal hohen Tischen und regulären Stühlen und einen mit niedrigen Tischen und Sitzkissen auf dem Boden. Selbstredend will ich dort sitzen. Wir trinken vom grünen Gratistee und studieren die Speisekarte, die Fotos von den Speisen zeigt. Mir gefällt sofort das teuerste Gericht optisch am besten: Udon in der üblichen Suppe mit einer üppigen Portion Tempura anbei, einer frittierten japanischen Spezialität portugiesischen Ursprungs. Meine Partnerin hingegen entscheidet sich für das preiswerteste Gericht: einfach nur Udon in Suppe. Das habe nichts mit Rücksicht auf meine finanziellen Reserven zu tun, macht sie mir weis, sondern damit, dass sie sich ganz auf die Nudel an sich konzentrieren wolle. Das klingt fast plausibel, und ich entscheide mich ebenfalls gegen den Tempura-Schnickschnack und für die pure Nudel.

Meine Partnerin drückt auf die schrille Klingel am Tisch, die den Kellner ruft, und bestellt die Speisen. Ich bestelle die Getränke. Ich sage stolz auf Japanisch: »Bitte zwei Stockwerke Bier!« Meine Partnerin lacht sich eins, aber der Kellner lässt sich nichts anmerken und bringt nur zwei Gläser. Wir langen über den Tisch, füllen das Glas des anderen und prosten uns zu: »Kanpai!«

Die Udon sind sehr gut, aber freilich schmecke ich keinen Unterschied zu Udon aus anderen Teilen des Landes. Ich bin schon zufrieden damit, den Unterschied zwischen den beiden Hauptnudelarten Udon (dick) und Soba (dünn) zu kennen. Eines immerhin erkennen wir beide als sehr spezifisch an diesen Nudeln: Sie sind widernatürlich lang. Wenn ich sie mit meinen Stäbchen aus der großen Suppenschale fische und den Arm ganz lang mache, hängt ein Teil der Nudeln noch immer in der Suppe.

Die beiden Herren am Nebentisch haben ähnliche Probleme mit der Länge der Nudeln, lassen es sich aber fröhlich schlürfend schmecken. Plötzlich verfinstert sich die Miene meiner Partnerin, und sie zischt: »Oh, ich *hasse* das!«

»Was denn?«

»Das Schlürfen!«

Seltsam, denn ich bemerke das Schlürfen kaum noch. Ich kläre sie auf: »Aber das ist in Japan so üblich!«

»Ist es gar nicht!«

»Ist es wohl. Das gehört sogar zum guten Ton.«

»Völliger Quatsch! Wie kommst du nur darauf?!«

»Das steht in wirklich *jedem* Buch über Japan! *Irgendwas* in diesen Bücher muss doch stimmen!«

»Aber *das* ganz sicher nicht!«

»Gut, in einigen Büchern steht, dass es sich für Frauen nicht ziemt. Aber Männer müssen auf jeden Fall schlürfen, wenn sie nicht das Gesicht verlieren wollen!«

»Nein, das ziemt sich auch für Männer nicht!«

»Aber *alle* Männer schlürfen hier!«

»Und wenn alle Männer von der Brücke springen würden ...«

»Keine Angst, ich wollte mir das Schlürfen nicht angewöhnen.«

Tatsächlich finde ich das Schlürfen selbst furchtbar, aber ich wollte nie was sagen, weil ich ja nur zu Gast bin in diesem Land und von daher gezwungen, jede Unart wunderbar authentisch zu finden. Dennoch mag ich von dem Thema nicht lassen, denn was meine japanische Partnerin da sagt, geht gegen alles, was ich je über Japan zu wissen glaubte.

»Liebling, nicht böse sein, ich bin ganz auf deiner Seite, was das Schlürfen angeht, aber trotzdem: Man hört dieses Geräusch in Japan so ununterbrochen, dass man auch ohne irreführende Sekundärliteratur sofort davon ausgehen würde, dass sich das hier so gehört.«

»Es stimmt, dass viele Männer schlürfen. Und vermutlich haben sich viele Leute daran gewöhnt. Aber es gilt trotzdem als kindisch und gehört auf *gar keinen Fall* zum guten Ton! Ehrlich gesagt, bin ich schwer schockiert, dass so etwas in Reiseführern steht. Ich möchte gar nicht wissen, was da noch alles drinsteht.«

»Och, sonst nur wertvolle Tipps. Zum Beispiel, dass man nicht mit links das Getränk zum Munde führt, weil man sonst als Alkoholiker gilt.«

»Das hab ich noch nie gehört!«

»Mit welcher Hand trinkt man denn?«

»Immer mit der, mit der es gerade am besten geht. Jetzt werde ich neugierig. Was gibt es laut deinen Büchern noch für angebliche Verhaltensregeln in Japan?«

Ich pruste: »Pass auf, jetzt kommt der Kracher: Man darf sich in Japan nicht öffentlich die Nase putzen!«

Meine Partnerin runzelt die Stirn: »Wie, Nase putzen?«

»Na ja, halt so mit Taschentuch. Schnäuzen.«

Sie ist fassungslos: »*Aber natürlich nicht! Das ist ja ekelhaft! Andreas!*«

»Aber den Schnodder hochziehen ist doch wohl erst recht eklig …«

»Immer noch besser, als sich vor fremden Leuten die Nase zu putzen!«

»Vielleicht würdest du deine Meinung ändern, wenn du im Flugzeug neben einem sitzt, der von Heathrow bis Narita ohne Unterlass hochzieht …«

»Was soll er denn sonst machen, wenn er erkältet ist?«

Mir kommt ein weiterer Gedanke: »Um noch mal auf das Thema Naseputzen zurückzukommen: Es gibt doch hier in Japan an jeder Straßenecke junge Leute, die einem Gratispackungen mit Taschentüchern zustecken.«

»Genau. Da ist Werbung drauf.«

»Aber wenn das Naseputzen als so eklig gilt – ist das dann nicht so, als würde man wildfremden Menschen mitten auf der Straße eine Rolle Klopapier in die Hand drücken? Quasi: ›*Dieses Klopapier schenkt Ihnen Ihre Landesraiffeisenbank*‹?«

Meine Partnerin seufzt. »Iss deine Nudeln.«

Es soll nicht verschwiegen werden, dass ich zur Schlürfkontroverse noch eine zweite Meinung eingeholt habe und eine dritte und so weiter. Es endete in einer Pattsituation zwischen pro und kontra Schlürfen. Unter den Befürwortern des Schlürfens waren übrigens durchaus einige Frauen.

Vielleicht kann man sich folgendermaßen einigen: Das Schlürfen ist in Japan zwar gesellschaftlich akzeptiert, ein Zeichen oder gar Ausdruck guter Manieren ist es aber keineswegs.

Gut unterwegs mit Bahn und Bus

Sollten Sie sich die Entdeckung der Langsamkeit zum Reiseziel gesetzt haben, empfehle ich nicht den Aufenthalt in einem zen-buddhistischen Kloster, sondern eine Fahrt mit der Straßenbahn in Hiroshima. Zu behaupten, sie hielte an jeder Ecke, wäre geschönt. Sie hält sicherheitshalber auch zwischen allen Ecken. Ist man am Ziel angekommen, hat man entweder den Verstand verloren oder ruht ganz in sich selbst (Fachausdruck: schlafen). In jedem Fall erkennt man: Der Weg war wohl das Ziel, denn inzwischen weiß ich gar nicht mehr, was ich hier wollte. Dann kann man auch wieder zurückfahren. Oder zu Fuß gehen, falls man es eilig hat.

Damit stellt die Tram von Hiroshima eine Ausnahme unter den öffentlichen Verkehrsmitteln Japans dar, zumindest in einer Hinsicht: Normalerweise geht alles blitzschnell. Und für alle Verkehrsmittel von der Bummelbahn bis zum Blitzschnellzug gilt: Pünktlich sind sie immer. Egal, ob ein Fahrzeug das ganze Land durchschießt oder nur einmal um die Ecke ächzt, es ist garantiert auf die Minute genau nach Zeitplan am Bestimmungsort, und zwar auf den Zentimeter genau dort, wo es der Umgebungsplan vorgesehen hat.

Japans Vorzeigeverkehrsmittel ist der Schnellzug Shinkansen, der auch auf den Kosenamen Bullet Train hört, zum einen aufgrund seiner windschnittigen Form, aber auch wegen seiner geschossartigen Geschwindigkeit. 210 bis 300 Kilometer pro Stunde schaffen die verschiedenen Modelle. Tatsächlich bezeichnet der Begriff Shinkansen im Wortursprung das Streckennetz selbst (wörtlich in etwa: neue Stammstrecke), wird aber inzwischen synonym für die Züge benutzt. Die Waggons bieten hohen Komfort, und wer auf dem Bahnhof versäumt hat, sich mit lokalen Leckereien einzudecken, kann auch im Zug noch aus einer großen Auswahl von Speisen und Getränken wählen. Der Verpflegungsrollwagen wird regelmäßig durch die Gänge gerollt.

Bahnfahren hat auch in Japan seinen Preis, und zwar einen stolzen, insbesondere mit dem Shinkansen. Ausländische Touristen haben gegenüber Japanern den Vorteil, dass sie den Japan Rail Pass nutzen können, der zum Pauschalpreis für sieben bis 21 Tage freie Fahrt durchs ganze Land erlaubt. Die Investition lohnt sich auf jeden Fall, wenn man mehr als Tokio sehen möchte. Der Pass muss vor der Abreise im Heimatland in einem autorisierten Reisebüro beantragt und bezahlt werden. Man bekommt einen Coupon, den man in Japan gegen den Pass eintauscht. Er ist gültig für alle Linien der ehemals staatlichen Japan Railways (JR), ausgenommen ist der schnellste Shinkansen, der Nozomi (die anderen sind aber auch nicht gerade langsam). Neben JR gibt es etliche private, regionale Bahngesellschaften, für deren Züge der Pass ebenfalls nicht gilt.

Wer längere Strecken im Shinkansen zurücklegen und auf Nummer sicher gehen möchte, kann sich eine Platzreservierung am Bahnhofsschalter besorgen, die gibt es bei vorhandenem Ticket gratis. Allerdings sind auch Waggons mit freier Platzwahl vorhanden. Deren Position, ebenso wie die der Green Cars (erste Klasse), ist auf den Bahnsteigen per Bodenbemalung oder Hinweisschildern genau angegeben. Bevor der Zug kommt, stellt man sich ordentlich in die Warteschlange seines Wunschabteils. Wer zuerst kommt, wartet zuerst, auch wenn man seine Position wieder verlässt. Das Reservieren von Warteplätzen durch Hinterlassen von Gepäck oder Einkaufstüten ist durchaus üblich.

Das Ticketsystem für öffentliche Verkehrsmittel auf der Schiene, Eisen- wie U-Bahn ist landesweit weitgehend einheitlich. Man schaut auf dem Netzplan, der am Bahnhof hängt, nach dem Ort, an dem man ankommen möchte. Unter dem Ortsnamen steht eine Zahl, das ist der Preis in Yen. Man schmeißt sein Münzgeld in den Fahrkartenautomaten oder füttert ihn mit Scheinen, bis auf dem Touchscreen (neumodisch) oder den Leuchtknöpfen (altmodisch) der gewünschte Betrag auswählbar ist, drückt auf Bildschirm oder Knöpfchen, entnimmt das Ticket und etwaiges Wechselgeld und geht zur Schranke vor den Gleisen. Die öffnet sich, wenn man seine Karte in den Schlitz steckt. Nicht vergessen, hinter der Schranke das Ticket wieder an sich zu nehmen, denn man wird es in der Regel am Ende der Fahrt wieder brauchen, um den Bahnhof zu verlassen.

Einige Provinzbahnhöfe trauen den Einwohnern und Besuchern der dazugehörigen Orte indes nichts Böses zu und verzichten auf jede Kontrolle. Wieso auch nicht: In Japan gibt es keine Schwarzfahrer. Das ist zumindest die Theorie. Allenfalls könnte es jemandem mal versehentlich passieren, einen zu billigen Fahrschein für eine teure Strecke gelöst zu haben. Aus solch einem allzu menschlichen Vertun kann man niemandem einen Strick drehen. Wenn einem am Zielbahnhof die Schranke das Verlassen des Bahnsteigs verweigert, wird man deshalb nicht sofort von bewaffneten Polizisten niedergeworfen, sondern geht mit dem Ticket einfach zu einem Nachbezahlautomaten (Fare Adjustment), steckt es hinein, bezahlt den Differenzbetrag (keine Strafgebühr) und bekommt ein neues Ticket. Fare Adjustment kann auch taktisch eingesetzt werden. Wenn man einmal nicht die Muße hatte, vor der Fahrt den genauen Betrag nachzuschauen, oder sich über sein Ziel noch gar nicht klar ist, kauft man einfach das günstigste Ticket und zahlt den Rest später. Mit der Tokioter Yamanote-Eisenbahnlinie kann man übrigens mit dem billigsten Ticket unschlagbar günstig eine komplette Stadtrundfahrt machen. Die Linie fährt im Kreis durch den gesamten innerstädtischen Bereich. Wenn man den Kreis komplett mitmacht (90 Minuten) und an dem Bahnhof, an dem man eingestiegen ist, wieder aussteigt, muss nichts nachbezahlt werden. Da bekommt man viel für wenig Geld. Aber Quantität ist ja nicht alles. Attraktiv ist die Strecke nicht unbedingt, und ob man einen Sitzplatz bekommt, ist eine Frage von Glück und Tageszeit.

Das Busfahren ist für den Sprachunkundigen in den meisten Gegenden etwas kompliziert. Fahrpläne, Durchsagen und Anzeigen sind fast immer nur in Japanisch, und Busfahrer sind zwar oft freundlich, aber fast nie multilingual. Was das Prozedere angeht: Man nimmt sich beim Betreten des Busses (hinten einsteigen) ein Ticket mit einer Zahl oder einem anderen Symbol aus einem Automaten und zahlt beim Aussteigen (vorne) den Betrag, der auf einer Anzeigetafel in Fahrernähe angezeigt wird. Keine Scheu vor dem Busfahren muss man im touristisch beliebten Kyoto haben. Kyotos Busnetz ist ausreichend englisch erschlossen, auf vielen regulären Linien gibt es sogar Erläuterungen zu Sehenswürdigkeiten per Tonband.

Taxis sind in Japan günstiger als in Deutschland, unter Umständen variieren die Tarife aber nach Tageszeit. Die Taxitüren werden nur vom Taxifahrer geöffnet und geschlossen, er kann das von seinem Sitz aus bewerkstelligen. Gezahlt wird, wie üblich in Japan, nur der Betrag, der genannt wird. Trinkgeld gibt es nicht. Manche Taxifahrer fahren lieber einen großen Bogen um Ausländer, aus nicht ganz unbegründeter Angst vor Verständigungsschwierigkeiten. Es empfiehlt sich, das gewünschte Ziel vor der Taxifahrt von kundiger Hand in Japanisch aufschreiben zu lassen und dem Fahrer die Niederschrift zu präsentieren.

Das Auffinden von konkreten Adressen kann in Japan abenteuerlich geraten. Straßen haben nur vereinzelt Namen, Hausnummern gibt es entgegen anderslautender Gerüchte zwar, sie sind aber nicht an den Häusern angebracht, denn sie dienen eher Verwaltungszwecken als der Orientierung. Lagepläne in den Straßen und in Bahnhöfen helfen, sind aber ohne Sprachkenntnisse nicht immer komplett zu entziffern. Wenn man verabredet ist, lässt man sich zuvor per Telefon oder, besser noch, per gefaxter oder gemailter Skizze erklären, wie man wo hinkommt. Oder man verabredet sich an idiotensicheren Orten.

Der berühmteste Hund Tokios ist Hachiko, nach dem ein Platz vor dem Bahnhof Shibuya benannt wurde, der über den Hachiko-Ausgang des Bahnhofs erreicht werden kann, ganz in der Nähe des Hachiko-Souvenirladens. Hachiko (deutsch: Freund Acht) hat dem Vernehmen nach wirklich gelebt, und zwar länger als sein Herrchen. Hachiko kam immer abends zum Bahnhof Shibuya, um sein Herrchen nach dessen Arbeit abzuholen. Als Herrchen auf der Arbeit starb, ließ sich Hachiko nicht beirren und kam bis zu seinem eigenen Tod über zehn Jahre später weiterhin jeden Tag zur selben Zeit zurück, um zu gucken, wo Herrchen bleibt. Eigentlich eine traurige Geschichte, aber die Japaner finden derartigen Gehorsam gut und haben dem Hund schon zu Lebzeiten eine Bronzestatue errichtet und ebenjenen Platz nach ihm benannt. Man müsste schon ein schlecht gelaunter Spielverderber sein, wiese man auf die Theorie hin, dass Hachiko nur wegen der Würstchen jeden Abend kam, die ihm die mitleidigen Ladenbesitzer vor Ort zusteckten. Der Platz und die Statue sind heute ein beliebter Treffpunkt im hektischen und unübersichtlichen Shibuya.

Manchmal, spätnachts, wenn die Japaner längst auf ihren Futons liegen, kommt der Geist von Hachiko zum Bahnhof, und dann fährt der Geisterzug ein, aus dem der Geist von Hachikos Herrchen steigt, und die beiden spuken fröhlich vereint durch die Gegend.

Zugegeben, das habe ich mir ausgedacht. Aber wäre doch schön.

Ungemütlich: Erdbeben

Erdbeben sind so eine Sache. Ich war mir erst bei meinem dritten sicher, dass es wirklich eines war. Erdbeben sind in Japan ein so alltägliches Phänomen wie schlechtes Wetter. Damit soll keinesfalls die Ernsthaftigkeit des Phänomens infrage gestellt werden. Ein starkes Erdbeben in der Nähe von Kobe forderte 1995 fast 6 500 Menschenleben, die Toten vom Kanto-Erdbeben 1923 werden auf über 100 000 geschätzt.

Aber wie es eben auch beim Regenwetter qualitative Unterschiede zwischen verheerenden Unwettern und leichtem Niesel gibt, so gibt es auch unterschiedlich dramatische Erdbeben. Gottlob fallen die meisten in die Nieselkategorie, und man fragt sich schon mal: War da jetzt was, oder bin ich nur über meine Schnürsenkel gestolpert?

Das erste Mal, dass mich das Da-war-doch-was-Gefühl überkam, war unter der Dusche in einem Hotel in Tokio. Mit Schnürsenkeln hatte es also bestimmt nichts zu tun, eine gewisse Unsicherheit blieb trotzdem. Ich war gerade erst angekommen, also etwas übermüdet und fahrig, und in einer fremden Dusche rutscht man leichter mal als in der eigenen, auch ohne Erdplattenverschiebung. Allerdings hatte es zuvor weiter draußen ein Erdbeben gegeben, davon hatte ich gehört. Die Schäden waren nicht katastrophal, aber das Beben stark genug, um darüber rund um die Uhr zu berichten. Als ich später am Abend erneut Fernsehnachrichten sah, war dort von Ausläufern des Bebens in Tokio die Rede, und dazu wurde exakt die Straße gezeigt, in der sich mein Hotel befand – weder phantasiere noch lüge ich. Andererseits war es mit meinen Sprachkenntnissen nicht weit her. Vielleicht sagte der Sprecher lediglich: »*Keinerlei Ausläufer des Erdbebens waren in Tokio zu spüren, schon gar nicht in dieser Straße, von der wir billig an Archivaufnahmen rangekommen sind.*«

Das unklare zweite Mal war ebenfalls in einem Hotel, mitten in der Nacht. Ich wachte plötzlich auf, war mit einem Schlag hellwach, erklären konnte ich es mir nicht. Reflexartig ging ich ins Bad und spürte meine Beine wie Pudding. Ich legte mich lieber wieder hin.

Ein paar Tage später traf ich einen Bekannten, einen Amerikaner, der schon lange in Japan lebte. Er fragte beiläufig: »Hast du Donnerstagnacht das Erdbeben bemerkt?«

Ich war begeistert. Selbstverständlich hätte ich es bemerkt, versicherte ich, doch dann fiel mir ein: »Aber das war Mittwoch, nicht Donnerstag.«

Mein Bekannter bestand auf Donnerstag. Mit Großmut gab ich nach, aber insgeheim dachte ich mir: Und es war doch Mittwoch! Aber sollte mein Bekannter gegen alle Wahrscheinlichkeit recht gehabt haben, war mein nächtliches Erlebnis kein Erdbeben, sondern möglicherweise nur ein ordinärer Fall von Was-Falsches-gegessen.

Kein Vertun gibt es beim dritten Mal, ich habe einen Zeugen. Ich sitze in einem Internetcafé, am Computer neben mir sitzt jemand, der aussieht wie ein typischer japanischer Angestellter. Warum der nicht bei der Arbeit ist, weiß ich nicht. Mit einem Mal klappern Tische und Tassen, und mir wird ein bisschen schwindelig, und schon ist der Spuk vorbei. Mein Nachbar und ich schauen uns an, weil wir zuerst den jeweils anderen verdächtigen, gegen den Tisch gestoßen zu sein.

»Earthquake!«, sagt der Japaner.

»Hai!«, sage ich.

Dann lachen wir beide. Aber es ist ein nervöses Lachen. Und als ich später das Café verlasse, bin ich noch immer ein wenig unsicher auf den Beinen.

Auch wenn die meisten Beben zum Glück eher kleine Störungen als große Katastrophen sind, kann es nicht schaden, sich ein paar Verhaltensregeln für den Ernstfall einzuprägen. Es gilt, sofort offene Feuer zu löschen und elektrische Geräte abzuschalten. Türen sollten geöffnet werden, damit sie sich nicht in geschlossenem Zustand verkeilen können. Feste, ebenerdige Türrahmen sind ein guter Unterstand. Fenster sollte man wegen der Glassplitter meiden. Auf keinen Fall übereilt auf die Straße laufen, da dort die Gefahr besteht, von herabfallenden Trümmern getroffen zu werden. Befindet man sich während des Bebens draußen, begibt man sich vorsichtig zum nächsten offenen Platz oder Park. Jedes japanische Hotelzimmer hat eine Taschenlampe, falls man nachts überrascht wird.

In Japan herrschen strenge Bauvorschriften, die das Schlimmste verhindern sollen. Leider werden immer mehr Fälle bekannt, in denen Baugenehmigungen gegen Schmiergeldzahlungen vergeben wurden. Ein großes Beben in Tokio, wie es Panikmacher ständig vorhersagen und seriöse Experten zumindest nicht kategorisch ausschließen, hätte wohl verheerende Folgen. Man sollte sich davon nicht ins Bockshorn jagen lassen. Aber auf die leichte Schulter nehmen sollte man die Gefahr auch nicht.

Essen und einkaufen wie die Götter

Wer mal ein paar Tage im Ausland gewesen ist, wird in ausländischen Restaurants in Deutschland nicht müde zu betonen, dass das ausländische Essen in Deutschland gar nicht AUTHENTISCH ist und überhaupt alles nach Maggi schmeckt. Bei Sushi und Sashimi kommt noch das Lamento über die Frische hinzu. Von japanischer Meisterhand zubereitet müsse es erstens sein, zweitens müssen die Zutaten frisch aus dem Meer unters Messer gekommen sein. Zumindest dann, wenn die Zutaten überhaupt mal im Meer gewesen waren. Sushi sieht trotz anderslautender Gerüchte das Vorhandensein von Fisch nicht zwingend vor. Man hört es inzwischen nicht mehr so oft im Ekeltonfall, aber die inhaltliche Vorstellung ist in den Köpfen geblieben: »Iiih – das ist doch roher Fisch!« Stimmt nicht, das wäre – zum Beispiel – Sashimi. Die einzige Zutat, die alle Sushi-Arten eint, ist der gesäuerte Kleberreis. Da kann roher Fisch drin oder drauf sein, aber genauso gut Brokkoli oder Rinderzunge, der Kreativität sind nur die Grenzen der Phantasie gesetzt.

Die von vielen beanstandete Trivialisierung von Sushi begrüße ich übrigens sehr. Dass man es inzwischen bei Tengelmann und am Bahnhofskiosk bekommt, ist eine Bereicherung, keine Zumutung. Dass Sushi aus dem deutschen Supermarkt nicht ganz so schmeckt wie vom japanischen Fischmarkt, ist weder erstaunlich noch schlimm. Wer sich darüber aufregt, lässt wahrscheinlich auch bei Burger King den Burger zurückgehen, weil das Fleisch nicht so zart und köstlich mariniert ist wie im argentinischen Steakhaus (in Argentinien). Sushi muss nicht immer Haute Cuisine sein. Dass ich heute bei Fast Food eine größere Wahl als Bratwurst mit oder ohne Ketchup habe, freut mich sehr und ärgert mich gar nicht.

Ich differenziere beim zweigeteilten Argument Authentizität/Frische. Sushi authentisch zubereiten kann jeder, der die richtigen Zutaten hat und ordentlich übt (ich hatte nach zwei Versuchen die Faxen dicke, aber ich soll in dieser Sache kein Maßstab sein). Ein Familienname, der auf -moto oder -yama endet, ist nicht zwingend notwendig. Mit der richtigen Einweisung und Übung bekommen das auch Herr und Frau Müller-Lüdenscheid hin. Aber was die Frische angeht, da blase ich aus Überzeugung ins Horn der Schnösel. Es ist eine Überzeugung, die von Erfahrung gespeist ist. Diese Erfahrung hat mich zu einem Frischeschnösel gemacht, vielleicht zu einem der schlimmsten. Die frischesten japanischen Fischgerichte beziehungsweise potenziellen Fischgerichte bekommt man in Japan, aber nicht irgendwo in Japan, sondern auf japanischen Fischmärkten, aber nicht auf irgendwelchen japanischen Fischmärkten, sondern auf solchen, die frühmorgens den Fang reinkriegen und rechtzeitig zum Frühstück mundgerecht verhackstücken. Am touristisch bekanntesten ist der Tsukiji-Fischmarkt in Tokio, in erster Linie wegen seiner lebhaften Fischauktionen zu nachtschlafender Zeit. Pro Jahr wechseln 600 000 Tonnen 480 verschiedener Fischarten den Besitzer. Wahrscheinlich ist der Markt inzwischen zu bekannt, denn den Fischauktionatoren und ihren Kunden sind die Fischtouristen, die sie durch Im-

Weg-Stehen und Fotografieren an der Berufsausübung hindern, ein Dorsch, äh Dorn im Auge. Bisweilen eskaliert die Situation, zuletzt als ein betrunkener Brite von Fernsehkameras erwischt wurde, wie er den gefrorenen Thunfisch ableckte. Drum werden die Auktionen immer häufiger für alle, die nicht ernsthaft am Erwerb von ganzen Fischen in Handelsmengen interessiert sind, gesperrt. Essen kann man die Handelsware in den umliegenden Restaurants und Imbissen weiterhin, und zwar sofort und phantastisch. Es ist geplant, den Tsukiji-Fischmarkt in Bälde auf ein anderes Grundstück umzuziehen, auf dem Professionelle und Passanten friedlich koexistieren können. Einerseits stören die Touristen, andererseits hat der Tsukiji-Tourismus Tradition, und Tradition hören Japaner gern. In der Tat gilt der Fischmarkt als eine der Toptouristenattraktionen in Tokio, und Tokio ist selbstredend die japanische Stadt, die die meisten Touristen anzieht (trotz Tempel- und Geisha-Versprechungen in Kyoto). Und da die japanische Tourismusindustrie sich in den letzten Jahren recht sportliche Ziele steckt, wird Tsukiji immer mehr zum Politikum. Ungewohnt weich formuliert wird darum die Kritik an den Besuchern von außerhalb: Es wird stets darauf hingewiesen, dass die störenden Touristen »aus Japan und aus anderen Ländern« kommen. Ausnahmsweise haben mal die damischen Fremden nicht alleine Schuld.

Momentan macht den Tsukiji-Betreibern der gemessene Giftgehalt im Boden des neuen Grundstücks mehr Sorgen als die Überfüllung des alten Grundstücks. Besuchen Sie also Tsukiji vorsichtshalber, solange er noch steht, wo er steht. Aber respektieren Sie die, die dort was zu suchen haben.

Oder besuchen Sie gleich den Nijō-Fischmarkt in Sapporo. Nicht im gleichen Maße umschwärmt und umstritten, dafür lauschiger – und leckerer. Zumindest kam es meiner Zunge so vor. Wendet man das Frischefischedogma an, scheint das seltsam, ist Tokio doch dichter am nächsten Hafen als Sapporo. Es kann also auch Zufall oder Einbildung sein, schließlich habe ich nicht jeden Fisch von jedem Verkoster des Tsukiji- und Nijō-Marktes gegessen, sondern nur Auszüge aus dem Angebot. Bitte verlassen Sie sich nicht auf mich, und machen Sie selbst den unmittelbaren Vergleichstest.

Es ist eine ganze Ecke von Tokio nach Sapporo. Die kann man kurz fliegen oder gemütlich mit der Bahn fahren. Eine Bahnfahrt hat Vorteile (einer der seltensten Sätze der deutschen Sprache). Man sieht viel von der Landschaft der nördlichsten Hauptinsel Hokkaidō, die mit Wald, Wasser, Bergen, Wiesen und Äckern weitaus abwechslungsreicher ist, als man es vom grimmigen Norden erwartet. Außerdem sieht man den legendären Seikan-Tunnel, den längsten seiner Art in Japan, der Honshū und Hokkaidō auf knapp 54 Kilometern verbindet, davon gut 23 unter dem Meeresboden. Man sieht quasi nichts, das ist nun mal die Natur eines Tunnels. Es gibt allerdings Touren, bei denen man aussteigen und sich das Nichts genauer ansehen kann. Eine Empfehlung für große und kleine Tunnelenthusiasten.

Mit dem Flugzeug zu reisen hat den Vorteil, dass man nicht in Versuchung gerät, einen Zwischenstopp mit Übernachtung in der Kleinstadt Aomori einzulegen, die strategisch günstig ungefähr auf halber Strecke an der Strecke liegt. Zu Aomori habe ich nur den Hinweis: Bitte gehen Sie weiter, es gibt hier nichts zu sehen! Das heißt: Interessieren Sie sich sehr für Äpfel und Apfelprodukte, könnte Aomori Ihr Mekka werden. Sie können Ihren mit Apfelmotiven bestickten Gebetsteppich schon mal grob in Richtung Osten ausrichten. In den Geschäften Aomoris gibt es Apfelschnaps, Apfelbonbons, Apfelandenken, und im Fernsehen laufen Sendungen über Äpfel. Als einzige Sehenswürdigkeit gibt es ein architektonisch hübsches Besucherzentrum, das zwar nicht apfelförmig ist, aber nachts immerhin grün angestrahlt wird. In dem dreieckigen Spitzgebäude finden sich Geschäfte und Ausstellungen zu Aomori, seiner Geschichte und seinen kulinarischen Spezialitäten. Fairerweise sei festgehalten, dass dazu neben Äpfeln auch allerlei Meerestiere gehören, denn Aomori hat einen Fischereihafen von beträchtlicher Reputation. Hat man mal von Äpfeln genug, kann man sehr gut Fisch essen gehen.

Sollten Äpfel, Fische UND Tunnel zu Ihren absoluten Leidenschaften gehören, stellt sich natürlich die Frage, ob Zug oder Flugzeug, gar nicht. Nehmen Sie den Zug, bleiben Sie so lange in Aomori, wie Sie wollen. Toben Sie sich richtig aus. Verspeisen Sie alles, was nicht fest montiert ist. Dann nehmen Sie die Tunneltour, steigen im Tunnel aus und essen einen Apfel. So schön kann das Leben sein.

Fährt man mit dem Schnellzug von Honshū nach Hokkaidō, bekommt man die Gelegenheit, die Nudelspezialitäten der durchreisten Regionen zu kosten, ohne den Zug verlassen zu müssen. Die Mitarbeiter der Bordgastronomie nehmen am Platz die Bestellung auf, sie wird an den Nudelkoch in der nächsten Stadt weitertelefoniert, der bereitet die Speisen frisch zu, rechtzeitig zur Ankunft des Zuges. Die Gerichte werden beim Stopp aufgeladen und am Platz serviert, und zwar zu tragbaren Preisen.

Nicht erschrecken, aber: *Irasshaimaseeeeee*!

In Deutschland heißt es: Der Kunde ist König. In Japan heißt es: Der Kunde ist Gott. Betritt man ein Geschäft, wundert man sich als Zugereister erst mal über das unübersehbare Vorhandensein von Verkaufs- und Servicepersonal. Und das unüberhörbare. »*Irasshaimase!*«, schreit es laut und lang gezogen aus den Kehlen aller Verkäufer und sonstiger Beschäftigter, die den neuen Kunden entdeckt haben. *Irasshaimase* ist ein Willkommensgruß, der Geschäften und Gastronomiebetrieben vorbehalten ist. Eine Entgegnung von Kundenseite ist nicht vorgesehen, professionelle Japaner lassen sich gar nicht beirren, würdigen die Grüßenden keines Blickes. Eine Kränkung ist das nicht; das *Irasshaimase* ist ähnlich wie die Verbeugung so sehr Reflex geworden, dass das Aufsagen nahezu unbewusst geschieht. Bewegt man sich tiefer in einen Laden herein und begegnet weiterem Personal, wird auch das im Vorübergehen schlafwandlerisch »Irasshaimase« murmeln, ohne dass notwendigerweise viel Energie oder Überzeugung darin steckt.

Kann man in Deutschland schon von Glück sprechen, wenn man in Kaufhäusern auf eine besetzte Kasse stößt, kann man sich in Japan gegen prompte und professionelle Abfertigung kaum wehren. Bevor man sagen kann: »Keine Tüte, bitte!«, befindet sich das neue Radiergummi schon eingewickelt in Papier in einer Tüte, die sich in einer Tüte befindet, mit einer Schleife obendrauf.

Nicht nur zum Kassieren und Einpacken ist freundliches Personal allgegenwärtig. Gerade die großen Kaufhäuser stellen ganze Heerscharen von jungen adretten Damen an, deren einzige Aufgabe darin zu bestehen scheint, Kunden dezent zuzunicken, wenn sie an ihnen vorbeigehen. Dass man im Fahrstuhl nicht selbst die Anstrengung auf sich nehmen muss, den Knopf zu drücken, versteht sich vielerorts von selbst.

Aber auch ohne Personal muss man auf Service beim Einkaufen nicht verzichten. Meine Bekannte Hinako ist Schriftstellerin und ordnungsliebend. Deshalb ist es ihr ein Bedürfnis, regelmäßig in den mehrstöckigen Buchhandlungen der Kinokuniya-Kette zu überprüfen, ob ihr aktuelles Werk korrekt einsortiert ist. Sie geht an einen Computer im Ladengeschäft, gibt ihren Künstlernamen ein, tippt am Touchscreen auf einen der angegebenen Titel, und aus einem Schlitz unter dem Bildschirm kommt ein Zettel mit Stockwerkangabe und einem Grundriss des Stockwerks, auf dem exakt eingezeichnet ist, in welchem Regal der Schmöker an welcher Stelle zu finden ist.

Das ist eine der coolsten Sachen, die ich je gesehen habe.

Mit der Karte in der Hand fahren wir in das angegebene Stockwerk und finden das Buch genau dort, wo die Karte zeigt. Hinako lacht: »Beim falschen Verlag einsortiert!« Aber sie hat gut lachen, denn dieser Verlag ist viel mächtiger als ihrer und entsprechend vom Kinokuniya-Team liebevoller präsentiert.

»Das ist das Zweitcoolste, was ich jemals gesehen habe!«, staune ich.

»Und was ist das Coolste?«, fragt Hinako.

»Die Toilette in meinem Hotelzimmer.«

»Was ist denn mit dem großen Buddha von Kamakura, einem unserer bedeutendsten Heiligtümer?«

»Na gut, der ist auch ziemlich cool.« Aber nicht so cool wie beheizte Klobrillen und Buchsuchcomputer.

Selbstverständlich müssen auch japanische Kaufhäuser in wirtschaftlich schwierigen Zeiten sparen. So trifft man heute weniger Nickdamen und Knopfdrücker als noch vor ein paar Jahren. ›Liftgirl‹ in einem angesehenen Haus ist ein Beruf, der durchaus nicht ganz ohne Prestige für junge Frauen ist. Den Luxus leisten sich aber zunehmend weniger Häuser.

Auch nicht mehr ganz so üblich sind die studentischen Hilfskräfte, die einem am Eingang zu zweit den Regenschirm abnehmen und in eine tropfsichere Plastikhülle stecken. Dass man dafür nur noch selten Extrapersonal einstellt, heißt aber nicht, dass es sich inzwischen ziemt, mit tropfendem Schirm ein Geschäft zu betreten. Man bedient sich bitte selbst bei den Plastikhüllen, die vor den Eingängen bereithängen. Oftmals gibt es simple, aber clevere Mechanikapparaturen, in die man oben seinen Schirm reinsteckt, ihn seitlich rauszieht – und schwupps: verpackt. Vor kleineren Geschäften gibt es Schirmständer, denen man ruhig vertrauen darf, die kriminelle Energie ist in Japan nicht sehr ausgeprägt. Und selbst wenn jemand – selbstredend versehentlich – den falschen

Schirm nehmen sollte: Es regnet häufig in Japan, daher kann man an jeder Ecke günstig einen neuen kaufen, nach Ladenschluss auch gerne am Automaten.

Auf Sauberkeit und Gepflegtheit wird großer Wert gelegt. Ich musste mich doch sehr wundern, als ich unlängst eine Straßenumfrage auf der bunten Seite einer japanischen Tageszeitung las, bei der es darum ging, wo die Befragten gerne ihren Ruhestand verbringen würden. Eine Dame mittleren Alters gab zu Protokoll: »In Deutschland, weil es dort viel Kultur und schöne Natur gibt, und weil es dort sehr sauber ist.« Gegen das Natur- und Kulturargument lässt sich wenig einwenden (auch wenn man Japanern oft schonend beibringen muss, dass Deutschlands Kulturlandschaft sich seit den Tagen Johann Sebastian Bachs geringfügig verändert hat), aber dass gerade eine Japanerin Deutschland der Sauberkeit bezichtigt, ist schon ein mittleres Kuriosum. Freunde aus Berlin wundern sich häufig, wenn sie mich in München besuchen, wie sauber es hier ist. Freunde aus Japan hingegen sind meist merklich pikiert, wie schmutzig es in München ist. In Japan käme niemand auf die Idee, seinen Müll im öffentlichen Raum stehen und liegen zu lassen. Wer sich im Zug ausführlich der Nahrungsaufnahme und der Zeitungslektüre hingibt, nimmt die Lebensmittelverpackung und die ausgelesene Zeitung beim Verlassen des Zuges selbstverständlich mit und entsorgt sie in den richtigen Behälter, der häufig noch im Zug zu finden ist, spätestens aber am Bahnsteig. Mülleimer, meist recyclingfreundlich mehrgeteilt, finden sich an jeder Ecke. Auch wenn das zivile Reinlichkeitsbewusstsein sehr ausgeprägt ist und größere öffentliche Verschmutzung gar nicht erst aufkommen lässt, sind zusätzlich ständig staatliche und private Putzkräfte unterwegs, die auch den letzten Rest Zufallsdreck schnell wegputzen.

Gepflegt soll natürlich auch das Erscheinungsbild sein. Die japanische Jugendmode mag die flippigste der Welt sein, aber schäbig ist sie bestimmt nicht. Im Gegenteil: je fetziger, desto penibler zusammengestellt und gepflegt. Auch im Berufsleben leistet man sich keine Schwachheiten. Vor ein paar Jahren wurde hitzig diskutiert, ob es in den heißen Sommermonaten zulässig sei, kurzärmelige Hemden im Büro zu tragen, um Stromkosten für die Klimatisierung zu sparen. Da Umweltschutz trotz der Vorliebe für Verpackungsmüll und wasserfressende Supertoiletten ein erstaunlich beliebtes Thema in Japan ist, hat sich der kurze Ärmel bei wirklich, wirklich großer Hitze inzwischen durchgesetzt. Aber erst nachdem sogar die Politik auf höchster Ebene mitdiskutiert hatte. Kurze Hosen sind für erwachsene Männer selbstredend bei jedem Wetter tabu. Aber das ist keine japanische Regel, sondern eine des gesunden Menschenverstandes und universellen guten Geschmacks.

Was nicht heißen soll, dass der japanische Erwachsene an sich über jede Modesünde erhaben wäre. Gibt man sich im Büro streng zugeknöpft, so gilt in der Freizeit: Hauptsache bequem. Bei japanischen Ausflüglern mittleren Alters und drüber scheinen bunte Trainingsanzüge und riesige Turnschuhe zum obligatorischen Dresscode zu gehören. Man fühlt sich an das erinnert, was die Fashionista Momoko in Tetsuya Nakashimas Spielfilm *Kamikaze Girls* über ihren Geburtsort Amagasaki sagt: »Hier wurde jeder im Trainingsanzug geboren. Und man starb natürlich auch im Trainingsanzug. Glücklich. Es war das Trainingsanzügeland.« Wenigstens handelt es sich um saubere Trainingsanzüge.

Nicht kitschig, sondern *kawaii*

Müsste man das typischste aller typisch deutschen Wörter küren, wäre das weder *Arbeit* noch *Achtung*, nicht *verboten* und nicht *Habseligkeiten*, auch wenn das schön wäre, ist es doch 2004 zum schönsten deutschen Wort gekürt worden.

Nein, das deutschtypischste Wort ist: *Kitsch*. Andere Sprachen müssen es aus der deutschen übernehmen, wenn sie Wert darauf legen. Nur die deutsche Volksseele hegt ein derart ausgeprägtes Misstrauen gegen alles Farbenfrohe, Freundliche und ohne Tiefgang Unterhaltende, dass dafür vorsichtshalber ein Schimpfwort erfunden werden musste. Wer in der japanischen Sprache ein Äquivalent finden möchte, muss lange suchen und wird trotzdem keine komplett befriedigende Entsprechung finden. Kitsch ist der Normalzustand, und was normal ist, muss man nicht extra benennen.

Betritt man ein Geschäft, sollte man nicht nur auf das »Irasshaimase!«-Gebrüll der Angestellten gefasst sein. Genauso kann einen ein plötzliches *»Kawa-iiii!«* aus der Bahn werfen, aus Kundenmund gequiekt in einer Tonhöhe, von der man eigentlich annahm, dass nur Hunde sie hören können. Der Auslöser? Kann vieles sein. Vielleicht blättert gerade eine Kundin im neuen Hello-Kitty-Kalender, probiert Snoopy-Slipper an oder hat die aktuelle Kollektion von Spongebob-Ohrringen entdeckt.

Kawaii heißt *niedlich*, und niedlich muss alles sein, was Konsumenten gefallen soll. Vor allem Frauen, aber nicht nur. Vor allem jungen Frauen, aber nicht nur. Kawaii ist Pflicht, alles andere ist Kür.

Meine Tokioter Freundin Kaori ist aus dem Backfischalter raus, und sie hat ein liebenswertes Faible für Gewaltvideos und Killerspiele. Dennoch kann sie an keinem Tierbaby-Bildband vorbeigehen, ohne zu quieken.

Kawaiiismus ist ansteckend. Einmal versprach ich einer deutschen Bekannten, ihrer minderjährigen, also weitgehend unzurechnungsfähigen Tochter Hello-Kitty-Souvenirs von allen Stationen meiner Japan-Rundreise mitzubringen. Es gibt lokalisierte Hello-Kitty-Produkte, die nur in der betreffenden Stadt oder Region zu bekommen sind; Kitty posiert dabei mit regionalspezifischen Requisiten. Gäbe es derartiges in Deutschland, würde das Kätzchen beispielsweise in München eine Leberkassemmel, in Bremen ein Matjesbrötchen, in Berlin eine Dönerschrippe halten. Selbstverständlich hatte ich diesen Auftrag nur unter Protest angenommen. Sinn- und charakterlos fand ich die weiß-rosa Hello-Kitty-Figur, die nur existiert, um niedlich auszusehen. Ein Abklatsch eines weitgehend in Vergessenheit geratenen holländischen Cartoon-Hasen, der sich irgendwie verselbstständigt hat und zu einem Monster geworden ist, einem Marketingmonster. Während der Reise aber geschah das Unfassbare. Ich ertappte mich bei dem Gedanken: Ist ja wirklich ganz süß, diese Hello-Kitty-Kitty. Und als ich den Gedanken gedacht und mir meine Gefühle eingestanden hatte, waren alle Dämme gebrochen, und es gab kein Halten mehr. Heute schaut mir an meinem eigenen Schreibtisch eine Wackel-Kitty beim Schreiben zu. Mein ganzer Stolz, neben meiner Büste des Grafen Dracula. Hört sie mal auf zu wackeln, bekommt sie eine sanfte Kopfnuss der Liebe, und es geht weiter. Besonders gute Freunde erhalten Briefe auf Hello-Kitty-Briefpapier, ob sie wollen oder nicht. Und sollte mal jemand auf die Idee kommen, meinen japanischen Küchenschwamm in Form eines Erdbeertortenstückes tatsächlich für so etwas Profanes wie den Abwasch zu missbrauchen, bekommt er Hausverbot.

Mittlerweile gefällt mir gerade der Umstand, dass Hello Kitty im Urkonzept pure Lust am Look ist. Dass damit nur das reine Bild verbunden ist, keine Erzählung. Kitty erlebt keine Abenteuer, Kitty sagt einfach nur: Hello.

Den aktuellen Trend, dieses reine Guckkonzept doch mehr und mehr durch Kitty-Comics, -Cartoons, -Videospiele und Ähnliches zu verwässern, sehe ich mit einigen Bedenken. Aber ich werde das weiter beobachten, ehe ich ein endgültiges Urteil fälle.

Versteht sich von selbst, dass ich meiner Bekannten nicht alle Hello-Kitty-Devotionalien ausgehändigt, sondern die kawaiisten selbst behalten habe.

Die Japaner wissen ganz genau, wie ansteckend bedingungslose Niedlichkeit ist. Deshalb wurden am 12. März 2009 drei junge Frauen zu Botschaftern der Niedlichkeit ernannt, und zwar ganz offiziell. Vom Außenministerium. Auf offiziellen Dokumenten müssen ihre Namen stets von zwei rosa Herzen eingefasst sein. Von Japan aus brechen Shizuka Fujioka, Yu Kimura und Misako Aoki zu einem weltweiten Kreuzzug der Niedlichkeit auf. Sie sollen den Menschen, insbesondere den potenziellen Touristen, die japanische Popkultur näherbringen, und sie sind in guter Gesellschaft. Im Mai des Vorjahres wurden bereits Hello Kitty zur Cartoon-Botschafterin und der beliebte blaue Kater Doraemon zum Zeichentrick-Botschafter ernannt.

Mindestens ebenso zuwider wie der sogenannte Kitsch ist dem Deutschen der Tourist. Eine weitere unerklärliche Abneigung gegen etwas, das eigentlich für etwas Schönes und Nachahmenswertes steht. Warum Menschen, die sich für eine fremde Kultur derart interessieren, dass sie die körperlichen, geistigen, seelischen und finanziellen Strapazen auf sich nehmen, das Ursprungsland jener Kultur tatsächlich zu bereisen, dümmere Tröpfe sein sollen als die, die dabei nur zugucken und meckern, leuchtet kaum ein. Dass die Besucher aus der Ferne gerne etwas Konkretes und Gegenständliches zur Erinnerung an ihre aufregende Reise mit zurück in den grauen heimischen Alltag nehmen, sei es ein selbst geknipstes Foto (oder 300 davon) oder ein Bembel mit einem Sinnspruch in einer exotischen Sprache, ist ein Zeichen für Menschlichkeit, nicht für Einfältigkeit. Zur puren, schizophrenen Selbstzerfleischung und Selbstverleugnung wird die deutsche Abneigung gegen den Touristen, wenn der Deutsche selbst Tourist ist. In beliebten Urlaubsgegenden außerhalb Deutschlands beklagt sich keiner so bitterlich über die vielen Touristen wie der deutsche Tourist, also der Hauptverdächtige Nr. 1. Ist *Kitsch* das typischste deutsche Wort, so ist der entlarvendste Satz aller Deutschen im Ausland: »*Pack doch die Kamera weg, wir sehen ja aus wie Touristen!*« In Österreich wie in Angola.

Eine Angst, die dem Japaner genauso fremd ist wie die Berührungsängste gegenüber der Souvenirkultur. Einmal gab ich auf dem Flughafen Narita meine letzten Yen für eine Kaffeetasse mit einem Motiv der Comicserie *Astro Boy* aus. Astro Boy ist ein süßer, frecher, atomkraftbetriebener Roboterjunge, eine Art japanischer Pinocchio und ein (ausnahmsweise inoffizieller) kultureller Botschafter des Landes, ähnlich wie Mickymaus in den USA. Auf meiner Kaffeetasse fliegt er mithilfe seiner Raketenschuhe fröhlich über den Tokyo Tower, der auch der Eiffelturm sein könnte, stünde die Tasse in Paris zum Verkauf. Oder der Fernsehturm von Sapporo, hätte ich sie in Hokkaidō gekauft. Die Eiffelturmarchitektur ist beliebt in Japan und Nachahmung eine Form von Huldigung. Man muss keine Angst haben, dass man das falsche Flugzeug erwischt hat, wenn man auf der künstlichen Halbinsel Odaiba in der Bucht von Tokio morgens aufwacht, aus dem Fenster schaut und eine exakte, wenn auch etwas kleinere Kopie der New Yorker Freiheitsstatue vor der Nase hat. Dass die Rainbow Bridge, über die man angereist ist, eine frappierende Ähnlichkeit mit der Golden Gate Bridge hat, ist ebenfalls kein Grund zur Beunruhigung.

An der Kasse in Narita fällt die Verkäuferin völlig aus der Rolle, als sie meine Tasse sieht: »Die ist aber süüüüß!« Eigentlich gehört das launige Kommentieren der Einkäufe des Kunden nicht zu den Gepflogenheiten des japanischen Verkaufspersonals, schließlich ist der Kunde Gott und der Verkäufer nicht. Aber durch ihre vielen Kontakte zu ausländischen Besuchern ist die Dame, die meine Tasse süß findet, wohl schon verwestlicht und wenig kontaktscheu. Verträumt bestaunt sie meinen potenziellen Einkauf und macht gar keine Anstalten, Kassenknöpfchen zu drücken und Geld einzufordern. Sie ist völlig im Banne Astro Boys, als hätte sie bis eben gar keine Ahnung gehabt, dass ihr kleiner Laden diesen Artikel führt. Ich will sie in ihrer Andacht nicht stören, habe aber ein wenig Angst, meinen Flug zu verpassen, also sage ich: »Ja, finde ich auch süß.«

Sie schaut von der Tasse zu mir auf und fragt verträumt: »Kommen Sie aus Frankreich?«

Vermutlich ist die Tasse wegen des angetäuschten Eiffelturms ein beliebtes Juxsouvenir französischer Touristen. Verständlich, hätte es Astro Boy beim Flug durch ein gefälschtes Brandenburger Tor als Motiv gegeben, hätte ich auch eher das genommen. Ich beantworte ihre Frage wahrheitsgemäß, und wir erörtern noch ein wenig die Frage, ob es in Deutschland auch *Astro Boy* gebe (ja, aber selten auf Geschirr), dann leben wir unsere eigenen Leben weiter. Ob sie später für sich selbst auch eine Tasse gekauft hat, habe ich nie erfahren. Aber ich könnte es mir vorstellen.

Nicht verschweigen möchte ich, dass der Tourismus auch ein hässliches Gesicht haben kann, denn ich habe es gesehen. Die Menschen, die ständig zu laut, zu unflätig und vor allem zu ständig sprechen. Die beim vermeintlich gemeinsamen Besuch im japanischen Restaurant beleidigt draußen bleiben und Leberwurstbrot essen. Die sofort lauthals mit Rechtsklagen gegen Land, Leute, Kaiser und Götter drohen, weil sie zu blöde zum Schuheausziehen sind und sich langlegen, bevor sie den ersten Tempel von innen gesehen haben. Ich kenne diese Menschen, weil ich auch einmal Tourist war, sogar ein erkennbarer. Ich hatte mich einer Reisegruppe angeschlossen, die per Bus die Tempelstadt Nikkō besuchte, ein Weltkulturerbstück droben in den Bergen, etwas außerhalb von Tokio. Ich fand es zunächst ein bisschen entwürdigend, dass wir alle einen großen roten Ansteckbutton bekamen, damit man uns leichter wieder in die richtige Reisegruppe einsortieren konnte, falls wir einmal verloren gingen. Nicht, dass das leicht hätte passieren können, denn wir mussten schließlich immer nur dem Fähnchen in der Hand unserer Führerin folgen, das die gleiche Farbe hatte wie unsere Buttons. Glücklicherweise war unsere Reisegruppe von überschaubarer Größe, so wurden wir immerhin nicht per Megafon dirigiert wie die anderen blöden Touristen. Wobei sich die blödesten Touristen leider doch in unserer Gruppe befanden, ein rüdes Ehepaar, das wie die Realität gewordenen Mr. und Mrs. Bundy aus der Fernsehserie *Eine schrecklich nette Familie* war, nur nicht so klug, wohlerzogen und modebewusst. Es gibt Typen von Menschen, die sind als fiktive Konstruktionen sehr lustig und vielleicht sogar auf eine bizarre Art sympathisch, aber begegnet man ihnen im richtigen Leben, ist ganz schnell Schluss mit lustig. Schon auf der Hinfahrt bezichtigten die beiden zuerst den Busfahrer, dann diverse Mitreisende und schließlich sich gegenseitig des Geldbörsendiebstahls, bis sich die Geldbörsen wieder angefunden hatten (da, wo sie hingehörten und immer gewesen waren). Mit Scheidung wurde auch nach Klärung beiderseitig weitergedroht, bis wir in Nikkō angekommen waren. Dort ging dann der Ehemann bei schuhlosen Tempelbesichtigungen zu Boden, was er mit wüstesten Flüchen kommentierte und seine Frau mit krähendem Gelächter. Im Restaurant war gottlob Stille, denn die beiden hatten es gar nicht eingesehen, für einen Restaurantbesuch Restaurantpreise zu bezahlen, wo man sich doch viel preiswerter von der Tankstelle ein paar Stullen holen konnte, was sie vorher jedem, der es nicht hören wollte, lauthals und mehrfach mitgeteilt hatten.

Trotz unmöglicher Mitreisender und strenger Organisation habe ich den Ausflug nicht bereut, obwohl ich mich anfangs so weit weg wie möglich gewünscht hätte. Aber dank des gecharterten Busses habe ich Orte gesehen, an die ich nicht gelangt wäre, hätte ich mich individualistisch mit öffentlichen Verkehrsmitteln in Bewegung gesetzt. Unsere kenntnisreiche Reiseleiterin wusste mehr als meine Reiselektüre über das Gesehene, und richtig interessant wurden ihre Ausführungen, als sie im späteren Verlauf des Ausflugs zusehends den Faden verlor und mehr und mehr Apropos-Geschichten aus dem japanischen Alltag zum Besten gab. Manchmal muss halt jeder über den eignen Schatten springen, sich einen roten Button ans Revers heften und sagen: »Ich bin ein Tourist, und das ist auch gut so.«

Ich hätte den roten Button gern als Souvenir behalten, aber wir mussten ihn wieder abgeben. Ist nicht schlimm, ich habe ja genügend Fotos geknipst.

Kulinarischer Schaufensterbummel

Schaufenster spielen nicht nur beim Einkaufengehen eine große Rolle, sondern auch beim Essengehen. Zum Glück für sprachunkundige Besucher. Nicht alle, aber ein Großteil der Restaurants geht mit exakten Plastiknachbildungen der angebotenen Speisen in Fenstern oder Schaukästen auf Kundenfang. Auch das finden viele Touristen je nach Geisteshaltung kitschig oder kawaii, es ist aber vor allem sehr praktisch. Selbst wenn man nicht weiß, wie das heißt, was man haben möchte, kann man darauf deuten. Das, was man hinterher auf dem Teller haben wird, wird genauso lecker aussehen wie die Darstellung im Fenster, dafür bürgt der japanische Perfektionismus.

Wer sich in die Nahrungsplastiken verliebt, und das tut jeder, wird hocherfreut sein zu erfahren, dass man sie kaufen kann. Ist logisch, irgendwo müssen sie ja herkommen. In Tokio kommen sie aus der Kappabashi-dori, einer Einkaufsstraße nur für Gastronomiebedarf. Das ist größtenteils schrecklich langweilig, und man kann einen Koller bekommen, wenn man mit einer Begleitung hingeht, die sich unter Abertausenden von Essstäbchenhaltern jeden einzelnen ganz genau anschauen muss und dann doch keinen kauft. Aber man wird entschädigt durch die Geschäfte, die Sushi und

Sauerkraut aus Plastik verkaufen. Ich geriet an einen Händler, der sich auf Plastikwurst spezialisiert hatte. Als er erfuhr, dass ich aus Deutschland kam, war er begeistert und bellte mir fröhlich ins Gesicht: »Wiener! Weißwurst! Bratwurst! Bockwurst!« Es stellte sich heraus, dass er in seiner wilden Jugend einen Trip nach Europa gemacht und lange Zeit in Deutschland mit dem Studium von Wurst verbracht hatte. Er kannte viele Wurstnamen, und nach jedem schaute er mich erwartungsvoll an, als müsste ich zurückstrahlen, mir den Bauch reiben und sagen: »Jaaa! Rostbratwurst! Guuut! Mmmm!« Machte ich natürlich auch. Ihm zu gestehen, dass Fleisch bei mir höchstens in Plastik auf den Teller käme, brachte ich nicht übers Herz.

Und letztendlich kam mir die Wurst nicht mal in Plastik auf den Teller. Denn es handelt sich bei den Nachbildungen nicht um billigen Plastikschrott, sondern um richtig teure Plastikkunstwerke. Für ein Hauptgericht langte es bei mir nicht, ich hatte nur noch genügend Yen für drei Sushi-Happen, mit denen ich heute noch Besucher foppe. Ein Riesenspaß. Bis sich einer mal einen Zahn ausbeißt.

Wenn es nicht unbedingt ein Restaurant sein muss, empfiehlt sich der Besuch einer Lebensmittelabteilung in einem großen Kaufhaus. In der Regel befinden die sich im Kellergeschoss, oft verteilt über zwei davon, denn das Angebot ist groß und die Präsentation extravagant. Im blitzblanken, ohrenbetäubenden und proppevollen Ambiente werden hier Köstlichkeiten aus aller Welt feilgeboten, die Händler versuchen mit der Verkündung ihrer aktuellen Angebote einander zu übertönen, und alle gemeinsam schreien gegen das »Irasshaimase!« des Begrüßungskomitees an. Behaglichkeit geht anders, aber der optische Bombast, mit dem die Speisen präsentiert werden – und die Gratis-Probierhäppchen –, machen einiges wett.

Hat jedes Kaufhaus und jedes Restaurant die Tür verschlossen und das Licht gelöscht, findet man garantiert irgendwo einen Convenience Store (Volksmund: *konbini*), der durchgehend geöffnet hat. Neben einem reduzierten Supermarkt- und Drogerieangebot gibt es dort im Kühlregal verzehrfertige Mahlzeiten für den kleinen und großen Hunger, vom allgegenwärtigen Onigiri, der japanischen Variante des Butterbrotes (Reis im Algenwickel), bis hin zu opulenten Hauptgerichten mit allem Drum und Dran, die gerne vor Ort warm gemacht werden (jap.: *hotto*, in Anlehnung ans englische *hot* – siehe Kapitel *Mein erstes japanisches Wort*, Abschnitt ›Generation Gorufu: Japanglizismen und der Abkürzungswahn‹). Krause Convenience-Store-Modesnacks wie Spaghetti-Sandwiches sollte sich kein ernsthafter Fusiongourmet entgehen lassen. Essbesteck und Reinigungstücher gibt es automatisch dazu. Sieht man nicht waschecht japanisch aus, kann es passieren, dass man in vorauseilender Hilfsbereitschaft ungefragt Plastikmesser und -gabel statt Holzstäbchen zugesteckt bekommt.

Eine japanische Besonderheit: Waren sind in 24-Stunden-Geschäften, Bahnhofsläden und Automaten nicht teurer als in anderen Geschäften. Japaner wundern sich allenfalls über die Tatsache, dass sich Ausländer darüber wundern.

Curry ist eines der Gerichte, die zwar nicht aus Japan kommen, aber dort derart innig umarmt wurden, dass sie es zu festen Bestandteilen der Landesküche brachten. Selbstverständlich blieb es nicht beim bloßen Nachkochen der Curryvorlage. Das Gericht wurde mit japanischen Gepflogenheiten und Zutaten so modifiziert, dass man heute – ganz wertfrei – zwischen Curry und japanischem Curry unterscheiden kann. Und beim japanischen Curry lassen sich genau wie beim ursprünglichen Curry noch mal unzählige Unterspielarten unterscheiden. Viele Regionen und Städte haben ihre eigenen Curryspezialitäten, auf die sie stolz wie Bolle sind. Besonders stolz ist man in Yokohama auf das Yokohama Curry. Dort hatte man sogar ein Currymuseum errichtet, in der Nähe des Ramen-Nudel-Museums. Leider wurde das Curryhaus inzwischen wieder geschlossen, aber im Ramen-Museum kann man weiterhin unzählige Sorten von Nudelsuppe essen. Und, wenn man will, ein bisschen über die Geschichte der selbigen erfahren.

In Ryu Murakamis Roman *69*, der in jenem Jahre des letzten Jahrhunderts spielt, wird das japanische Reiscurry noch als uncooles Armeleuteessen verunglimpft. Heute hat sich der Ruf durch alle Schichten gebessert, er bewegt sich aber immer noch im Bereich des Fast Food, da das Currygericht schnell gekocht, in der Regel ohne viel Grazie auf den Teller geklatscht und von dort schnell weggelöffelt werden kann. Bei Menschen, die es eilig haben (also erschöpften Angestellten und hibbeligen Szenegängern), erfreuen sich besonders halb automatisierte Curry-Imbisslokale großer Beliebtheit. Das Curry wird schon noch von Hand gekocht, aber Auswahl und Bestellung finden über einen Ticketautomaten am Eingang statt. Das Ticket gibt man am Tresen ab, meistens bekommt man im Gegenzug eine Nummer wie beim Arbeitsamt oder Schlachter. Den Zettel oder das Plastikschild mit der Nummer legt man gut sichtbar an dem Platz, den man sich frei ausgesucht hat, auf den Tisch, das Essen wird dann gebracht.

Oft sind auf den Tasten der Ticketrestaurants, die es auch für andere Schnellgerichte wie Nudelsuppen oder Sushi gibt, Fotos der Speisen abgebildet, genauso oft aber sind sie lediglich beschriftet. Hierfür ist es von enormen Vorteil, wenn man sich zumindest mit dem Katakana-Alphabet vertraut gemacht hat. Ansonsten werden unweit der Automaten Fotos angebracht sein. Kann man nicht lesen, prägt man sich die Zeichen auf den Fotos ein und sucht deren Entsprechungen auf den Tasten. Ob Fotos bei der Auswahl des richtigen Currygerichts helfen, ist allerdings fraglich. Bei Betrachtung von Curryfotos fühle ich mich immer an eine Szene aus Sofia Coppolas Film *Lost in Translation* erinnert, was ansonsten in

Japan nicht sonderlich häufig vorkommt. Man mag den Film recht amüsant finden (das tue ich) oder sich verwundert am Kopf kratzen (in Japan wurde eher gekratzt), aber eines lässt sich kaum von der Hand weisen: Ein Film über Japan ist es nicht, sondern eine sehr allgemeine Entfremdungsgeschichte, die genauso gut in Island, Kenia, Sachsen-Anhalt oder jedem anderen Land, das den beiden amerikanischen Hauptfiguren fremd ist, hätte erzählt werden können. In der gemeinten Szene sitzen Scarlett Johansson und Bill Murray in einem Imbiss und schauen in die bebilderte Speisekarte. Dabei ergibt sich der folgende Dialog (ich zitiere aus dem Gedächtnis, also bitte keine Haarspalterei):

Frustrierte junge Frau: »Das sieht doch alles gleich aus!«

Frustrierter alter Mann: »Dann nehmen wir zweimal Sieht-doch-alles-gleich-aus.«

Das Lokal in *Lost in Translation* ist kein Curryrestaurant, aber der Dialog passt. Auf Fotos von Currygerichten ist braune Pampe an Reis abgebildet. Auf allen. Was die braune Pampe verbirgt, geht nur in Einzelfällen aus den Abbildungen hervor. Wer in Japan Curry bestellt, sollte also entweder kein komplizierter Esser sein oder ein bisschen Lesen können.

Der Fachausdruck ›braune Pampe‹ mag abwertend klingen, es ist aber nicht so gemeint. Seien Sie versichert: Köstlichere braune Pampe haben Sie nie gegessen.

Drei Essen für zwei und die Kugelfisch-Herausforderung

Currygerichte hin oder her, im Allgemeinen ist die Szene aus *Lost in Translation* nicht symptomatisch für die japanische Küche. Tatsächlich ist die optische Vielfalt der Speisen mindestens genauso groß wie die geschmackliche. Was nicht bedeutet, dass man als Uneingeweihter in jedem Fall genau sagen könnte, was man vor der Nase hat, auch wenn man sieht, dass es ganz anders aussieht als das, was rechts und links daneben abgebildet ist.

Ich kehre gedanklich noch einmal ein in den Ryokan aus dem Kapitel *Hajimemashite! Von Kontakt und Kommunikation und anderem Unvermeidlichen*, in dem meine damalige Partnerin und ich ein paar sehr japanische Tage verbrachten. In Erwartung und Planung des Abendessens sitzen wir auf den Tatami-Matten an unserem entsprechend niedrigen Esstisch, und meine Freundin zeigt mir Fotos von den Speisen, aus denen wir auswählen dürfen. Das ist alles wunderbar bunt und abwechslungsreich, aber ich kam nicht umhin zu bemerken:

»Ich weiß doch sowieso nicht, was das alles ist.«

Meine Freundin beschloss daraufhin: »Dann nehmen wir dreimal Andreas-weiß-doch-sowieso-nicht-was-das-ist.«

Verzählt hat sie sich nicht. Das Prinzip, dass jeder für sich bestellt und das Bestellte dann alleine isst, ist in Japan nicht sonderlich weit verbreitet. Oft werden Mahlzeiten eh sehr kleinteilig bestellt, das heißt, jeder sucht sich seine Lieblingskleinigkeiten aus, aber letztendlich essen alle von allem, es wird bunt gemischt. Aber auch bei festgelegten Menüs tendiert man dazu, lieber ein oder ein paar Essen mehr zu bestellen, damit man eine größere Auswahl hat. Dass am Ende des Abends nicht jeder Teller ratzeputz leer ist, stört nicht weiter.

Zur Abendbrotzeit wird die Schiebetür unseres Zimmers aufgeschoben, und auf den Knien kommt mit drei vollgeladenen Tabletts die schon etwas betagte Gastgeberin herein. Sie sagt: »Shitsurei shimasu!«, was in etwa »Ich störe!« bedeutet und was man immer sagen sollte, wenn man irgendwo eintritt oder vorbeigeht, egal, ob es sich tatsächlich um eine Störung oder eine erwünschte und erwartete Begegnung handelt. Außer den Tabletts trägt sie einen Kimono, kunstvoll hochgesteckte Haare und extrem viel Make-up. Sie lädt die Speisen ab und erklärt wortreich, wie damit zu verfahren sei. Das klingt sehr kompliziert und dauert sehr lange, ich habe schon Angst, dass das Essen kalt wird. Da besteht aber keine Gefahr, das meiste ist schon beziehungsweise noch kalt. Ich verstehe ihre Ausführungen nur in groben Zügen, aber meine Freundin hört aufmerksam zu und führt ihren Teil der Konversation nach üblichem japanischen Muster: »Ah!«, »Aaaah ...«, »Aah?!«, »Aaah ... sosososo!« Ich tue mit, denn die japanischen Fülllaute habe ich gelernt, eher durch Belauschen als durch Unterricht. Ich hoffe, ich bekunde immer an den richtigen Stellen Verwunderung, Amüsement, Zustimmung oder bloße Aufmerksamkeit. Nicht, dass die über Dinge reden, die nur Frauen was angehen. Oder über mich. Sich vielleicht lustig machen.

Nach dem Plausch verabschiedet sich die Frau im Kimono, aber vorher steckt meine Freundin ihr noch einen Umschlag zu. In dem Umschlag befindet sich Trinkgeld, das es in Japan bekanntlich gar nicht gibt. In Ryokan aber ist es üblich, den Gastgebern beim ersten Zusammentreffen ein kleines bisschen extra zu überreichen. Um Gottes willen nicht nackt auf die Kralle, sondern im dezenten Umschlag. Im privaten oder quasiprivaten Rahmen wird Geld nie offen überreicht. Selbst im engen Freundeskreis geschieht Geldumverteilung, etwa bei Schuldenrückzahlung, selbst bei Kleinstbeträgen ausschließlich unauffällig verpackt. Hat man gerade keinen Umschlag dabei, tut es auch ein Papiertaschentuch.

Der Großteil unseres Essens besteht aus Shabu-Shabu. Dünne Fleisch- und Fischscheiben, die man in Brühe erhitzt und dann flott durch eine Sauce schwenkt. Der Name ist lautmalerisch, denn beim Schwenken in der Sauce macht es: »*Shabu, shabu.*« Daneben gibt es jede Menge Kleinigkeiten von unterschiedlicher Köstlichkeit. Eine echte Herausforderung ist Natto. Viele Japaner geben zu, dass sie Natto selbst nicht mögen, aber es handelt sich um eine Art kulinarisches Nationalheiligtum, das möglicherweise dafür verantwortlich ist, dass Japaner so lange leben. Gesund mag es sein. Aber nur Lügner und Menschen ohne Geschmacksknospen behaupten, dass es ihnen schmeckt.

Es handelt sich im Wesentlichen um verschimmelte Sojabohnen. Schmeckt aber nicht so gut, wie es klingt. Ich stecke ein paar der klebrigen Fäden in meinen Mund, und mir gelingt noch der Ansatz eines »Mmmm...«, bevor das Keuchen und Würgen beginnt.

Anderes ist delikat, einiges angenehm geschmacklos. Ich frage meine Freundin: »Und was waren diese kleinen weißen Fischwürfel auf dem blauen Tellerchen?«

»Ach, mochtest du die?«

»Ging so. Ein bisschen wie Fischstäbchen.«

»Das ist etwas ganz Besonderes. Jedes Jahr sterben ein paar Leute daran.«

»War das Kugelfisch?!«

»Ja, Fugu. Man muss eine besondere Erlaubnis haben, um die giftigen Organe des Fisches vor der Zubereitung sicher zu entfernen. Der Koch in diesem Ryokan hat zum Glück eine. Fugu ist sehr berühmt in Japan.«

»In Deutschland auch! Und verboten!« Ich bin nicht aufgebracht, weil mir jemand Kugelfisch verabreicht hat. Im Gegenteil, ich wollte den schon immer mal kosten. Ich bin nur ein wenig irritiert, dass man mir die Natur dieses Gerichts erst offenbart, nachdem ich es schon im Mund hatte. Und ein wenig enttäuscht, dass ich es nicht richtig würdigen konnte. Hatte es wirklich wie Fischstäbchen geschmeckt? Hätte es nicht wild und gefährlich schmecken müssen? Andererseits hört man immer wieder, dass der Fugu kaum mehr als ein Angeberfisch sei, weil tödlich und teuer, aber im Geschmack eher ein Fisch ohne Eigenschaften.

Ein bisschen mulmig wird mir, als ich nachts aufwache und den Futon meiner Freundin verlassen finde. Der Grund, aus dem ich aufgewacht bin, merke ich, sind die Würgegeräusche, die meine Freundin im Bad macht. Ich schlüpfe in meine Badslipper und erkundige mich nach dem Befinden. Es sei nichts, versichert meine würgende Freundin mir, es gehe schon. Ich will aber nicht vom Thema lassen, nicht nach dem Kugelfisch. Sollen wir einen Arzt rufen, die Polizei, einen Priester? Nein, der Fisch habe keine Schuld, sie habe nur zu lange und zu heiß gebadet, ein bekanntes Phänomen, die sogenannte Onsen-Übelkeit. Von der habe ich zwar noch nie gehört, aber gut. Sie ist die Expertin. Außerdem geht es mir ja gut, und ich habe schließlich auch von dem Teufelszeug gegessen.

Aber ein Stein fällt mir durchaus vom Herzen, als wir am nächsten Morgen beide noch am Leben sind und meine Freundin schon wieder munter genug ist, zwischen Misosuppe und Müsli eine ganze Schale verfaulter Bohnen in sich reinzuschaufeln. »Gesund!«, meint sie.

Meint sie.

Was zum Essen getrunken wird, ist ebenso vielfältig wie die Speisenauswahl. Auf Bier, Reiswein und reinen Wein sei später eingegangen. Ein typisch japanisches Getränk, das in den letzten Jahren ein Revival erlebt, ist der Shochu. Ein Brand mit 20 bis 50 Prozent Alkoholgehalt, der auf Eis oder mit heißem Wasser aus Whiskygläsern getrunken wird. Es gibt unterschiedliche Sorten auf Grundlage unterschiedlicher Brennstoffe, zu denen Kartoffeln, Reis und Hopfen gehören. Die Reisvariante ist erwartungsgemäß die günstigste. Die Unterschiede schmecken nur die Spezialisten. Lange Zeit hatte Shochu einen gewissen Unterschichtsruf, weil er in der Vergangenheit in erster Linie als Desinfektionsmittel verwendet wurde. Als wäre das etwas, wofür sich eine Flüssigkeit schämen müsste. Heute gilt Shochu als Lifestyle-Spirituose, ist aber immer noch weitaus günstiger als andere hochprozentige Mut- und Muntermacher.

Dass die Popularität von Getränken zyklisch verläuft, kann nicht nur bei Alkoholika beobachtet werden. Das Kalziumgetränk Calpis war jahrelang weg vom Fenster, galt als biederer Spießer-Softdrink. Ursprünglich war er für Kinder eingeführt worden, die keine pure Milch vertrugen. So wurde er vor ein paar Jahren von jungen erwachsenen Nostalgikern rehabilitiert, die damit wohlige Kindheitserinnerungen verbanden. Durch eine Art Brauner-Bär-Effekt wurde Calpis Kult. Heute geht es den Herstellern prächtig. Und mit allerlei neuen Geschmacksrichtungen und Crossover-Produkten wie Calpis-Butter und Calpis-Essig ist sichergestellt, dass das neue Calpis niemandem so schnell langweilig wird.

Übrigens: Im Ausland heißt Calpis Calpico. Man befürchtete Namensverwechslungen mit Caipi oder Cow Piss, beides hat nichts mit Calpis zu tun. Als Calpico findet man den leckeren Durstlöscher mitunter auch in deutschen Asia-Läden.

Getrunken wird später: die Teezeremonie

Vor Tee kann man sich in Japan kaum retten. In Restaurants gibt es ihn oft gratis vor, zum und nach dem Essen, ein paar Beutel pro Tag gehören zur Grundausstattung jedes Hotelzimmers, und unterwegs holt man sich eine Dose aus dem Automaten, wahlweise kalt (blaues Licht im Display) oder heiß (rotes Licht). Das alles dient dem unkomplizierten Durstlöschen. Aber Tee kann noch viel mehr sein als nur ein Getränk.

Der Zen-Buddhismus ist ein Import aus China, aber keine rein chinesische Erfindung. Nach China wurde er zuvor vom indischen Gelehrten Boddhidharma gebracht. Der Mönch war auch nur ein Mensch, und so fielen ihm bei seinen Meditationsübungen schon mal die Äuglein zu. Das mochte er nicht dulden, drum riss er sich einfach die Augenlider aus. Die fielen zu Boden, und aus ihnen erwuchs die Teepflanze, die schon bald nicht nur Mönche wach hielt. So will es die

Legende, Naturwissenschaftler mögen andere Theorien vertreten. In Japan wurde das Teetrinken in einigen Kreisen zu einer spirituellen Handlung, die strengen Regeln und Verhaltensmustern unterworfen ist, die unbedingt exakt eingehalten werden. Man hat sicher schon davon gehört: die Teezeremonie.

Dabei ist der Begriff in der Einzahl eigentlich irreführend, denn es gibt verschiedene Schulen dieser Disziplin. Somit existieren mehrere Teezeremonien; *die eine* gibt es nicht. Gewisse Grundformen sind den meisten Varianten aber gemein. So finden Teezeremonien in einem Teehaus statt, das sich in einem Teegarten befindet. Die Teilnehmer, zu denen ein designierter Hauptgast gehört, treffen sich in einem Wartepavillon und gehen durch den Garten zum Teehaus. Auf dem Weg treffen sie den Teemeister, die Begrüßung erfolgt durch wortlose Verbeugungen. Vor Betreten des Teehauses reinigen sich alle Teilnehmer an einem Steinbecken Mund und Hände. Das Teehaus besteht aus zwei Räumen, wobei einer der Vorbereitung durch den Meister dient, der andere ist für den Empfang der Gäste. Hier wird sich ausschließlich auf Knien bewegt. Es gehört zum Ritual, nach dem Betreten des Teehauses erst die dort hängende Kalligrafie und dann die Teeutensilien zu betrachten und lobend zu erwähnen, ein jeder nach dem anderen, angefangen beim Hauptgast. Die Verköstigung beginnt meist mit Gebäck, derweil wird der Tee aufgegossen, mit einem Bambusbesen verrührt und schließlich in einer Schale neben den Herd auf den Tatami-Boden gestellt. Der Hauptgast nimmt sie mit beiden Händen und einer Verbeugung auf, dabei ist die linke Hand unter der Schale. Nach dem ersten Schluck wird dem Teemeister ein Kompliment ob des Tees gemacht, nach zwei weiteren wird die vollendete Form der Schale gelobt. Danach wird der Rest nicht etwa auf ex gekippt, sondern der Rand des Gefäßes mit einem Tuch gesäubert und die Schale an den nächsten Gast weitergegeben. So wandert sie von Gast zu Gast, zum Schluss wird sie wieder vom Ehrengast an den Teemeister übergeben. In der zweiten Runde bekommt jeder Gast eine eigene Schale. Ist jede ausgetrunken und zurückgegeben, trägt der Meister das Geschirr hinaus und beschließt die Zeremonie mit einer tiefen Verbeugung.

Es gibt jede Menge Möglichkeiten, an Schnupperteezeremonien für fachunkundige Fremdlinge teilzunehmen. Oft sind dabei die Rituale vereinfacht, immer wird man über das korrekte Verhalten rechtzeitig in Kenntnis gesetzt. Die berüchtigte Bitterkeit des grünen Tees sollte man in Kauf nehmen. Erstens wird sie häufig übertrieben dargestellt, zweitens lässt man sich bei Teezeremonien ja nicht gerade volllaufen, drittens wird dem Tee durch das süße Gebäck der bittere Stachel genommen.

Und noch ein Hinweis: Wer dennoch mehr mit rustikaleren Trinkritualen wie »Von der Mitte, an die Titte, an den Sack, zack zack« anfangen kann, wird in Japan auch nicht enttäuscht werden.

Wein auf Bier

Das Biertrinken hat in Japan keine lange Tradition, aber durchaus eine gewisse. Dass die A-Marken der großen japanischen Brauereien den deutschen Vergleich nicht zu scheuen brauchen, ist bekannt (auf die billige Bierfälschung Happoshu, die mit geringerem Malzanteil die Biersteuer umgeht, sollte man sich jedoch nicht einlassen). Der Wein hat in dieser Hinsicht noch einen weiten Weg vor sich. Gemeint ist freilich nicht der hierzulande als Reiswein falsch klassifizierte Sake, dessen Herstellungsprozess keinerlei Ähnlichkeit mit der Weinkelterei hat. Für den Genuss muss man gar Weingewohnheiten komplett auf den Kopf stellen: Je höher die Qualität des Sake, desto kälter wird er getrunken. Generell hat man die Wahl, ihn erwärmt oder gekühlt serviert zu bekommen. Kalt entfaltet sich der Geschmack besser. Ob man das will, hängt vom Geschmack ab. Egal, ob man ihn kalt oder warm trinkt – man trinkt ihn auf jeden Fall nicht als Zusatzgetränk zum Bier, auch wenn die kleinen Becher entfernt an Schnapsgläser erinnern. Sake ist kein Teil eines Ost-West-Herrengedecks. Man diskreditiert im Kombitrinken erstens den Sake und zweitens sich selbst, weil man sich als allzu hemmungsloser Säufer outet.

Und doch: Da Sake nicht gekeltert, sondern gebraut wird, hat der Reiswein mehr mit Bier als mit Wein gemein. Kein Wunder also, dass die Biererzeugung in Japan weiter fortgeschritten ist als die Weinherstellung. Wobei man wahrscheinlich einen schweren Fehler begeht, wenn man den japanischen Wein schon jetzt abschreibt, steckt er doch erst in den Kinderschuhen. Sollen die Kinderschuhe noch eine Weile die Trauben zertrampeln. Schaut man sich die Geschichte der japanischen Kopien ausländischer Originale an, ist es nur eine Frage der Zeit, bis wir wie selbstverständlich einen 2012er Tokachi Auslese zum Sashimi entkorken. Heute ist es in erster Linie eine Frage des Muts. Wein erfreut sich in Japan großer Beliebtheit, wie alles, was sich zum Statussymbol formen lässt. So sind es natürlich ausländische, vor allem französische Weine, die gern getrunken und noch lieber verschenkt werden. Wein aus japanischer Produktion war lange ein Verschnitt aus einheimischen und importierten Trauben und entsprechend belanglos. Das ändert sich zusehends, immer mehr japanische Weine sind tatsächlich japanische Weine. Liberale Weinkenner lassen sich zu vorgerückter Stunde gerne zu dem Urteil hinreißen, es gebe inzwischen einigermaßen trinkbare japanische Weine. Das stimmt. Aber noch keine sensationellen und jede Menge katastrophale. Auf dem Etikett meines weißen Furano-Lavendel-Weins steht, er komme direkt aus der ›Furano Viticulture and Enology Experiment Station‹. Da fühlt man sich leicht als Versuchskaninchen. Er ist trinkbar – wenn man ihn so lange im Kühlschrank lässt, dass der größte Teil des Lavendelgeschmacks rausgekühlt ist.

Beim Bier beweist man seit Langem ein glücklicheres Händchen. Auch wenn die erste Brauerei auf amerikanische Initiative in Yokohama errichtet wurde, um durstige Matrosen abzufüllen, haben sich die heutigen großen und kleinen Betriebe an Deutschland orientiert, wodurch auch die Bierkultur teutonisch geprägt ist – Japanese Style. In den Wirtschaften der Ginza-Lion-Kette zum Beispiel gibt es im rustikalen Hofbräu-light-Ambiente typisch deutsche Spezialitäten wie Tintenfischringe mit Ketchup und Mayo, quasi Calamari rot-weiß. In solchen Lokalen lässt sich gut beobachten, wie Bratwurst (also eine sündhaft teure Delikatesse aus dem Ausland, die nur in ringfingergroßen Portionen serviert werden kann) mit Anstand gegessen wird: erst mit Messer und Gabel zerschneiden, dann mit Stäbchen in den Mund.

Wer Kettenrestaurants nicht schätzt, sollte in die nördliche Kleinstadt Otaru rausfahren (dreißig bis fünfzig Minuten von Sapporo, je nach Zug). Dort gibt es die kleine Otaru-Brauerei, die ein großes, aber urgemütliches Restaurant betreibt, malerisch gelegen in einem alten Speichergebäude am Kanal. In dem Bau, dessen Inneneinrichtung naturgemäß vor Holz und Messing strotzt, wird Bier ernst genommen. Im Eingangsbereich hängt das deutsche Reinheitsgebot in Frakturschrift, auf der regulären Getränkekarte gibt es nicht allerlei Bierschnickschnackgetränke, wie in vielen anderen Bierlokalen üblich, sondern nur drei Sorten in verschiedenen Größen: Pils, Dunkel, Weizen. Dazu ein wechselndes Saisonbier.

Als feste Nahrung gibt es originelle Snacks. Meiner war als französisch ausgeschrieben und bestand aus einer raupenartig gekrümmten Mischung aus Baguette und Brezel, in die an verschiedenen eingeritzten Stellen geschmolzener Käse eingelassen war. Trotz einiger Frankreichreisen hatte ich so was noch nie gesehen, und ich mutmaße, dass es Franzosen ähnlich geht. Aber: Hauptsache köstlich. Beziehungsweise: Hauptsache Unterlage. Das Raupenkäsebrezelbaguette hat mich in beiden Hauptsachen befriedigt. Das meiste im Otaru-Brauereirestaurant ist selbstverständlich eh nicht französisch. Die Kessel sind Made in Bamberg, ihre Beschriftung ist also deutsch, genau wie die der Untersetzer, von denen es verschiedene gibt, die zusammengesetzt ein Schaubild über das Brauereihandwerk ergeben. Wer das Puzzle komplettieren möchte, ohne im Restaurant von Tisch zu Tisch zu gehen und vielleicht unangenehm aufzufallen, kauft sich sein eigenes Komplettset im Souvenirladen. Vor dem Betreten des Restaurants muss niemand Angst haben, obwohl untypischerweise außen nur japanische Karten ohne Bilder angebracht sind. Innendrin gibt es englische Karten, und die Bedienungen verstehen auch jeden, den sie nicht verstehen.

Selbst wenn das japanische Bier zum Verwechseln gut schmeckt, muss man sich von gewissen deutschen Denkweisen befreien, wenn man den Bierdurst in einer japanischen Wirtschaft stillt. Die erste Regel, die über Bord muss, ist die Legende, dass ein gutes Pils sieben Minuten braucht. Diese Regel ist ohnehin nur ein Täuschungsmanöver inkompetenter Gastwirte, die ihre Unsicherheit im Umgang mit dem Zapfhahn kaschieren wollen und sie deshalb zur Tugend erklären. Die japanische Regel lautet: Ein gutes Bier ist ein schnelles Bier. Und das muss auch nicht unbedingt millilitergenau auf Strich eingeschenkt sein.

Nette Burger, Kettenkaffee und Gangster-Pizza

Wenn wir schon in Otaru sind, wollen wir auch den Otaru Nice Burger nicht vergessen. Nichts liegt mir ferner als Hamburgerrestaurants zu empfehlen, aber bei diesem mache ich gerne eine Ausnahme. Restaurant ist auch ein bisschen hoch gegriffen, im Grunde handelt es sich um eine Bretterbude mit Heizlüfter und einer Handvoll Sitzplätze. Auf der Karte gibt es Fischburger in verschiedenen Varianten und zweiein-halb Getränke (Tee, Kaffee und Eiskaffee). Die Burger sind klein, instabil und lecker, das Ambiente ist apart mit Retro-Deko-Telefon und altmodischen Postern.

Wenn ich behaupte, dass mir nichts ferner läge, als Hamburgerrestaurants zu empfehlen, dann ist das glatt gelogen. Es muss ja nicht gleich McDonald's sein. Obgleich auch McDonald's weltweit nicht gleich McDonald's ist. Genauso wie Unsinn à la Los Wochos eine deutsche Spezialität ist, so gibt es auch in japanischen Filialen Saisonprodukte, auf die der Rest der Welt verzichten muss bzw. darf. Selbst optisch gibt es regionale Eigenheiten. Weil es im traditionsbewuss-ten Kyoto strenge Bauvorschriften hinsichtlich Gebäude-höhe und Fassadenästhetik gibt, hatten die Stadtoberen die Burger-Kette vor die Wahl gestellt: Entweder das Rot im Corporate Design fällt für Kyoto zurückhaltender aus, oder die Stadt müsse auf Big Mac und Konsorten verzichten. Das wollte man den Bürgern von Kyoto nicht zumuten, und so wird dort nun in geschmackvolleren Farben Geschmackloses serviert. Aber warum sollte man überhaupt zu McDonald's gehen, wenn man auch Lotteria und MOS Burger haben kann? In diesen rein japanischen Ketten findet man neben dem üblichen internationalen Mampf auch sehr spezifischen Mampf vom Reis- bis zum Teriyaki-Burger, allerlei Fischi-ges, gerne mit Wasabi gewürzt. MOS Burger ist mit dem Servieren im Körbchen und dem Servieren überhaupt (am Schalter proaktiv bestellen, hinsetzen, der Rest geschieht von selbst) vorzuziehen. Lotteria ist ein offensichtlicherer McDonald's-Klon mit ähnlichem Farbschema in der Innen-einrichtung und Außenreklame, ähnlich jungem Publikum und ähnlichen Speisen, die Fadheit durch die übermäßige Verwendung von Salz erfolglos zu kaschieren suchen. Bei MOS Burger und Lotteria (korrekte japanische Aussprache: Rotaria) gibt es theoretisch englische Karten. Die sind aber mitunter gut versteckt. Zum Beispiel auf der Rückseite der japanischen Karten, die an der Kasse liegen. Eines ist westlichen und östlichen Burgerbratereien gemein: Sie beschäftigen nicht die höchstmotivierten Mitarbeiter im Verkauf.

Wo Hamburger sind, ist Pizza nicht weit. Und wer von Pizza gleich direkt zu Mafia durchassoziiert, kann in Nicola's Pizza House Teigwaren mit Unterweltkick essen. Nichts an den vier gehobenen Restaurants in Tokio weckt Verdacht, und tatsächlich handelt es sich heute um redliche italienische Gastronomiebetriebe. Der Kick kommt vom Wissen um die Vorgeschichte, denn Gründer und Namensgeber war Nick Zappetti, ein Italo-Amerikaner, der nach dem Krieg in Japan hängen geblieben war und es schaffte, zu einer Nummer in der japanischen Unterwelt zu werden. Nüchtern betrachtet, einer kleinen Nummer und eher einer Randerscheinung im Yakuza-Gefüge, aber immerhin – eine reife Leistung für einen Ausländer, wenn auch eine fragwürdige. In seinen Restaurants gingen zu Glanzzeiten Gangstergrößen und durchreisende Hollywoodstars ein und aus, aber die Glanzzeiten sind vorbei, und Nick Zappetti schläft längst bei den Fischen. Seine turbulente Lebensgeschichte lässt sich in Robert Whitings lohnender Biografie *Tokyo Underworld* nachlesen. Die Restaurants sind heute in unbescholtener Hand und haben von früher nur den Namen behalten.

Kulinarisch aufregender ist da die japanische Pizza. Die wird zwar im Volksmund eben so genannt, hat aber – wen wundert's – eigentlich so gut wie nichts mit Pizza zu tun. Sie wird auch nicht einfach so serviert, man muss selbst ran. Offiziell heißt das Gericht Okonomiyaki, was grob bedeutet: Gebraten, was du möchtest. Grundlage ist ein ei- und mehllastiger Teig, der auf heißen Platten (*teppan*), die in die Restauranttische eingelassen sind, von den Gästen mit Zutaten nach Wunsch vermengt und zu einer Art Omelette gebraten wird. Vermengt und gewendet wird mit einem Spachtel, gegessen mit Stäbchen. Erfahrene Okonomiyaki-Spachtler machen ihre Okonomiyaki besonders schön, Anfänger machen sie irgendwie. Viel schiefgehen kann nicht, und schmecken tut es auf jeden Fall, vorausgesetzt, man hat sich die richtigen Zutaten aus der großen Auswahl an Fleisch-, Fisch-, Gemüse- und Tofusorten ausgesucht. Damit man alles gut erkennt, ist es in Okonomiyaki-Restaurants meist recht hell. Aber nicht nur in Okonomiyaki-Restaurants. Das ist ein veritabler kultureller Unterschied: Gilt in Europa eine gewisse Schummerigkeit als gemütlich, wollen Japaner gerne sehen, was sie auf den Tellern haben.

Es gibt nicht nur Burger- und Pizza-Ketten, auch Japan befindet sich bereits fest im Griff der Starbucks-Kaffeekrake. Eigentlich gehöre ich zu den verstockten Spaßverderbern, die den Globalisierungskaffee verschmähen und auf dessen Verkaufsgeschäfte schimpfen. Die Starbucks-Ablehnung ist der letzte Strohhalm, an den man sich klammert, wenn man alle richtigen Ideale bereits mehrfach verraten und verkauft hat.

Und selbst das hab ich nicht durchgehalten. Zumindest bin ich ein einziges Mal schwach geworden, in der Starbucks-Filiale an der Kreuzung vor dem Bahnhof des Tokioter Trendhopper-Stadtteils Shibuya. Ich habe dort auf eine Verabredung gewartet, die sich gehörig verspätet hatte, aber das kann keine Entschuldigung sein. Es hätte genügend andere Orte gegeben, die sich zum Warten geeignet hätten. Wer übrigens meint, die Tugend der Pünktlichkeit, eine der liebenswertesten deutschen Eigenheiten, sei eine, die auch den Japaner auszeichnet, der irrt. Im Berufsleben mag alles und jeder laufen wie ein Uhrwerk, aber in der Freizeit ist es mir beinahe noch nie passiert, der Person, mit der ich verabredet bin, tatsächlich zum vereinbarten Zeitpunkt am vereinbarten Ort zu begegnen.

Die besagte Starbucks-Filiale immerhin ist nicht irgendeine. Sie gilt als die umsatzstärkste des gesamten Unternehmens, und durch die großen Fenster im oberen der beiden Stockwerke hat man einen phantastischen Blick auf die Fußgängerkreuzung, die als die geschäftigste der Welt gilt. Befindet man sich selbst im Gewimmel, kann man es kaum gerecht würdigen, weil man zu sehr damit beschäftigt ist, ein Teil der Masse zu sein und mit den anderen Teilen der Masse zu harmonieren. Aber aus dem Starbucks-Fenster hinaus kann man es mal ganz in Ruhe genießen. Pflicht ist dabei natürlich, trotzdem grimmig und globalisierungskritisch zu gucken.

Abgesehen von diesem einen Ausrutscher bleibt es dabei: Ich gehe doch nicht in ein seelenloses amerikanisches Kettencafé, wenn ich auch in ein seelenloses japanisches Kettencafé gehen kann. Da fällt meine favorisierte Wahl auf Doutor. Die Häuser der Kaffeehauskette, die seit 1980 existiert, sind keine Orte, an die es ein dynamisches Laptop-Publikum zum Show-Kaffeetrinken zieht. Hier kann man, je nach Tageszeit, mit Angestellten beim Frühstück oder Hausfrauen bei der Kaffeepause sitzen, scharfe Hotdogs oder Meeresfrüchtesandwiches oder diverses Süßgebäck essen, Kaffee und Gratiswasser trinken und rauchen. Meistens auch dann, wenn man Nichtraucher ist. In einigen Doutor-Filialen sind Raucherbereiche korrekt per Wand und Tür abgetrennt, in anderen handelt es sich bei der Unterteilung eher um eine symbolische Geste, ein Zeichen guten Willens, wenn auf einem Zweiertisch auf einer Hälfte ein Raucher- und auf der anderen ein Nichtrauchersymbol klebt.

Vielleicht die wichtigste Information zur japanischen Kaffeekultur: Ein sogenannter *American* bezeichnet eine dürftige, gestreckte Plörre, und ein *Blend* ist annähernd das, was hierzulande als regulärer Kaffee bekannt ist (nicht, dass das als Ehrfurcht gebietendes Qualitätsmerkmal verstanden sein will).

Wer sich das nicht merken kann, kann ja zu Starbucks gehen und Show-Kaffee trinken.

Kirschblüten & Killerspiele, Sport & Freizeit

Video- und Verkleidungsspiele

Die Frau am internationalen Informationsschalter des Tokioter Hauptbahnhofs strahlt mich an: »Mit demselben Zug können Sie auch zum Tokyo Disneyland fahren!«

Tokyo Disneyland!, denke ich mit so viel Verachtung, wie man in einen Gedanken nur hineinlegen kann. *Ich bin doch nicht zum Vergnügen hier!* Ich bin hier, um Videospiele zu spielen.

Meine erste Reise bringt mich 1999 nach Japan, um der Tokyo Game Show beizuwohnen, der damals größten Messe für Computer- und Videospiele der Welt. Derlei Superlative weiß ich mit Skepsis zu nehmen, denn sosehr ein Ereignis eine ganze Branche zum Ausflippen bringen mag, der Bevölkerungsmehrheit geht es meist am Allerwertesten vorbei. Ich war schon auf so manch mir bedeutsamem Filmfestival in großen und kleinen Städten, und nahezu immer, wenn ich Passanten nach dem Weg fragen wollte, kam die ratlose Gegenfrage: »Wasn fürn Filmfest?« Andersrum: Einmal saß ich von Atlanta bis Frankfurt in einem Flugzeug voller Cheerleader in Dienstkleidung. Als ich den Cheerleader neben mir fragte, wo die Damen denn in diesem Aufzug hinwollten, war die irritierte Antwort: »We're going to THE GAME!« Dass ein Freundschaftsspiel zwischen einer amerikanischen und einer deutschen Footballmannschaft in Germany ein Ereignis ist, von dem allenfalls der engste Familienkreis der Spieler etwas mitbekommt, wollte sie nicht wahrhaben.

Will sagen: Ich erwarte in Tokio nicht, außerhalb des Messegeländes der Tokyo Game Show etwas von der Tokyo Game Show mitzubekommen. Habe ich mich verschätzt. In allen Straßen wird geraunt. In der U-Bahn unterhält sich eine Dreiergruppe seriös wirkender Herren darüber, was besser wäre: PlayStation oder Dreamcast. Im Hotel fragt mich das zierliche kleine Mädchen, das sich trotz aller Proteste meinerseits nicht abhalten lässt, mir meinen Schrankkoffer durchs gesamte Haus hinterherzutragen, was mich in die Stadt bringe. Tokyo Game Show, sage ich, und sie raunt: »Aaah, PlayStation 2!« Daraufhin gibt sie mir das internationale Daumen-rauf-Zeichen und schleppt weiter. Die PlayStation 2 ist eine revolutionäre Telespielekonsole, die auf der Messe erstmals ausführlich der den Atem anhaltenden Weltöffentlichkeit vorgeführt wird, welche nicht weniger als eine religiöse Erfahrung erwartet. Sie erinnern sich: Wir schreiben das Jahr 1999.

Dass sich die Besucher einer Videospielemesse standesgemäß kleiden, hatte ich erwartet. Ich erwartete allerdings blasse junge Männer in ausgewaschenen T-Shirts, auf denen ›Command & Conquer‹ oder ›Eidos Interactive‹ stünde. Diese jungen Männer kommen in den acht Messehallen auch vor, aber viel augenfälliger sind die vielen jungen Frauen, die sich richtig in Schale geworfen haben, und zwar nach Vorbildern ihrer liebsten Helden, Heldinnen und Schurken aus ihren liebsten Videospielen. Die Mädchen sehen aus wie Mischungen aus Piraten, Zirkusdirektoren und Punk-Latex-

Dominas. Und wenn man sie schief ansehen würde, würden sie einen bestimmt mit ihren Plastikschwertern, -äxten und -dreizacken erschlagen. Aber warum sollte man sie schief ansehen, in meinem Blick ist nichts als Bewunderung. *Cosplay* nennt sich das Hobby, typisch japanisch zusammengesetzt aus *costume* und *play*. Ein Spaß ist das natürlich nicht, in den Kostümen steckt viel Arbeit, und die dazugehörigen Kostümwettbewerbe sind strengen Reglements unterworfen; nicht selten kommt es zu hitzigen Auseinandersetzungen und kontroversen Juryentscheidungen, die die gesamte Cosplay-Welt erschüttern. Mehr und mehr kommt der Cosplay-Wahn auch in deutschen Jugendzimmern und Veranstaltungssälen an.

Das reine Anschauen aber bleibt stressfrei. Nicht ganz so bei der Meisterschaft im Prügelspiel *Soul Calibur*. Die Bühne ist eng umringt wie bei einem Metallica-Konzert, die Spieler werden bejohlt wie Rockstars und führen sich genauso auf. Einer mag beim Spielen weder seine Sonnenbrille ab noch die Zigarette aus dem Mundwinkel nehmen. Angezündet ist Letztere freilich nicht, dafür ist er noch zu jung.

Gottlob muss man keine Videospielmesse abwarten, um öffentlich dem Spieltrieb nachzugeben. Wenn meine Freundin Kaori ausnahmsweise mal Feierabend hat, geht sie am liebsten Zombies abknallen. Da schließe ich mich gerne an. Wo findet man sonst schon eine Frau, die sich fürs Zombies-Abknallen begeistern kann?

Videospiele jedweder Couleur gelten in Japan nicht als Domäne verhaltensgestörter männlicher Heranwachsender, sondern erfreuen jeden, dem der Alltag ein wenig zu trist ist. Also jeden. Ungeachtet des Geschlechts oder Alters. Und des Berufs. Und Videospiele sorgen für ungewöhnliche Wünsche: Ein japanischer Schriftsteller gestand mir einmal unter vier Augen: »Mein größter Wunsch ist es, dass eines Tages aus einem meiner Bücher ein Videospiel gemacht wird.«

Das Erste, was mir bei meinem ersten Besuch in einem

mehrstöckigen japanischen Videospielsalon auffällt, sind schwitzende Herren in bestem Mannesalter und Schlips und Kragen, die sich auf der berührungssensitiven Tanzfläche des Mittanzspiels *Dance Dance Revolution* verausgaben. Das Zweite, was mir auffällt, sind elegante junge Damen im Businessdress, die in penibel manikürten Händen grobschlächtige Kunststoffgewehre halten, mit denen sie das nutzlose Gehirn der Untoten über große Videoschirme verteilen.

Kaori und ich sind ebenfalls große Fans von *House of the Dead*. Gemeint ist die Videospielreihe aus dem ehrenwerten Hause Sega, nicht unbedingt deren umstrittene Verfilmung durch den deutschen Experimentalfilmer Uwe Boll. Zu Hause macht das Spiel schon Spaß, aber im Spielsalon mit einem Riesenbildschirm, riesigen Knarren und Publikum ist es eine noch größere Freude. Wir pusten die Zombies nur so weg, lassen die Monsterfrösche gar nicht erst an uns rankommen, erinnern uns gegenseitig ans rechtzeitige Nachladen und wissen bei jedem Endgegner, wo die Weichteile sind. *House of the Dead* ist ein pädagogisch sehr wertvolles Spiel, weil man nicht aufeinander, sondern miteinander ballert. Lediglich an den Punktezahlen kann man hinterher einen Gewinner ausmachen, wenn man darauf besteht.

Ich habe gewonnen, übrigens. Aber Kaori sah besser aus. Godard sagt, man brauche für einen guten Film nur eine schöne Frau und eine Knarre. Ich sage: Mehr braucht man für einen gelungenen Abend auch nicht.

Es bleibt trotzdem nicht einzig bei diesem Spiel. Dafür haben wir viel zu viel echtes Geld in Spielgeld umgetauscht, mit dem man die Automaten füttert. Ein cleveres System, ist gar nicht wie Geldausgeben, ist ja nur Spielgeld.

Bei einem sowieso blöden Autorennspiel sehe ich kein Licht gegen Kaori. Als ihr Wagen unter Konservenapplaus in die Zielgerade geht, habe ich mich auch schon ein paar Meter von meiner Startposition entfernt, leider nicht nach vorne. Auf dem Bildschirm blinkt ständig der Schriftzug

»Wrong Direction!« Ich werde Kaori wohl nicht mehr einholen.

Bei einer Art Eisstockschießen sind wir ungefähr gleich stark, ebenso bei einem Spiel, bei dem man an realen Schlaginstrumenten den Rhythmus nachtrommeln muss, der auf dem Bildschirm durch aufblinkende Symbole vorgegeben wird. Ich möchte sogar meinen, wir schlagen uns gerade bei diesem Spiel gar nicht schlecht, wir bekommen sogar Szenenapplaus von Schaulustigen.

Zombie-Shooter und Rennspiele hin oder her, der klassische japanische Spielautomat ist prädigital. Pachinko ist eine Art Mischung aus einarmigem Banditen und Flipper, nur ohne die Flipper. Man kann den Fall der Stahlkugel bestenfalls mit Gedankenkraft beeinflussen. Pachinko macht viel Krach und wenig Spaß, aber der Clou ist: Man kann indirekt Geld gewinnen. Glücksspiel um Geld ist in Japan verboten, und auch bei Pachinko bekommt man für die ergatterten Kügelchen offiziell nur Sachpreise. Unweit der Spielsalons befinden sich allerdings Läden, in denen man die Gewinne sofort verhökern kann.

In der Lindenstraße der Samurai

Ob man, wenn man in Tokio ist, unbedingt das japanische Disneyland besuchen muss, ist debattierbar, auch wenn viele angetane Japaner anderer Meinung sind. Generell hat man aber Japan nicht gesehen, wenn man in keinem Vergnügungs- bzw. Themenpark gewesen ist. Für Filmbegeisterte bietet sich das Eigamura an, das sogenannte Filmdorf, eine Mischung aus Samurai-Freizeitpark und echter Filmkulisse bei Kyoto.

Ich besuche Eigamura mit Hinako, die hofft, dort einen Blick auf die Dreharbeiten ihrer Lieblings-Martial-Arts-Soap werfen zu können. Das japanische Fernsehen ist voller Samurai–Serien, und einige davon laufen schon sehr lange. Wer sich für japanische Filmkunst interessiert, aber das Land nie betritt, kann sich glücklich schätzen. Was man in Deutschland zu sehen bekommt, ist Akira Kurosawa und seine Epigonen. Man möchte meinen, alles, was in Sachen Samurai gefilmt wird, sei von hoher ästhetischer und inhaltlicher Qualität. Da aber meint man falsch. Die meisten der Samurai-TV-Serien, die in Japan jedes Kind kennt und von denen außerhalb Japans kein Schwein etwas mitbekommt, unterscheiden sich nicht sonderlich von der *Lindenstraße*. Schnell abgefilmt, auf Video, in Pappkulissen, mit vorhersehbaren Höhepunkten und mit schalen Darstellern.

Natürlich gibt es hier und da doch Unterschiede. Würde in der japanischen Version der *Lindenstraße* jemand Frau Beimer an die Wäsche wollen, würde Herr Beimer den Halunken mit dem Langschwert zweiteilen und hinterher Frau Beimer im Fluss ersäufen. Immerhin: Aufregender als drüber reden und dann einvernehmliche Scheidung oder Trennung auf Probe ist das schon.

Die Dreharbeiten gehen laut Geheimplan, der Hinako von Informanten aus dem Internet zugespielt wurde, in Studio A ab. Das Flugblatt, das man an der Kasse bekommt, verrät davon nichts. Es warnt aber, im Falle von Schwertkämpfen auf offener Straße nicht einzugreifen, weil es sich um ordnungsgemäße Dreharbeiten handeln könnte. Davon ist heute leider nichts zu sehen, also machen wir uns auf den Weg zu Studio A.

Der Studiokomplex besteht aus mehreren Gebäuden, auf eines von ihnen ist ein großes B gemalt, der Rest ist unbeschriftet. Wir kombinieren, dass B ganz schön nah an A ist, also betreten wir Studio B in der Hoffnung, dass es dort irgendwo einen Geheimgang zu A gibt.

In Studio B gibt es keinerlei Hinweisschilder, aber angenehm ist es trotzdem, weil klimatisiert. Im unbarmherzigen japanischen Sommer nicht zu unterschätzen. An den

Wänden hängen Fotografien und Werbeposter aus der langen Studiohistorie. Ich sehe mir solche Fotos gerne an, aber Hinako hat nur Augen für Studio A bzw. den Weg dorthin. Findet ihn aber nicht.

Inzwischen laufen weitere Besucher in den Gängen des Studios herum, die so kopflos wirken, wie wir uns fühlen. Sie haben dieselben Karten dabei, die wir auch haben und die ihnen genauso wenig helfen wie uns. Wir gehen davon aus, dass sie dasselbe suchen wie wir. In der Hoffnung, dass sie etwas orientierter sind als wir, folgen wir unauffällig der am unkopflosesten wirkenden Kleingruppe, Ninja-Style.

Tatsächlich gelangen wir beim Beschatten in einen Bereich, in dem wir noch nicht waren. Dort gibt es Sitzgelegenheiten und eine große Fensterfront, hinter der sich etwas befindet, das wie eine Filmkulisse aussieht: verschiedene altjapanische Häuser, schnuckelige Laternchen, eine künstliche Sandstraße. Wahrscheinlich sind wir hier richtig, obwohl es nicht nach Geheimtipp aussieht. Hier sitzen bereits müde Eltern mit speiseeisverschmierten Kindern. Wir suchen uns einen Platz, auf dem ich möglichst wenigen Einheimischen die Sicht versperre.

Ein lustiger Animateur in historischen Gewändern betritt die Welt hinter der Glasscheibe und kündigt an, was jetzt gleich kommt. Es handelt sich nicht um die echten Dreharbeiten, die wir sehen wollten, sondern um die ›Crash!! Super Samurai Show‹, ein Spektakel für Touristen. Wir bleiben sitzen.

Es wird gezeigt, wie in einem geschlossenen Studio Tag und Nacht gemacht wird, wie Pfeile punktgenau dahin fliegen, wo sie hinsollen (an Seilen), wie die Helden und Schurken von früher so hoch springen konnten (auch an Seilen), wie schlechtes Wetter gemacht wird. Dem Feld-Wald-und-Wiesen-Cineasten ist das alles nicht neu, aber es mal zu sehen, anstatt es nur zu wissen, hat größeren Unterhaltungswert als erwartet. An manchen Stellen hat das Publikum die

Möglichkeit, durch Kreischen den Moderator vor drohendem Unheil zu warnen, wie man es vom westlichen Kasperletheater kennt; nur dass Kaspar hier ein Samurai ist und das Krokodil ein Ninja.

Gut unterhalten von der ›Crash!! Super Samurai Show‹, abgekühlt von der Klimaanlage und ausgeruht vom Sitzen, hat Hinako einen Geistesblitz: »Könnte Studio A nicht das Studio sein, das nicht Studio B ist?« Die gibt auch nie auf. Aber es ist schon was dran an dem, was sie sagt. Also verlassen wir Studio B und betreten das andere, unbeschriftete Studio daneben. Dort sieht es genauso aus wie in Studio B. Ich schaue mir alte Filmplakate an, Hinako schaut durch Fenster und ruft: »Menschen!«

Wir sehen tatsächlich Menschen in grobem Tuch, die sich zwischen Gerümpel zusammenkauern, als wollten sie jemanden heimlich belauschen. Sie kauern eine Weile, dann entspannen sie sich, stehen auf und sprechen mit jemandem, der auch da ist und der uns vorher nicht aufgefallen war. Es wird auf beiden Seiten viel genickt, man versteht sich. Dann verschwindet der eine Typ wieder aus unserem Sichtfeld, und die anderen begeben sich wieder in Kauerposition. Plötzlich geht Licht an, und die Gestalten kauern noch engagierter als vorher.

»Das sind Dreharbeiten!«, rufe ich aus, ich habe einen Blick für so was. Aber Hinako weiß es längst. Sie kennt sogar die Darsteller- und Rollennamen der einzelnen Kauernden, und das Gerümpel, zwischen dem gekauert wird, ist für sie mehr als nur Gerümpel, nämlich ein Teil der Kulisse ihrer Lieblingsserie. Wir haben gefunden, wonach wir gesucht haben.

Später sehen wir uns noch eine Schwertshow an, auf deren Ankündigungsplakat eine Kröte abgebildet ist. Es ist die letzte Vorstellung des Tages. Alle anderen Parkbesucher waren wohl schon früher drin, deshalb ist der recht große Saal fast leer.

Außer Hinako und mir ist nur ein älteres Paar mit einem kleinen Kind, vermutlich einer Enkelin, anwesend.

Die Show besteht aus einem kräftigen Herrn mit donnernder Stimme, einer Mischung aus japanischem Samurai und Hamburger Fischmarktfischverkäufer. Mit seiner donnernden Stimme erzählt er einen vom Schwert und macht dazu vor, wie scharf so ein Schwert ist, indem er diverse Dinge in der Luft zerhackt und in Einzelteilen zu Boden rieseln lässt.

Das ist eine dieser Shows, die an einem bestimmten Punkt nach einem Freiwilligen aus dem Publikum verlangen.

Zuerst bittet der Mann das kleine Mädchen, die Freiwillige zu sein. Aber das Mädchen ist gehemmt, und der Schwertmann knickt ein. Wahrscheinlich wollte er sowieso von Anfang an mich. Haha, machen wir uns ein bisschen über den trotteligen, schwitzenden Wessi-Barbaren lustig. Hereinspaziert.

Er bittet mich mit donnernder Stimme auf die Bühne, und anstatt dass Hinako sich schützend vor mich wirft, schubst sie mich nur vom Platz und knipst Fotos.

Der Mann fuchtelt mir mit dem Schwert vor der Nase herum und donnert mich auf Japanisch an. Ich stammele nur etwas von »doitsu« (Ich deutsch) und »wakarimasen …« (Nix verstehn). Ich muss wahrscheinlich gleich sterben, geopfert zur Belustigung eines blutlüsternen Publikums.

Er macht mir mithilfe diverser verzichtbarer Requisiten noch einmal vor, wie scharf sein Schwert ist, dann bittet er mich, meinen rechten Arm freizumachen und auszustrecken.

Er holt aus, schlägt zu, der größte Teil des Publikums kreischt, Hinako lacht, meinen Arm ziert eine brandneue Blutspur.

Hat ja gar nicht wehgetan, deshalb weiß ich natürlich, was geschehen ist: Es war rote Farbe an der Klinge, die sich nun auf meinem Arm gut macht. Trotzdem: dieses scharfe

Schwert hat meinen Arm berührt, als es die Farbe dort hinterließ. Eine ziemliche Präzisionsarbeit, so etwas ohne Verletzung hinzubekommen. Das hat der Mann bestimmt geübt.

Zu seinem Amüsement und dem meines Publikums tue ich ein bisschen schmerzverzerrt. Da holt der Schwertmann eine Salbe, betupft mit großem Gestus einen Wattebausch und wischt mir die Farbe weg, was für großes *Ah* und *Oh* sorgt. Damit ist die Vorstellung vorbei. Ich bekomme noch ein kleines Geschenk, weil ich so tapfer war, dann dürfen wir alle gehen. Bei dem Geschenk handelt es sich um einen Waschlappen mit einem Häschenmotiv.

Nach der Vorstellung bin ich der Held. Sind Japaner bei der Begegnung mit Ausländern gemeinhin bestenfalls zurückhaltend, geht jetzt das große Betatschen los. Man möchte sich vergewissern, ob noch alles an mir dran ist. Hinako erzählt mir, was da überhaupt passiert war: Es handelte sich um die Nachstellung einer Verkaufsschau, wie sie fahrende Salbenverkäufer im Mittelalter abzogen. Es ging weder um die Demonstration von Schwert oder Schwertkunst noch um meine Person. Die Hauptsache war die Salbe, mit der mir die Farbe vom Arm gewischt wurde. Damit sollte gezeigt werden, wie wirksam diese Wundsalbe war. Die Salbe ist aus zermatschten Kröten gemacht. Und so was hab ich jetzt auf dem Arm.

Das kleine Mädchen, das es nicht mit dem Schwertkämpfer aufnehmen wollte, zeigt vorsichtiges Interesse an dem Häschenwaschlappen, den ich ihm trotz seiner Feigheit vor dem Krötensalbenverkäufer gerne lasse, obwohl ich glaube, dass Hinako sich auch Hoffnungen gemacht hatte.

Die Gesetze von Namja-Town

Wer ganz furchtlos ist, wagt sich in den Indoor-Amüsierpark Namco Namja-Town. Vor der Beschreibung knicken Reiseführer regelmäßig ein und beschreiben ihn schlicht als unbeschreiblich. Die erste Regel von Namja-Town, so scheint es, lautet: Man spricht nicht über Namja-Town. Die zweite Regel lautet: Was in Namja-Town passiert, bleibt in Namja-Town. Beide Regeln will ich heute brechen.

Namja-Town ist beheimatet in Ikebukuro, unter den angesagten Stadtteilen Tokios der abgesagteste. Die offizielle Hippness Ikebukuros hatte in den Achtzigern ihren Höhepunkt, ist also seit den Neunzigern im schleichenden Verfall. Ginza ist eleganter, Shibuya ist jünger, Shinjuku verruchter, Roppongi versauter, Asakusa japanischer, Odaiba maritimer. In Kanda gibt es mehr Bücher, in Akihabara mehr Glühbirnen. Ikebukuro hatte mal das größte Kaufhaus der Welt, aber inzwischen gibt es größere anderswo. Den Blick auf Tokio, den man vom Sunshine 60 Building für eine Handvoll Yen bekommt, bekommt man vom Metropolitan Government Building in Shinjuku umsonst und besser. Immerhin ist der Fahrstuhl im Sunshine 60 einer der schnellsten im weltweiten Vergleich. Aber der im Landmark Tower von Yokohama ist schneller. Der Bahnhof von Ikebukuro bietet gute Verbindungen lokal, regional und national. Noch besser jedoch steigt man in Ueno oder Shinjuku ein, um und aus. Das Einkaufszentrum Sunshine City war eine Schau bei der Eröffnung in den Achtzigern, ein Bollwerk der Moderne mit einem Hauch Futurismus. Heute besitzt es allenfalls bei Nostalgikern einen guten Ruf als »herrlich achtzigerjahremäßig«. Eines immerhin kann Ikebukuro keiner nehmen, einen fragwürdigen und sehr japanischen Verdienst: das erste begehbare Aquarium der Welt in einem Hochhaus.

Und Ikebukuro hat Namja-Town. Namja-Town belegt mehrere Stockwerke im Sunshine City Building, jenem einst visionären Einkaufszentrum mit dem verschrobenen Retro-Charme. Es handelt sich um eine Entertainmentwelt in der Shoppingwelt, die sich auf vier Themenschwerpunkte konzentriert: Geisterbahnen, chinesische Maultaschen, Massagen und Speiseeis. Im Logo grinst eine großäugige Comickatze, der gesamte kunterbunte Eingangsbereich sieht aus wie eine dieser Einrichtungen, in denen man in Einkaufszentren seine Kleinkinder abgibt.

Deshalb war ich mir auch nicht sicher, ob das Ganze überhaupt für meine Altersgruppe gedacht ist. Aber dann habe ich mir einen Namja-Town-Besuch von Kaori gewünscht. Und sie war begeistert!

»Das ist ja super! Ich wollte schon immer mal nach Namja-Town!«

Wie konnte ich nur vergessen, dass eine große Grinsekatze im kunterbunten Logo in Japan längst nicht heißen muss, dass etwas nur für Kinder gedacht ist.

Am Kassenhäuschen zeigt Kaori der Kassiererin ihr Handy. Sie hat mir erzählt, dass sie per Telefon Eintrittskarten bestellt hatte. Offenbar wurden die Karten auch gleich an das Handy geliefert, denn wir kommen rein.

Wir gehen als Erstes in den Gruselbereich. Hier gibt es allerlei Dämonen und Skelette, die zappeln und in der Dunkelheit mit den Augen leuchten. Gleich nebenan ist der ›Healing Forest‹, in dem man sich unter Plastikbäumen massieren lassen kann. Auf der ›Hell's Toilet‹ kann man sich im Sitzen Gruselgeschichten anhören. Das Schild, das eine ›Ladys Vampire Bar‹ bewirbt, ist leider nur Dekoration. In einer begehbaren Geisterbahn bekommen wir einen lebensgroßen abgetrennten Kopf an einer Halskette umgehängt, aus der Halsöffnung kommen Spinnenbeine, ein beliebtes Motiv in der japanischen Gruselmythologie. Der Kopf dient als eine Art Taschenlampe und zur Aktivierung gewisser Funktionen, die man zum Weiterkommen in der Geisterbahn benötigt. Meistens geben Monster ein Schriftzeichen preis, bevor die nächste Tür aufgeht. Die Schriftzeichen muss man sich merken, hinterher ergeben sie ein Lösungswort. Manchmal muss man seine Hand in ein tiefes dunkles Loch stecken, um Knöpfe zu drücken. Kaori findet jedes Mal, dass ich dran bin.

Vor und nach der Geisterbahn wird einem der Puls gemessen. Wir beide haben uns scheinbar zu sehr aufgeregt, deshalb bekommen wir schriftlich bescheinigt, dass wir Angsthasen sind. Das Lösungswort immerhin haben wir richtig. Es soll das einzige Erfolgserlebnis bleiben.

Hier wie in der ganzen Namja-Town laufen lauter kleine Kinder rum, die mit Geräten hantieren, die aussehen wie die Geräte, mit denen die Geisterjäger im Spielfilm *Ghostbusters – die Geisterjäger* die Intensität von Geisteraktivität messen. Kaori meint, dass mit den Geräten wahrscheinlich Informationen über Namja-Town abzurufen sind. Ich sage, dass ich mir das nicht vorstellen könne und dass das bestimmt eine Art Geisterjägerspiel sei. Wir recherchieren das, und es stellt sich heraus, dass ich recht habe. Mit den Geräten kann man Symbole oder so etwas einscannen, die im ganzen Komplex verteilt sind, und das sind dann gefangene Geister. Später bekommt man was dafür. Ein erstes Indiz, dass Kaori vielleicht nicht die verlässlichste Erklärerin der Mysterien von Namja-Town ist.

Vollends deutlich wird das, als ich ihretwegen den Namja-Agententest vergeige. Bei jenem kann man über einen Parcours mit mehreren Stationen beweisen, dass man das Zeug zu einem Geheimagenten der NSA hat, der Namderbirds Secret Agency. Keine Ahnung, was das ist, aber ich will das sein. Das ganze Konzept von Namja-Town ist ein bisschen undurchsichtig. Überall sind ultra-kawaiie Katzenmaskottchen in allerlei erdenklichen Größen, oft genug mit Menschen drin, aber es ist mir ein Rätsel, was es mit denen auf sich hat. Die sind nicht bekannt aus Film, Fernsehen oder Videospiel, die gibt es nur in diesem Park. Aber irgendeinen dramaturgischen Überbau scheint es zu geben, sonst bräuchten die ja keinen Geheimdienst.

Alle Tests sind auf Japanisch und bestehen aus Knobel- und Geschicklichkeitsaufgaben, die von einem aufgeregten Sprecher in einem Video erklärt und kommentiert werden. So schnell verstehe ich den nicht, deshalb muss Kaori simultan dolmetschen. Einige Aufgaben sind Fragen mit Multiple-Choice-Antworten. Bei denen muss Kaori mir auch ein wenig unter die Arme greifen, und zwar schnell, denn es gibt ein Zeitlimit. Oft sagt sie mir die Antworten vor, aber darauf kann ich auch verzichten, denn sie erweisen sich als genauso falsch wie die, die ich mir selbst erarbeite. Der aufgeregte Instrukteur auf dem Videoschirm schreit mich wüst an, es kommt ihm Comicqualm aus den Ohren, keine Ahnung, warum.

Ich will alles bei der vorletzten Station wieder rausholen, dem ›Shooting Test‹. Schießen kann ich. Trotz Zivildienst. *Doom* und *Hitman*, laut und leise, da macht mir keiner was vor.

Ich bekomme eine Plastikpistole, Kaori hört sich die Instruktionen an und meint, ich müsse auf die aufleuchtenden Lichter an der Apparatur vor uns schießen. Das ist wirklich einfach, die sind schließlich kaum zehn Zentimeter von uns entfernt.

Ich schieße und schieße, aber ich bekomme nur Trötgeräusche, die nach einer Indikation für eine Fehlleistung klingen.

Dann schaue ich auf und sehe die Zielscheiben, die hinten an der Wand hängen. »Man muss auf die Zielscheiben schießen!«, rufe ich über das Getröte.

»Kann auch sein!«, ruft Kaori, und dann kommt auch schon das Signal, dass der Test vorbei ist.

Zwei Punkte immerhin bekomme ich beim letzten von fünf Tests, dem ›Anti-Torture Test‹. Man sitzt auf einem elektrischen Stuhl und muss trotz Elektrofolter (der Stuhl wackelt ein bisschen) Fragen korrekt beantworten. Zufällig bekomme ich zwei richtig hin, weil es bei jeweils nur zwei Antwortvorgaben eine faire Fifty-Fifty-Chance gibt.

Zum Schluss bekomme ich mein Agentenzeugnis ausgedruckt. Einen Punkt habe ich offenbar auch noch beim ›Hacking Test‹ geschafft, das muss ein Versehen sein. Kaori, die die Tests ebenfalls mitgemacht hat, schneidet geringfügig besser ab, was kein Wunder ist, denn sie hat ja an meinem Beispiel jedes Mal vorher gesehen, wie sich die Aufgaben NICHT lösen lassen.

Aber auch mit meinen drei Trostpunkten und Kaoris geringfügig besserem Ergebnis bekommen wir beide insgesamt nur ein E, die hinterletzte Note. Glücklicherweise ist der Agententest für Kinder gedacht, und die kann man nicht vor den Kopf stoßen, deshalb erhält man selbst bei kompletter Verfehlung noch einen Agentennamen verpasst. Meine Damen und Herren, bitte nennen Sie mich ab sofort: Crush-Jerry.

Hat mich der Agententest überfordert, so überfordert mich Ice Cream City erst recht. Aber immerhin muss man hier keine Prüfungen bestehen, sondern sich nur entscheiden.

Es gibt in endlosen Reihen kleiner weißer Töpfchen vermutlich jede Eiscremesorte der Welt, am verheißungsvollsten aber sind die japanischen. Hier kann man nicht nur Tintenfischeis essen, sondern mehrere Sorten von Tintenfischeis. Kaori erklärt mir jede, aber ich komme bald nicht mehr mit und nehme zwei beliebige, dazu ein kleines Töpfchen Eiscreme mit Sojasaucegeschmack. Schmeckt gut, ist aber mehr drin als erwartet, also wird mir ein wenig unwohl. Das Eis war zwar für uns beide gedacht, aber Kaori nimmt nur zwei Mäusebisschen und lässt mir den Rest, und ich lasse so ungern Tintenfischeiscreme verkommen.

Nach dem Eis müssen wir natürlich auch noch was Richtiges essen, dafür sind wir schließlich hier. Es geht auf den

Gyoza-Basar. *Gyoza* ist der japanische Name für chinesische Maultaschen, die als Vorgänger der Ravioli gelten. Der Gyoza-Basar ist gehalten wie eine chinesische Altstadt mit engen Gassen und vielen Leuten, roten Lampions und kunstvoll auf klapprig getrimmten Häuschen, die alle Gyoza verkaufen. Das ist wie mit dem Tintenfischeis: keine Ahnung, nach welchen Kriterien ich mich für eine Gyoza-Hütte entscheiden soll, also nehmen wir irgendeine. Die Maultaschen sind gut und scharf, der Laden ist eng und laut, unter die Tische passen europäische Erwachsenenbeine nur mit Gewalt, es ist alles sehr lustig.

Aber die Eiscreme-Maultaschen-Kombination in meinem Magen macht mir zusehends zu schaffen, ich muss hier raus. Flucht aus Namja-Town. Vorbei an der Tokyo Dessert Republic, in der uns sieben Geschäfte mehrere Arten von Windbeuteln verkaufen wollen, und an der Piazza Maccheroni. Im Eingangsbereich findet eine Publikumsveranstaltung mit hysterischen Kandidaten und Moderatoren in Kostümen mit riesigen Katzenköpfen statt. Könnte ein Quiz sein, könnte auch eine Hochzeit sein, nur raus, einen Weg bahnen durch Heerscharen von geisterjagenden Schulkindern.

Draußen kommt einem das geschäftige Einkaufszentrum Sunshine City plötzlich wunderbar ruhig und beruhigend vor.

Schließlich gehen wir noch ins Planetarium, das sich im selben Gebäude befindet. Anstatt normaler Sternguckerei steht heute ein ›Healing Program‹ auf dem Programm, Esoterik-Schnickschnack mit Regenbogenbildern auf Surround-Leinwand. Es ist so ziemlich das Langweiligste, was ich jemals für Geld gesehen habe. Glaube ich zumindest, denn ich schlafe sofort vor Erschöpfung ein und wache erst auf, als Kaoris Schnarchen zu laut wird. Ich wecke sie und schlafe weiter, bis das Licht angeht.

Hanami ist in der kleinsten Hütte

Kirschblütenzeit ist die fünfte Jahreszeit in Japan. Weit herge-
holt ist der Vergleich mit dem Kölschen Karneval nicht, auch
wenn kein Verkleidungszwang herrscht. Man paradiert auch
nicht durch die Straßen, sondern sucht sich ein hübsches
Plätzchen unter einem Kirschbaum. Aber was den Alkohol-
konsum und die Ausgelassenheit angeht, stehen sich die japanischen und deutschen Gepflogenheiten in den tollen Tagen
in nichts nach.

Der Brauch, sich unter einen Kirschbaum zu setzen und
der Völlerei nachzugehen, nennt sich *hanami*, das kommt von
hana (Blüte) und *miru* (sehen). Die Zeit der Kirschblüte ist
schön und kurz, also das perfekte Symbol für die Vergäng-
lichkeit alles Schönen. Deshalb stürmen im Frühjahr, sobald
die Bäume den visuellen Startschuss geben, alle Menschen
in alle Parks und erfreuen sich an der Schönheit, solange sie
weilt. Selbstverständlich versucht man, sie alljährlich festzu-
halten, mitunter sieht man kaum die Kirschblüten vor lauter Armen und Händen mit Fotohandys, die sich ihnen ent-
gegenrecken.

Das erste Erscheinen der Kirschblüte wird mit einem
Enthusiasmus und einer Ernsthaftigkeit verfolgt, wie man es
von großen Sportereignissen kennt. Einmal sah ich im Fernsehen eine schnell einberufene Pressekonferenz unter dra-
matischem Blitzlichtgewitter und vermutete zunächst einen
Schmiergeldskandal oder Ähnliches, wie es in der japanischen Politik und Wirtschaft und gerade in der Verbindung
von beidem an der Tagesordnung ist. Dann wird sich vor
der Presse und vor der Öffentlichkeit entschuldigt, es dürfen auch ruhig Männertränen kullern, und hinterher ist wieder gut. In diesem Falle waren die ernsthaften Herren in den
Anzügen auf dem Podium jedoch weder Politik- noch Wirt-
schaftslenker, sondern es handelte sich um die Vereinigung
der Wetterleute. Sie hatten den Beginn der Kirschblüte für

zu früh vorausgesagt, und dafür entschuldigten sie sich. Es war ein ungewöhnlich warmer Winter gewesen, da war es mit ihnen durchgegangen. Tränen immerhin flossen keine.

Hocherfreut bin ich, als mich eine Kollegin aus dem japanischen Büro meiner Firma zum offiziellen Firmen-Hanami einlädt, wo ich gerade zeitlich passend in Tokio weile, wenn auch nicht aus beruflichen Gründen. Einen Tag vor der Fete kommt die Nachricht, das Hanami sei leider räumlich verlegt worden, da der Wetterbericht ungünstig klinge. Anstatt sich in einem Park unter echten Bäumen dem Anblick der weiß-rosa Blütenpracht und dem Alkoholgenuss hinzuschenken, würde das Ganze jetzt in einem Konferenzsaal der Firma stattfinden. »Indoor-Hanami!«, sagt meine Kollegin. Das kann ja heiter werden, denke ich und habe recht.

»Kann ich helfen?«, frage ich, als ich in dem Konferenzsaal ankomme, und ich kann. Ich kann die Fotos von Kirschblüten an die Wände hängen, die man schnell farbkopiert hatte, um echtes Hanami zu simulieren. Unterdessen werden Tische und Stühle beiseitegeräumt, und der Boden wird mit einer blauen Plastikplane abgedeckt, wie es auch bei Outdoor-Hanami üblich ist, um Gras- und Hosenboden zu schützen. In freier Natur sieht das nicht schön aus, ist aber praktisch. Hier drinnen sieht es auch nicht schön aus, und ich bezweifle darüber hinaus die Notwendigkeit angesichts des robusten, sauberen Teppichbodens, aber blaue Plane gehört zu Kischblütengucken wie Kirschblüten. Und Alkohol. Nichtalkoholische Getränke scheinen verboten zu sein. Quertreiber müssen Leitungswasser in Pappbechern einschmuggeln, aber die meisten haben keine Probleme mit dem Getränkeangebot.

Wir sitzen ohne Schuhe auf den blauen Planen und lernen uns kennen. Wir trinken Dosenbier und unterhalten uns darüber. Besonders die Damen trinken Bier, die Herren sind von vornherein bei Härterem, aber ich gebe mich vorerst weibisch. Man macht mir überschwängliche Komplimente, weil ich zweieinhalb Wörter Japanisch spreche (wo die anderen geblieben sind, ist mir ein Rätsel), und wir verstehen uns unterschiedlich gut. Die Frauen in meinem Bierkränzchen und ich tauschen uns über unsere Lieblingsbiere aus, und es stellt sich heraus, dass mir die Kolleginnen, die denselben Biergeschmack haben wie ich, auch ansonsten sympathisch sind, und die, die unverständliche Ekelarten bevorzugen, mir auch menschlich ein bisschen fragwürdig vorkommen.

Als das Bier alle ist, setzen wir uns zu den Männern und trinken Schnaps. Die Männer arbeiten in der Abteilung des Unternehmens, die für Videospiele zuständig ist. Ich erzähle, dass ich auch ein passionierter Videospieler sei, und übertreibe dabei vielleicht ein wenig. Außerdem kann ich nicht verhindern, dass meine Worte missverstanden werden und meine japanischen Kollegen nun denken, im Deutschland des Jahres 2008 wäre die Sega-Konsole Dreamcast der große Renner, die seit 2002 nirgendwo auf der Welt mehr hergestellt wird, und die PlayStation 3 und Xbox 360 gäbe es gar nicht. Dabei wollte ich nur sagen, dass ich *früher* einmal für das deutsche Dreamcast-Magazin gearbeitet habe und dass *ich persönlich* die neuen Konsolen von Microsoft und Sony noch nicht besitze, auch wenn sie in Deutschland natürlich längst auf dem Markt sind.

Das habe ich ja fein hingekriegt. Jetzt sind meine japanischen Kollegen besonders nett zu mir, weil sie glauben, ich komme aus einem Dritte-Welt-Land, wo man mit Dosen und Schnüren telefoniert.

Es ist ein lustiges Beisammensein. Es stört sich bald auch niemand mehr daran, dass sich der Wetterbericht als unzuverlässig herausgestellt hat und draußen hellster Sonnenschein lächelt (da wird wieder eine Entschuldigung auf höchster Ebene fällig). Und wenn man genau hinschaut, kann man sogar aus einem der Fenster des Konferenzsaales ein paar echte Kirschblüten sehen. Man muss die Straße entlangschauen, die Augen ein wenig zusammenkneifen, und dann ist er da, der

Kirschbaum, hinter dem letzten Wolkenkratzer hinten links, mal sichtbar und mal nicht, wie gerade der Wind weht.

Das Ritual, das am späten Nachmittag angefangen hatte, ist pünktlich um 19 Uhr 30 zu Ende, so wie es angekündigt war.

Die Gäste gehen zurück an die Arbeit oder nach Hause, und ein emsiger Aufräumtrupp macht sich Stühle rückend und staubsaugend über die Überreste des Festes her. Und wenig später sieht der Konferenzsaal wieder aus wie ein Konferenzsaal, als wäre nie etwas gewesen.

Beim Badengehen nicht baden gehen

Allwinterlich ist es auch im deutschen Fernsehen ein beliebtes Motiv aus der exotischen Ferne: die badenden Affen von Nagano. In heißen Gebirgsquellen der japanischen Alpen suchen die putzigen Kerlchen warme Wellness inmitten der verschneiten Kälte. Ein dankbares Thema, wenn die RTL2-Nachrichtenredaktion mal wieder mit ihrer ganzen wortspielerischen Brillanz glänzen möchte: »*Und nun noch ein paar ›tierische‹ Bilder aus Japan.*«

Bekanntlich fällt der Mensch nicht weit vom Affen. Was für unsere haarigen Brüder und Schwestern gut ist, kann für uns nicht schlecht sein. Das öffentliche heiße Bad, *onsen* genannt, gehört mit Fug und Recht zu den liebsten Entspannungen der japanischen Menschen. Im Gegensatz zu Affen haben Menschen aber ein paar Regeln zu befolgen, wenn sie sich in einem japanischen Thermalbad aalen wollen.

Die erste Begegnung mit Onsen mache ich in dem Ryokan in Matsuyama, in dem meine damalige Freundin und ich für ein paar Tage untergetaucht waren. Sie wollte währenddessen im Damenbecken entspannen. Sehr vereinzelt gibt es gemischtgeschlechtliche Bäder, aber unser Haus ist ein ordentliches.

Ich hoffe, ich schaffe das ohne sie. Der Besuch eines Onsen ist, wie gesagt, streng reglementiert; einfach losrennen und Arschbombe geht nicht. Zuerst legt man im Umkleideraum alle Sachen in ein Körbchen, dann geht man mit einem kleinen Handtuch und Seife in den Badebereich, aber auf keinen Fall gleich ins Wasser. Man muss sich zunächst an Hähnen und Brausen gründlich einseifen und dann noch gründlicher die Seife abwaschen. Ins Badebecken darf nichts als gründlich gesäuberte Menschenkörper. Das Bad dient nicht der Reinigung, sondern der Entspannung. Bei der vorherigen Reinigung ist darauf zu achten, dass man die anderen Badegäste nicht nass spritzt. Während des ganzen Aufenthalts ist darauf zu achten, dass man sein eigenes Handtuch nicht nass macht. Sobald man ins heiße Badewasserbecken gestiegen ist, ist darauf zu achten, dass man sich nicht mehr als nötig bewegt. Regeln, Regeln, Regeln. Ich hätte noch viel mehr Fragen an meine Freundin: Wozu ist das Handtuch da, wenn es nicht nass werden darf? Und könnte ich nicht einfach sagen, ich habe schon auf dem Zimmer geduscht, anstatt die spritzfreie und gründliche Reinigung umständlich vor Ort durchzuexerzieren? Aber da ist sie schon weg, ihre letzten Worte waren: »Du schaffst das schon. Schau einfach, was die anderen machen, und mach das nach.«

Eine gute und eine schlechte Nachricht. Die schlechte: Es ist niemand da, von dem ich abgucken könnte. Die gute: Es ist niemand da, vor dem ich mich blamieren könnte. Es ist niemand da.

Der kleine Umkleideraum ist oben, unten und seitlich hölzern, hat etwas von Saunalook. Ich packe meine Sachen in einen Korb, nehme mir ein vermutlich sinnloses kleines Handtuch und gehe zum Bad. Das Herrenbecken ist auf dem Dach des Gebäudes. Über dem Becken selbst ist noch ein Dach zum Schutz vor Regen, ansonsten ist man praktisch draußen. Das Wasser dampft wie kurz vorm Siedepunkt, aber ich gehe nicht davon aus, dass das allein der Wassertemperatur geschuldet ist. Hier draußen ist es schließlich kalt, und das Wasser ist warm, dann gibt es eben Dampf.

Ich setze mich auf einen Holzschemel bei einem der Wasserschläuche, die zur Körperreinigung gedacht sind. Ich seife mich einigermaßen ein, wenn auch nicht so penibel, wie ich das wohl täte, wenn jemand zugucken würde. Mein letzter Waschgang ist wirklich nicht so lange her, und zwischenzeitlich habe ich mich nicht im Atomschlamm gewälzt. Trotzdem bemühe ich mich, die ganze Sache weitgehend ernst zu nehmen, nicht so viel rumzuspritzen und das Handtüchlein aus allem rauszuhalten. Eine Art Generalprobe: Morgen ist auch noch ein Bad, und dann habe ich vielleicht Zeugen. Das Problem mit dem Handtuch ist bloß, dass es hier überall bereits nass ist und ich es eigentlich nirgendwo trocken hinlegen kann. Wahrscheinlich haben meine Vorgänger rumgespritzt wie blöde. Die Ferkel. Hauptsache, sie haben sich gründlich gereinigt.

Das Becken ist bis ganz oben hin mit dampfendem Wasser gefüllt, aus einer Leitung fließt ständig neues nach. Feige schicke ich den großen Zeh vor und weiß nicht, ob ich erleichtert oder enttäuscht sein soll. Kühl ist das Wasser nicht gerade, aber ehrlich gesagt auch nicht heißer, als ich es aus meiner heimischen Badewanne kenne. Liest man zu viel Reiseliteratur, bekommt man leicht den Eindruck, das Onsen-Wasser sei generell so heiß, dass man erst eine gewisse Zen-Meditationsstufe erreicht haben müsste, um ein paar Minuten darin auszuhalten, ohne zu sterben. Ich bin aber offenbar gut genug vorbereitet. Ich bin passionierter Warmduscher und Heißbader, es darf ruhig wehtun. Kaltes Wasser ist was für Profilneurotiker und andere Weicheier.

Der Rest des Körpers folgt dem Zeh. Wun-der-bar. Genau richtig. Kann auch sein, dass die Hitze des Wassers nicht so unerträglich rüberkommt, weil die Luft hier draußen ziemlich kalt ist. Jedenfalls fühle ich mich bald wie jemand, der sich sehr wohlfühlt. Ich probe das stille Verweilen im warmen Wasser, damit ich es draufhabe, wenn ich in einer ähnlichen Situation mal Gesellschaft haben sollte.

Mit der Zeit wird es doch etwas unangenehm warm, aber darauf hatte meine Freundin mich vorbereitet. Sie riet mir, das Wasser in solchen Fällen zu verlassen und nach kurzer Pause wieder reinzugehen. Das ist erlaubt. Also steige ich aus dem Wasser und gehe zum Rande des Daches. Jetzt stehe ich hier an der frischen Nachtluft, nackt und dampfend, und schaue auf die nächtliche Stadt. Ein toller Ausblick, zumal der Ryokan auf einem Hügel steht. Eine züchtige Hecke, die das Dach umrahmt, verdeckt den kleinen Andreas.

Es wird mir wieder zu kalt, also zurück ins Wasser. Toll.

Das kann ruhig eine Weile so weitergehen. Tut es auch.

Etwas zu lesen wäre nicht schlecht. Aber es geht auch ohne.

Als ich so langsam mit dem Gedanken spiele, das Bad für heute zu verlassen, kommt doch noch einer. Ich will da aber jetzt nicht so hingucken, was er macht. Ich habe leider eine ungünstige Position, mit dem Rücken zu ihm, und meine Brille ist stark beschlagen (wenn ich sie abgelegt hätte, hätte ich sie nie wiedergefunden). Aber was der Mann macht, hört sich ungefähr so an wie das, was ich gemacht habe. Immerhin spritzt er mich nicht nass.

Er kommt ins Wasser, er ist etwas älter als ich und lächelt mir nett zu und sagt: »Samui desu ne?«

Phantastisch! Endlich spricht mich ein Japaner wie selbstverständlich auf Japanisch an! »Hai, samui desu yo«, bestätige ich.

»Where you from?«

Gut, jetzt schwenkt er um auf Englisch. Was hat verraten, dass ich kein Muttersprachler bin? Ich antworte trotzdem auf Japanisch. Er fragt weiter auf Englisch, und ich antworte weiter auf Japanisch, wo es meine Fähigkeiten nicht übersteigt. Ich bin mir gar nicht sicher, was ich da eingangs bestätigt habe. Entweder, dass es heiß oder kalt ist. Ich verwechsle nämlich immer *samui* und *atsui*, eines von beiden heißt *heiß*, das andere *kalt*. Nun sind wir in der ungewöhnlichen Situation, dass beides stimmt. Das Wasser ist heiß, aber die Luft ist sehr kalt. Der Mann hat auf jeden Fall recht, und ich musste in keinem Fall gegen meine eigene Überzeugung antworten.

Anspruchsvoll verläuft unser Gespräch nicht. Es geht um Deutschland und dass Gemeinschaftsbäder dort nicht so verbreitet sind wie in Japan und dass ich zum ersten Mal genau hier, aber nicht zum ersten Mal in Japan bin und dass eben irgendwas heiß oder kalt ist.

Inzwischen ist es mir endgültig zu heiß oder zu kalt geworden, und ich verabschiede mich mit: »Ja, mata!«, woraufhin der Mann lacht. Und mir fällt auch gleich ein, warum: war natürlich Quatsch, was ich gesagt habe. Ich wollte mich mit Sprachkenntnis brüsten und etwas Japanischeres als *sayonara* sagen, was ja nun jeder sagen könnte. Also habe ich mich für die Floskel entschieden, mit der ich mich in Japan von japanischen Freunden verabschiede. Da passt es in der Regel auch, denn es heißt ungefähr: ›Bis bald!‹ Na ja, vielleicht sehen wir uns ja noch mal, der Mann und ich.

Beim Ankleiden fällt mir auf, dass ich immer noch ziemlich nass bin. Laut Reiseführerweisheit ist Abtrocknen unnötig (mit dem kleinen Handtuch schon gar nicht), weil das Wasser sofort verdampft. Kann ich so nicht bestätigen. Und mein Handtuch ist bereits völlig durchnässt. Egal, ich trockne auf dem Weg zum Zimmer im Baumwollmantel, dem Yukata, das ist in der Tat einer seiner angedachten Verwendungszwecke. Später erfahre ich, dass das kleine Handtuch vor dem Bad als Waschlappen zum Einsatz hätte kommen sollen.

Sumo: Schwere Jungs und echte Typen

Ich erinnere mich noch genau an meinen ersten Sumo-Ringer. Es war kurz vor Disneyland, als ich auf dem Weg zur Tokyo Game Show war. Er stand auf dem Bahnsteig, bekleidet mit einem Yukata und Sandalen, die Haare geölt und zu einem Dutt geknotet. Er stand nur da, körperlich und mimisch reglos, wartete wohl auf seinen Zug.

Eine kurze, wenig spektakuläre Begegnung. Aber als ich ihn leibhaftig in Lebensgröße dort stehen sah, wurde mir mit einem Schlag das klar, was mir zuvor nie in den Kopf wollte. Ich hatte Sumo-Ringer auf Bildern und im Fernsehen gesehen, ich fand sie leidlich unterhaltsam, aber es war mir nie begreiflich, wie sie jemand ernst nehmen konnte.

Jetzt hatte ich begriffen. An diesem Mann auf dem Bahnsteig war bei aller Leibesfülle und ungewohnter Aufmachung nichts Lächerliches. Er hatte Würde und Haltung und Ausstrahlung, er war Respekt einflößend.

Sumo ist in Japan seit dem Jahr 642 bekannt, ist aber der Legende nach noch älter. Den ersten Sumo-Kampf sollen die Götter Takemikazuchi und Takeminakata auf Erden ausgetragen haben. Das Sumo der Menschen hatte über die Jahre unterschiedliche Bedeutungen. Ursprünglich war es eine Bewährungsprobe für Soldaten, später diente es zur Unterhaltung des Kaisers, dann dem Training von Samurai, und heute kämpfen die schweren Jungs für alle, die es interessiert. Und das sind einige. Wenn auch nicht so viele, dass es zum Nationalsport Nr. 1 reichen würde. Das ist Baseball.

Die Regeln sind im Großen sehr einfach, im Kleinen sehr komplex. Ziel des Zweikampfs ist es einfach, den Gegner zu Fall zu bringen oder aus dem Ring zu drängen. Ganz so einfach aber ist es nicht, denn es gibt 82 offizielle Techniken, dies zu bewerkstelligen. Muskelkraft und Körpermasse sind also bei Weitem nicht alles.

Angesichts der langen Tradition des Sportes wird von den Ringern erwartet, dass sie die Werte und Würde des Sumo ganzheitlich und ganzzeitlich vertreten, nicht nur im Ring. Ein Sumo-Ringer, japanisch *rikishi*, hat sich in der Öffentlichkeit traditionell zu kleiden und anständig zu benehmen. Wenn das nicht gelingt, ist der Aufschrei groß. Und in jüngster Zeit misslingt es immer häufiger. Ein Rikishi, der in westlicher Kleidung gesichtet wird, wird sich von Sportbegeisterten und Journalisten einiges anhören müssen. Ein Ringer, der mit Drogen erwischt wird, kann seine Karriere vergessen. Gleich drei namhafte russische Sportler, die gerne im Cannabisdunst entspannten, haben das in den letzten zwei Jahren zu spüren bekommen. Ein mongolischer Spitzen-Rikishi handelte sich schlechte Presse und Repressalien ein, als er bei einem Benefiz-Fußballspiel erwischt wurde, obwohl er sich beim Sumo-Turnier als verletzt hatte entschuldigen lassen.

Russen? Mongolen? Ist Sumo nicht urjapanisch? Ja, aber auch in den japanischen Sumo-Häusern sind ausländische Kämpfer zugelassen, so sie offizielle Fürsprecher aus der Sumo-Welt haben. Tatsächlich gehören gebürtige Russen, Mongolen und Hawaiianer, die als Rikishi auch japanische Namen bekommen, zu den besten Sumo-Athleten des Landes.

Wenn dann ein Ausländer über die japanische Etikette stolpert, ist das ein gefundenes Fressen für Ultranationalisten, die das Multikulti-Sumo gar nicht gerne sehen. Dabei gehen bei Weitem nicht alle Skandale von den zugereisten Sportlern aus. Der bislang gröbste Verstoß gegen jede Art von Würde ist hausgemacht. 2007 starb ein Nachwuchsringer, nachdem Teamkollegen ihn auf Geheiß ihres Trainers verprügelt hatten.

Momentan ist es etwas schwierig, im Sumo nur den edlen sportlichen Wettkampf zu sehen.

Feste feiern von nah und fern

Es vergeht kein Monat, in dem nicht mehrere regionale oder nationale Feste gefeiert werden. Man feiert religiöse Traditionen, die Natur und die Sterne, die Kinder und das Erwachsenwerden. Am 3. März werden die Mädchen gefeiert, am 5. Mai die Jungen und am 15. November drei- und siebenjährige Mädchen und fünfjährige Jungen, weil diese Altersgruppen nach Shintō-Vorstellungen als besonders anfällig für Schicksalsschläge gelten.

Besonders wichtig sind die sorgsam vorbereiteten Feiern zu Neujahr. Das Eigenheim wird gesäubert, traditionelles Essen wird vorbereitet, und jeder, dem man irgendwann im Leben mal über den Weg gelaufen ist, will bei der Neujahrskartenplanung bedacht sein. Die Karten dürfen ruhig ein paar Tage nach Neujahr, sollten aber nicht vorher ankommen. In der Nacht zum 1. Januar gibt es nicht Käseigel und Böller, sondern Soba-Nudeln und stille Andacht, gerne auch im Schrein oder Tempel. Wer nicht ganz feste Pläne hat, sollte in dieser Zeit von Japan-Reisen absehen, da mindestens bis zum 3. Januar jeder Japaner mit Neujahrfeiern beschäftigt ist und Läden vielfach geschlossen haben. Problematisch wird das Reisen auch in der sogenannten Golden Week Ende April/Anfang Mai. Da häufen sich die nationalen Feiertage derart, dass ganz Japan seinen knapp bemessenen Jahresurlaub nimmt, um so viel wie möglich davon zu haben. Hotels und Verkehrsmittel sind dann überfüllt mit einheimischen Reisenden. Wenn Sie mal drauf achten mögen: Auch in deutschen Touristenhochburgen mehrt sich in dieser Zeit die Anzahl der japanischen Besucher.

Geburtstage werden nur selten gefeiert, allenfalls besonders runde. Das könnte sich ändern, denn der Trend geht zur Übernahme der westlichen Feiergewohnheiten, wie man sie in Japan aus Film und Fernsehen kennt. Äußerst beliebt, natürlich aus rein ästhetischen und kommerziellen Gründen, sind heute schon Weihnachten und vor allem der Valentinstag. Beim japanischen Valentinstag können die Herren ganz locker bleiben, denn es ist ausschließlich an der Dame zu schenken. Dabei bekommt nicht nur der Allerliebste Schokolade geschenkt, sondern auch die lieben Kollegen und vor allem die Vorgesetzten. Revanchieren sollten sich die Herren am White Day (14. März), einer Erfindung eines findigen japanischen Zuckerbäckers.

Wer den rosaroten Valentinstagsstress hautnah erleben möchte, muss nur in den Vorwochen einen Laden betreten, der Süßigkeiten oder Geschenkverpackungsmaterial verkauft. Wenn man noch reinpasst.

Ostern hat sich seltsamerweise bislang kaum durchgesetzt, obgleich das Fest mit total süßen Häschen und bunten Eiern prädestiniert scheint. Einige Beobachter meinen, das hänge damit zusammen, dass ein Fest um einen gekreuzigten Mann trotz Häschen nicht niedlich genug sei. Ich finde die Theorie ein bisschen wackelig, denn in der japanischen Variante des Weihnachtsfestes wird Jesus schließlich auch erfolgreich ausgeblendet.

Eines der ganz großen internationalen japanischen Mitmachfestivals ist das Schneefestival von Sapporo, das *yuki* (Schnee) *matsuri* (Festival). Im langen Winter von Hokkaidō erlebt man Sapporo, Japans jüngste Metropole, als eine Großstadt, die den Winter einfach passieren lässt. Wo wegen Schnee nichts mehr geht, geht halt nichts. Was soll's, irgendwann wird schon das Tauwetter einsetzen, und wenn es April wird. Bis dahin lebt man halt damit, dass Straßen und Bürgersteige unter der weißen Pracht kaum noch auseinanderzuhalten sind. Kommt man von außerhalb eingeflogen, kann der Flugkapitän im Vorfeld schon mal beiläufig sagen: »Ich weise Sie noch daraufhin, dass wir wegen der Wetterbedingungen eventuell entweder wieder umkehren oder ganz woanders landen müssen.« Ist man zu diesem Zeitpunkt bereits zwanzig Stunden brutto unterwegs, kann man diese professionelle Gelassenheit kaum teilen.

Die Einwohner Sapporos nehmen es leicht und bauen Schneemänner. Aber nicht nur das. Mehrere Areale der Stadt werden für das einwöchige Schneefestival von internationalen Teams mit Schnee- und Eisskulpturen bebaut. Die Arbeit beginnt Wochen im Voraus, und man weiß, warum, wenn man die Ergebnisse sieht. Auf dem Hauptgelände im Odori-Park erwachsen ganz in Weiß nachgebaute Tempelanlagen in Originalgröße, daneben Micky und Donald in Godzilla-Dimensionen. Mitten in der Stadt steht eine Skipiste, und unterm Maibaum, einem Geschenk der Partnerstadt München, kann man German Sausage essen. Unweit davon teilen sich die Türkei und Thailand einen Fast-Food-Pavillon, man fühlt sich wie zu Hause. Im Sünde- und Shoppingviertel Susukino werden Drachen, Baseball-Maskottchen, Meerjungfrauen und mehr in Eis gehauen, mitunter noch mit eingefrorenen Fischen und Schalentieren. Der Grund ist klar: Hier wirbt ein Fischrestaurant. Denn werbefrei ist das Festival ganz und gar nicht. Eisbären aus Schnee trinken braune Brause, Epson wirbt mit Schneeskulpturen für eine Welt, in der es keine verschmierten Farbausdrucke mehr gibt, und Greenpeace für eine, in der Wale ohne Angst leben können.

Angefangen aber hatte die Tradition ohne kommerzielle Absichten. In den Fünfzigern bauten Schulkinder im Odori-Park ein paar Schneemänner. Irgendwann begannen in der Nähe stationierte Soldaten der SDF (Self-Defense Forces) mitzuhelfen, und die Sache verselbstständigte sich nach dem Schneeballprinzip. Heute kommen Besucher und Helfer aus aller Welt, die mit eigenen Werken Preise gewinnen oder bei der Errichtung der stadteigenen Hauptbauten mit Hand anlegen möchten. Die Armee ist auch noch dabei, in erster Linie zur Vernichtung der Exponate nach Festivalende. Touristen mit destruktivem Gemüt bleiben extra einen Tag länger, um sich dieses Spektakel nicht entgehen zu lassen.

My *ketai* is my castle

Die allerliebste Freizeitbeschäftigung aller Japaner habe ich mir für den Schluss aufgespart: das Telefonieren. Wobei Telefonieren freilich nur ein Hilfsbegriff für alles das ist, was man mit einem Mobiltelefon, japanisch *ketai*, tun kann.

Ich möchte Ihnen an dieser Stelle einen Eintrag in mein persönliches Reisetagebuch von 1999 nicht vorenthalten, entstanden während meines ersten Aufenthalts in Tokio. Dieser Abschnitt beschreibt eine Observation im Stadtteil Shibuya, der für besonders bunte Menschen bekannt ist:

> *Die Handys sind klein und scheinen zwischen Hand und Gesicht implementiert. Wenn in Hollywood mal der Cyber-Punk-Roman* Neuromancer *verfilmt wird, wird Stan Winston viel Geld dafür bekommen, solche Leute am Computer zu erschaffen. Dabei könnte er sie hier umsonst filmen.*

Das hat sich inzwischen erledigt, denn Stan Winston hat leider die Matrix für immer verlassen. Außerdem: Waren die Japaner die Ersten, die Handys aus modischen Erwägungen klitzeklein machten, so waren sie auch die Ersten, die sie aus technischen Gründen bald wieder größer bauten. Denn es mussten bald Musik- und Videospieler, Film- und Fotokameras, Datenbanken und Terminkalender, Navigationssysteme, Geldbörsen, Karten- und Buchlesegeräte, Tabellenkalkulation und professionelle Bildbearbeitung, Radio- und TV-Empfänger und Spielekonsolen und unaufzählbar vieles mehr in die Telefone integriert werden. Halt alles, was man mehrmals täglich in der U-Bahn dringend braucht. Wer meint, das sei bei uns inzwischen nicht anders, der irrt. Der deutsche Standard hinkt dem europäischen hinterher, und der europäische Standard hinkt dem japanischen hinterher. Als weltweit das iPhone für Furore sorgte, hielt sich der japanische Konsument bedeckt. »Es sieht schön aus, aber es kann halt nichts«, war der Konsens im Volke. Die üblichen Apple-Claqueure, die auch in Japan fotogen schon in der Nacht vor dem iPhone-Verkaufsstart vor den Geschäften campiert hatten, waren von Apple bezahlt. Die trübsinnig machende, buchhalterische Aufgeräumtheit der Apple Stores, der weltweit langweiligsten Ladenkette noch vor dem Disney Store und dem Warner Store, ist nicht die Sache der Japaner, denen Blink-Blink im Zweifelsfalle wichtiger ist als Bling-Bling.

Ein japanisches Handy muss nicht nur technisch auf dem neuesten Stand, sondern auch modisch der letzte Schrei sein. Insbesondere, wenn das Handy einer jungen Frau gehört. Wie das Handy in seiner ursprünglichen Form aussieht, ist dabei egal, denn die ursprüngliche Form ist sowieso nicht mehr zu erkennen, wenn man so ein Handy mal mit einer jungen Frau, ein paar Pailletten und einer Tube Klebstoff für ein paar Minuten unbeaufsichtigt lässt. Handys werden beklebt, bemalt und behängt, bis sie eigentlich zu schade zum Telefonieren sind.

Nur zum Telefonieren sind sie eh zu schade. Am häufigsten werden sie wohl für E-Mails genutzt und zur Lektüre. Nicht nur zur Lektüre von SMS, sondern von ganzen Romanen. Die Abverkäufe von Mobile Novels überflügeln häufig die von gedruckten Büchern, inzwischen gibt es gar Literaturjungstars, die exklusiv fürs Telefon schreiben.

Von Innen- und Außenmenschen

Wie habe ich mich aufgeregt, als die USA im Zuge der Terrorparanoia die Fingerabdruckabnahme zur Einreisegenehmigungsbedingung machten. Das ginge ja wohl nicht an, tönte ich, dass man Gäste wie Verdächtige behandelte. Weiter tönte ich, dass ich dieses Land unter diesen Bedingungen nie wieder bereisen würde, das Maß sei voll, gestrichen sogar, und zwar endgültig.

Was einen eh nicht betrifft, kann man immer am leichtesten und lautesten boykottieren. Ich hegte sowieso keine entsprechenden Reisepläne, mit oder ohne Fingerabdrücke.

Kleinlauter wurde ich, als auch Japan die Fingerabdruckpflicht verfügte. Auf Japan-Reisen kann man schlecht verzichten, also machte ich zähneknirschend mit. Heute wird man als ausländischer Einreisender bei der Passkontrolle fotografiert, und der Zeigefinger wird eingescannt. Es tut nicht weh, und man macht sich nicht die Hände schmutzig. Die Beamten sind nach alter japanischer Sitte freundlich bis reglos. Man ist erleichtert, dass alles so reibungslos lief, und man ertappt sich beim Gedanken: War ja gar nicht so schlimm. Und sofort ärgert man sich über sich selbst. Wahrscheinlich stellt sich ein ähnliches Gefühl des Nichtereignisses beim Spaziergang durch einen Nacktscanner ein. Bei aller Bequemlichkeit und Schmerzlosigkeit ist es ein bedauerlicher Rückschritt im Vertrauensverhältnis von Staat und Mensch. Der ungute, aber wahrscheinlich nicht ganz falsche Gedanke bleibt: Ihr habt doch nur auf eine Ausrede gewartet, den Ausländern das Leben noch ein bisschen mehr zur Schikane zu machen.

Angesichts alarmierender Geburtenrückgänge ist man langfristig auf ausländische Arbeitskräfte angewiesen, aber bürokratische Gängelungen der in Japan lebenden Ausländer nehmen eher zu, und xenophobe Ressentiments im Alltag nehmen nur langsam ab und werden gerne von Generation zu Generation weitergegeben. Das äußert sich mitunter früh. Dass man als Westler von kleinen Kindern angegafft wird, ist nicht ungewöhnlich und oft nicht mehr als ein Zeichen begrüßenswerten kindlichen Interesses an allem Unbekannten. Solange das Gaffen nicht plötzlich in hysterisches Weinen umschlägt. Vor ein paar Jahren war einigen Mitgliedern der Zielgruppe der amerikanische Trickfilm *Happy Feet* zu unheimlich, weil die Hauptfigur, ein stepptanzender Pinguin, blaue Augen hatte. Dass der Pinguin der menschlichen Sprache mächtig war, verunsicherte japanische Kinder offenbar weniger.

Japan sieht und präsentiert sich gerne als homogene Gesellschaft, wobei auch unter den Japanern nicht jeder Japaner gleich Japaner ist. Zu den einheimischen Minderheiten, die trotz gesetzlicher Gleichstellung von vielen noch immer als Japaner zweiter Klasse gesehen werden, gehören die indigenen Ainu von der nördlichen Hauptinsel Hokkaidō, ohne deren ganz eigene Kultur die japanische weitaus ärmer wäre, und die Nachkommen der *burakumin*, Arbeitern in Berufen, die nach buddhistischem Glauben unrein sind, zum Beispiel Schlachter oder Bestatter.

Das multireligiöse Leben

Es stellt sich heraus, dass man mit meiner Shoppingfreundin Kaori nicht nur shoppen, sondern auch beten gehen kann. Das Tokioter Stadtviertel Asakusa lockt vor allem die Touristen, die nicht wegen des ganzen Bladerunner-Godzilla-Akira-Lolita-Plastikpop-Schnickschnacks nach Tokio kommen, sondern weil sie von Japan malerische Gässchen mit Kirschbäumen, Tempeln, Handwerksgeschäften und Teehäusern erwarten. Die Hauptattraktion von Asakusa ist die Nakamise-Gasse, in der man Süßigkeiten und religiöses Räucherwerk kaufen kann. Am Ende der Gasse steht der fünfstöckige Pagodenbau des Kannon-Tempels, ihren Anfang markiert das sogenannte Donnertor Kaminari-mon, dessen riesiger roter Lampion zu den beliebtesten Postkartenmotiven Tokios gehört. Wie die Videobildschirme an den Kaufhäusern von Shibuya zum Schnellerkennungsmerkmal des urbanen Tokios geworden sind, steht der rote Lampion stellvertretend für die gesamte historische Seite der Stadt. Unter ihm muss sich jeder Stadtbesucher fotografieren lassen, am besten grinsend und mit Victory-Fingern vor dem Gesicht, sonst zählt der ganze Tokio-Besuch nicht.

Die Kerzen und Räucherstäbchen, die es zu kaufen gibt, können gleich als Rauchopfer in mit Sand und Asche gefüllte Schalen gesteckt und angezündet werden, was mächtig qualmt. Viele der Kerzen, die hier ganz unschuldig vor sich hin brennen und qualmen, haben Hakenkreuzmotive. Inzwischen schockiert mich das nicht mehr. Ich will damit bestimmt nicht sagen, dass man bei dem Anblick heimatliche Gefühle bekommt, aber dass das Symbol in anderen Kulturkreisen andere Bedeutungen hat (im Buddhismus steht es unter anderem für die Ewigkeit), wusste man schon vorher, und nach permanenter Konfrontation muss man auch nicht mehr jedes Mal ein Foto machen, das man hinterher eh keinem zeigt, weil man doch nicht weiß, was man dazu sagen soll. In Japan sieht man Hakenkreuze, wo man geht und steht, wenn man sich im religiösen Umfeld bewegt. Ich las einmal in der deutschen Presse, dass ein wohlmeinender Punker in einer deutschen Kleinstadt verhaftet, angeklagt und verurteilt wurde, weil er am Revers das traditionsreiche durchgestrichene Hakenkreuz trug. Das Hakenkreuz ist eben auch mit negierendem Bonusbalken ein Hakenkreuz und somit verfassungswidrig. Die Verurteilung fand ich nicht richtig, obwohl ich dem Tragen von Abzeichen (außer Hello-Kitty-Abzeichen) generell skeptisch gegenüberstehe und finde, dass eine antifaschistische Haltung eine Selbstverständlichkeit ist und somit allenfalls in bestimmten Situationen der Betonung bedarf, nicht aber permanent wie eine Medaille zur Schau gestellt werden muss. Der verurteilende Richter jedenfalls begründete sein Urteil damit, dass japanische Touristen in die Stadt kommen und das Symbol am deutschen Punker missverstehen könnten. Damit hatte der Richter vielleicht recht, meinte es aber bestimmt anders. Sieht ein Japaner einen deutschen Kleinstadtpunker mit durchgestrichenem Hakenkreuz, würde er wahrscheinlich denken: Oh, ich sehe einen Agnostiker. Und: Wie authentisch, das passt zum nihilistischen Gestus der Punkbewegung.

Ein Räucherstäbchen habe ich angezündet, dann kann ich an einem Shintō-Schrein auf dem Weg zum buddhistischen Tempel auch gleich das korrekte Beten ausprobieren, das mir Kaori beibringt. Zuerst reinigt man sich außen und innen: Man wäscht sich die Hände, und spült den Mund aus, das Wasser dafür schöpft man mit einer Holzkelle aus einem Brunnen. Vor dem Altar klatscht man in die Hände, um den Geistern, denen der Altar zugeordnet ist, Bescheid zu geben, dass man da ist. Dann macht man einen kleinen Knicks, trägt still sein Anliegen vor und klatscht noch mal, um zum Ausdruck zu bringen, dass das Gespräch beendet ist.

Hab ich alles gemacht. Die Leute gucken entgeistert. Offene Entgeisterung sieht man in Japan selten. Wahrscheinlich wunderten sie sich darüber, dass ich als Ausländer so etwas beherrsche.

Kaori fragt: »Und was hast du falsch gemacht?«

Ich strahle: »Nichts!«

Ich schaue mich aber doch um, und da sehe ich es. »Oh. Ich hätte das Wasser nicht zurück in den Brunnen spucken sollen, aus dem auch noch die anderen Gläubigen Wasser nehmen wollen. Ich hätte es in die Rinne daneben spucken müssen.«

»Genau.«

Den Göttern ist mein Fauxpas offenbar nicht verborgen geblieben, denn ich habe wenig Glück, als wir uns an einem Wahrsagestand die Zukunft sagen lassen. Man zieht ein Los aus einem Holzkasten, schaut sich das Schriftzeichen darauf an und öffnet dann die Schublade an der Außenwand des Standes, deren Bezeichnung mit dem Schriftzeichen korrespondiert. Darin liegt ein Zettel, auf dem steht, was passieren wird. Ich versuche es mehrmals, das ist laut Kaori nicht nur legitim, sondern normal. Man versucht es so oft, bis es einem passt.

Laut dem ersten Zettel werde ich bald krank, laut dem zweiten arm, und der dritte verspricht Pech in der Liebe. Im vierten schließlich steht etwas vage Positives, in der Art von: Morgen ist auch noch ein Tag. Damit kann ich leben.

Die Nähe von Shintōismus und Buddhismus in Asakusa ist nicht ungewöhnlich. Kaori lässt sich in Glaubensfragen ungern dauerhaft festlegen. Wenn Buddha ihr nicht gibt, was sie möchte, wendet sie sich an den nächstbesten Shintō-Geist, das ist übliche Praxis. Über den christlichen Glauben weiß sie nicht viel. Eigentlich nur, dass er Inspiration für viele Serienmörder ist, was man vom Buddhismus immerhin nicht sagen kann.

2007 gab es zwei Millionen Christen in Japan, 107 Millionen Shintōisten und 91 Millionen Buddhisten. Macht also insgesamt 128 Millionen Menschen. Religion wird nicht als ein exklusives Bekenntnis angesehen und ist von staatlicher Einmischung oder Verordnung komplett losgelöst (wirklich, nicht bloß schriftlich). Steuern für Kirchen, Tempel, Schreine, Orden etc. werden nicht erhoben, jeder Glaube muss selbst sehen, wo er bleibt. Deshalb finanzieren sich Glaubenseinrichtungen häufig über den Verkauf von Andenken, Ritualrequisiten und Talismanen, was dem misstrauischen Touristen zu touristisch vorkommen mag. Tatsächlich handelt es sich um einen wichtigen Teil der Existenzgrundlage von Tempeln (buddhistisch) und Schreinen (shintōistisch). Nicht wenige Sekten finanzieren sich zudem über den Unterhalt ganz weltlicher Ladenketten, deren Angebot nicht das Geringste mit Religion zu tun hat.

Der Gläubige nimmt sich von jeder Religion, was am besten zum jeweiligen Anlass passt. Die japanische Variante der Kindstaufe geht nach dem Shintō-Ritual vonstatten, Beerdigungsriten kommen aus dem Buddhistischen. Geheiratet wird gern nach christlichen Gepflogenheiten, obwohl das weniger mit religiöser Überzeugung als mit Hollywood-Romantik zu tun hat; in der Regel wird die Ehe vor- oder nachher noch shintōistisch oder buddhistisch bestätigt. Der Priester bei der Trauung in Weiß ist außerdem in den seltensten Fällen ein echter Geistlicher, sondern ein Agenturstatist, den man ähnlich wie Cowboys, Zauberkünstler oder Mentalisten für den (Kinder-)Geburtstag mieten kann. Ein beliebter Nebenerwerb für Ausländer. Dieses Theater wird selbstverständlich nicht in Kirchen aufgeführt, sondern in Hochzeitskapellen, die in jedem besseren Hotel zur Grundausstattung gehören.

Obwohl die Bezeichnung Shintō aus dem Chinesischen stammt (*shen dao* – Weg der Götter), ist der Shintōismus die japanischste der in Japan praktizierten Religionen. Sie fußt auf Schöpfungsmythen, die besagen, dass die Götter selbst Japan als ihre Insel und das japanische Volk als ihre Nachfahren erschaffen haben. Da ist es kein Wunder, dass man erstens als Nichtjapaner unmöglich zum Shintōismus überlaufen kann und zweitens der Shintōismus politisch häufig von finsterster Seite missbraucht wurde. Nach dem Zweiten Weltkrieg wurde er als Staatsreligion verboten und hat heute die Form eines praxisgebundenen Naturglaubens, in dem in jedem Baum und Felsen Geister wohnen, und es für jeden Aspekt des Lebens eine verantwortliche Gottheit gibt.

Im Zentrum des Buddhismus steht die Überwindung von Begehren und Gier, die für das Leid im weltlichen Leben verantwortlich gemacht werden. Im japanischen Zen-Buddhismus soll dies unter anderem durch das Brüten über unlösbaren Rätseln und gegenstandslose Meditation erreicht werden. Die absolute Konzentration auf das Wesentliche einer Handlung, einer Sache oder eines Gedankens, die den Zen-Buddhismus ausmacht, beeinflusste neben religiösen Riten auch die Teezeremonie, die Kampfkunst, Kriegs- und Geschäftsführung, die Kunst, Literatur und das ästhetische Empfinden, was sich häufig in einem eleganten Weniger-ist-mehr-Stil in Architektur und Inneneinrichtung äußert.

Auch wenn der Buddhismus als Religion in Japan weniger den Alltag durchdringt als der Shintōismus, so ist er dennoch anders als anderswo keineswegs ein Larifari-Glaube für alle, die sich keine richtige Religion trauen. Wenn er praktiziert wird, dann richtig. Eltern, die mit ihren kleinen Rotzlöffeln nicht mehr zurande kommen, geben sie gerne einfach für eine Zeit im Tempel ab, damit ihnen dort Manieren beigebogen werden. Einer der berüchtigsten und beliebtesten ist der Eiheiji-Tempel in der Präfektur Fukui. Dort geht es um 9 Uhr abends ins Bett, damit man um 3 Uhr 30 morgens frisch zur ersten Meditation ist, die erste Andacht folgt um 5 Uhr. Dass in der Zen-Meditation Stockschläge als Konzentrationshilfe bei Schlafgefahr üblich sind, muss man vorher nicht wissen, man wird es auch so mitbekommen.

Aber selbst in Eiheiji schaffen sich die Spitzbuben Freiräume. Einen erwischte ich, wie er in Mönchstracht und frisch rasiert hinter dem Besuchertoilettenhäuschen eine

Zigarette rauchte. Er grinste mich diebisch an. Es war die rebellischste Zigarette, die ich seit James Dean gesehen hatte, und sie blieb natürlich unser Geheimnis.

Weil einige philosophische, quasireligiöse Leitsätze genauso wie die Schriftzeichen, diverse Nudelarten und architektonische Stile aus dem Chinesischen übernommen wurden, sieht man Japan in China eher nicht als Götterinsel, sondern hat einen weniger schmeichelhaften Namen: Affeninsel. Sicherlich auch überzogen. Zudem kommt auch das Chinesische bei genauerer Betrachtung nicht in jedem Fall aus China. In ihrer *Gebrauchsanweisung für Kathmandu und Nepal* plädieren Christian Kracht und Dr. Eckhart Nickel dafür, den Chinesischen Turm im Englischen Garten im bayerischen München (Sie können folgen?) in Nepalesischer Turm umzubenennen. Denn die Pagodenarchitektur, die auch Chinesen gerne für chinesisch halten und die auch in Japan häufig angetroffen wird, kommt eigentlich aus Nepal. Der Buddhismus mag über China nach Japan gekommen sein, aber vor China war er noch in Tibet, ursprünglich kommt er aus Indien, und in Korea hat er auf seiner langen Reise ebenfalls haltgemacht.

Das Prinzip der christlichen Nächstenliebe, das im Westen auch jeder Atheist verinnerlicht hat, selbst wenn er sich mit Hilfsbegriffen wie Mitgefühl oder Solidarität wohler fühlt, ist kein Aspekt der japanischen Volksreligionen und somit im gesellschaftlichen Miteinander außerhalb enger Freundschaften kaum ausgeprägt. Das Schicksal, also auch das Leid, eines anderen geht einen nichts an. Würde man ungefragt jemandem in einer Notsituation zu helfen versuchen, würde man sich nur in dessen Angelegenheiten einmischen. Diese Einstellung pflegt die Politik auch gegenüber dem Ausland und Ausländern. Flüchtlinge haben gegen null tendierende Chancen, im Land aufgenommen zu werden, aus internationalen Konflikten und Krisen hält man sich so weit wie möglich raus. Militärisch sowieso, die pazifistische Konstitution ließe es nicht anders zu, aber auch humanitär. Wenn freiwillige japanische Helfer in Krisengebieten durch Entführung oder Ähnliches in Not geraten, können sie nicht mit dem Mitgefühl der Bevölkerung daheim rechnen. Gesellschaftlicher Konsens ist, dass diese Menschen sich in Dinge eingemischt haben, die sie nichts angehen, und dass sie an ihrem Schicksal selbst die Schuld tragen. Kehren Entführungsopfer nach Japan zurück, erwartet man von ihnen eine öffentliche Entschuldigung, weil sie ihrem Land so viel Mühe bereitet haben, aber sicherlich keine Talkshowtour samt Lesereise.

Der Kaiser: plötzlich Mensch

Man macht sich viele Gedanken darüber, womit man Japaner versehentlich vor den Kopf stoßen könnte. Mal sind es zu viele Gedanken, mal die falschen. Ich hatte gewisse Bedenken, die deutsche CD *Poptastic Conversation* als Mitbringsel ins Land zu bringseln, obwohl sie sich oberflächlich phantastisch dafür eignet. Darauf singen verschiedene deutsche Popinterpreten und -bands ihre Lieder auf Japanisch. Bei genauerem Hinsehen ist die Auswahl ein wenig lieblos und besteht größtenteils aus Archivmaterial, nicht aus exklusiven Einspielungen. Was mir aber größere Kopfschmerzen bereitete, war, dass das Album ausgerechnet mit einer japanischen Version des Songs ›Rettet die Wale‹ von Die Ärzte beginnt. Wale und deren Rettung hielt ich für ein sensibles Thema. Der Walfang ist für Japan ungefähr das, was der Stierkampf für Spanien ist: Einheimische sehen darin eine urige Tradition, der Rest der Welt sieht darin die Wurzel alles Bösen im Universum. Überspitzt gesagt. Tatsächlich gibt es auch in Japan viele Walfanggegner von löblicher Aktivität, und auch im Rest der Welt gibt es Menschen, die finden, dass es bei aller berechtigten Kritik größere Übel unter der Sonne gibt.

Es stellte sich heraus, dass in meinem japanischen Umfeld niemand Anstoß am Wale-Lied nahm. Im Gegenteil wurde mir versichert, dass am Walfang allenfalls Politik und Wirtschaft Interesse hätten, die Zivilbevölkerung kaum. Zumal Walfleisch heute fast ausschließlich der Kriegs- und unmittelbaren Nachkriegsgeneration als buchstäbliches Nostalgiefutter dient, weil es an die Zeit erinnert, in der man nichts anderes hatte. Wer Walfleisch ohne den Beigeschmack der Jugenderinnerung isst, weiß, dass es furchtbar schmeckt. Außerdem wurde mir versichert, dass entgegen meiner Befürchtung ironische Untertöne, wie sie zum festen musikalischen Repertoire von Die Ärzte gehören, im Japanischen nicht nur durchaus verstanden würden, sondern speziell in diesem Falle sogar die Übersetzung überlebt hätten.

Eine kritische Stimme zur CD bekam ich aber doch zu hören, sie hatte allerdings nichts mit ›Rettet die Wale‹ zu tun, sondern mit einem anderen Lied, welches ich selbst als albern, aber harmlos eingestuft hatte. Es handelte sich um den Song ›Yamaha‹ der Geschwister Humpe, in dem als Text lediglich diverse japanische Markennamen und andere Schlüsselbegriffe sinnfrei aneinandergereiht werden. Die Kritik, die mir gegenüber dazu geäußert wurde: In diesem Lied fällt auch der Begriff *tennō*, Kaiser. Der Tennō aber sei kein schickliches Thema für so etwas Profanes wie einen Popsong.

Legendär ist die Radioansprache vom 15. August 1945, in der Kaiser Hirohito die Niederlage Japans im Zweiten Weltkrieg auf sehr japanische Weise verkündete: »Der Krieg hat sich nicht unbedingt zu Japans Vorteil entwickelt.« Anders als die Formulierung war die Tatsache, dass der Kaiser sich persönlich an sein Volk wandte, ganz und gar unjapanisch: Seine Untertanen hörten an jenem Tag zum ersten Mal die Stimme eines lebenden Gottes. Die Akzeptanz der Niederlage und der amerikanischen Besatzung in der Bevölkerung war abhängig vom Wort des Kaisers. Das erkannten auch die Amerikaner, die ihn im Amt ließen, ihm aber seine politische

Macht nahmen – und seine göttliche. Als der Kaiser verkündete, er sei fortan ein normaler Mensch, war das wahrscheinlich der Zeitpunkt, an dem die Japaner erst richtig begriffen und vor allem akzeptierten, dass sie zum ersten Mal in ihrer Geschichte einen Krieg verloren hatten.

Heute ist Japan eine parlamentarische Demokratie mit Ober- und Unterhaus, in der dem Tennō und seiner Familie allenfalls repräsentative Aufgaben zukommen. Vielleicht macht gerade das ihn weiterhin so beliebt. Zweimal im Jahr, zum Neujahrsfest (2. Januar) und an seinem Geburtstag (23. Dezember), winkt er vom Balkon seinem Volk zu, an allen anderen Tagen ist der Kaiserpalast in Tokio weiträumig abgesperrt, und man sieht den Kaiser nur bei ausgewählten offiziellen Anlässen, etwa wenn er selbst geschriebene Gedichte rezitiert oder Kunstpreise vergibt. Der amtierende Kaiser Akihito ist ungleich mehr Mann von Welt und Humanist als sein Vater, der Kriegskaiser Hirohito. Über vierzehn Reisen führten ihn und seine kaiserliche Gemahlin Michiko ins Ausland, unter anderem in Länder wie Malaysia, Thailand und Indonesien, die im Zweiten Weltkrieg von Japan invadiert worden waren. Er war auch der erste japanische Kaiser, der China einen offiziellen Besuch abstattete und dabei die von der japanischen Armee begangenen Kriegsgräuel eindeutig verurteilte. Dafür wurde er von ultrarechten Kreisen verurteilt, ebenso wie für einen vermeintlich nicht standesgemäßen Kniefall vor Erdbebenopfern aus dem gemeinen Volk.

Wie die Bewohner europäischer Königshäuser werden auch die des japanischen Kaiserpalastes heute wie die Akteure in einer Reality-Soap gesehen. Die dramatischste dieser Figuren ist Kronprinzessin Masako, die 1993 in die kaiserliche Familie einheiratete. Viele wollten von Anfang an Zweifel gehabt haben, ob die Diplomatin, die in Harvard studiert hatte, sich wie verlangt aus dem Berufsleben zurückziehen und dem höfischen Diktat würde unterordnen können –

bereits die heutige Kaiserin Michiko hatte damit in jungen Jahren ihre liebe Mühe gehabt. Prinzessin Masako war von vornherein enormem Druck ausgesetzt, einen Jungen als kaiserlichen Thronfolger zu gebären. Nach einer Fehlgeburt 1999 kam 2001 Prinzessin Aiko zur Welt – ein süßer Fratz, aber eben kein Kaisermaterial. Nach der Geburt ihrer Tochter zog sich Prinzessin Masako fast vollständig aus dem öffentlichen Leben zurück. Anpassungsprobleme an das Leben am Hof, lautet die offizielle Begründung. Depression, rauscht es im Blätterwald. Mitleid gibt es wenig, denn Paparazzi knipsen die Prinzessin immer wieder beim Verlassen edler Restaurants oder bei Urlaubsvergnügungen. Wer zu krank für öffentliche Auftritte ist, sollte auch zu krank fürs Privatvergnügen sein, so der oft gehörte Volksmund.

Obwohl es in der japanischen Geschichte acht weibliche Tennō gegeben hat, haben offiziell nur männliche Erben den Anspruch auf den Chrysanthementhron. Angesichts Prinzessin Masakos fortgeschrittenen Alters und ihrer psychischen Probleme wurde nach der Geburt ihrer Tochter heftig diskutiert, ob es nicht an der Zeit sei, die uralten, festgefahrenen Traditionen zu überwinden und eine weibliche Tennō offiziell und vollwertig zuzulassen und nicht nur, wie bisher, als reine Not- und Zwischenlösung zu akzeptieren. Der Großteil der Öffentlichkeit war gar nicht abgeneigt, und der damalige Premierminister Koizumi berief eine Expertenkommission ein, die sich der heiklen Thematik annehmen sollte. Da brachte Prinzessin Kiko, Prinzessin Masakos Schwägerin, am 6. September 2006 einen Sohn zur Welt – und die Debatte war vom Tisch. Schade, eine Kaiserin Aiko wäre ein riesiger Fortschritt für die Gleichstellung der Frau in der japanischen Gesellschaft gewesen, die nach wie vor mehr auf dem Papier als im echten Leben existiert.

Murmeltiertag am Kriegsverbrecherschrein

Auch wenn der Kaiser mit gutem Beispiel vorangeht: Außenpolitische Füchse sind die Japaner nicht, allzu oft eher Elefanten im diplomatischen Porzellanladen. Mit Russland und Südkorea streitet man um ein paar kleine Inseln, die nach dem Zweiten Weltkrieg dem jeweils anderen Land zuerkannt wurden, und das gesamte (nicht nur) asiatische Ausland ist brüskiert über Japans bestenfalls halbherzige Aufarbeitung seiner Kriegsschuld und schockiert über immer wieder neue revisionistische Entgleisungen.

Ebenso wie in Deutschland einige die wunderliche Auffassung vertreten, man könne so langsam mal über die sechzig Millionen Toten des Zweiten Weltkriegs hinwegsehen, sind auch viele Japaner der Meinung, die Kriegsgräuel seien Vergangenheit und überhaupt habe man sich oft genug entschuldigt. Schlimmer als die, die sich nicht erinnern mögen oder nicht erinnert werden wollen, sind die, die gleich alles abstreiten oder zumindest relativieren, und von denen gibt es in Japan sogar auf höchster politischer Ebene mehr als genug. In jüngerer Vergangenheit wurden aus Schulbüchern Schilderungen entfernt, die beschreiben, wie das Militär 1945 auf Okinawa angesichts der bevorstehenden Niederlage die Zivilbevölkerung zum Massenselbstmord zwang und zu diesem Zweck Granaten austeilte. Das Massaker von Nanjing, bei dem 1937 150 000 chinesische Zivilisten ermordet und zehntausende Frauen vergewaltigt wurden, kommt im Schulunterricht kaum vor. Dafür müssen Lehrer mit Repressalien rechnen, wenn sie sich weigern, auf Schulveranstaltungen die Nationalhymne mitzusingen.

2007 behauptete der kurzzeitige Premierminister Shinzō Abe, es gäbe keine Beweise für die Zwangsbordelle des japanischen Militärs im Zweiten Weltkrieg, in denen Hunderttausende asiatische Frauen und Mädchen Unvorstellbares erlitten. Eine ungeheuerliche, weil schlichtweg falsche

Behauptung, denn neben zahllosen Zeugenberichten von Opfern und Tätern sind seit 1991 auch offizielle Dokumente bekannt, die die Existenz der Einrichtungen und die Schuld der Militärs eindeutig belegen.

Ein Jahr nach Abes Entgleisung folgte der nächste Skandal: Toshio Tamogami schrieb für einen Wettbewerb einen Essay, in dem er ewig gestrige japanische Dolchstoßlegenden aufwärmte, laut denen Japan im Zweiten Weltkrieg kein Aggressor gewesen wäre, sondern andere Nationen das Land in den Krieg gezwungen hätten und Japan den angegriffenen Ländern letztendlich mehr Gutes als Böses gebracht hätte.

Gegen Dummheit ist kein Kraut gewachsen, und Wirrköpfe sterben nie aus; wenn man sich mit jedem reaktionären Spinner einzeln beschäftigen wollte, käme man gar nicht hinterher. Aber zweierlei war an diesem Fall besonders prekär: Erstens gewann Tamogami den hoch dotierten Wettbewerb, zweitens war er amtierender Stabschef der japanischen Luftstreitkräfte. Letzteres allerdings nach dem Vorfall nicht mehr lange.

Ständiger und vielleicht größter Zankapfel im panasiatischen Streit um japanische Befindlichkeiten und Gepflogenheiten ist der Yasukuni-Schrein in Tokio, der den Gefallenen des Heeres gewidmet ist und diese zu *kami*, shintōistischen Gottheiten, erklärt. Deren Namen sind im Schrein auf Listen festgehalten. So weit nicht ungewöhnlich, nur stellte sich 1979 heraus, dass auf diesen Listen auch die Namen von verurteilten Kriegsverbrechern der Klasse A (Verbrechen gegen den Weltfrieden) stehen. Der Kaiser stellte daraufhin seine Besuche des Schreins ein. Viele Politiker nicht.

Inzwischen hat es etwas vom Murmeltiertag, wenn die Presse Japans und anderer asiatischer Länder alljährlich am 15. August, dem Jahrestag der japanischen Kapitulation im Zweiten Weltkrieg, alle Augen auf den Yasukuni-Schrein richtet und schaut, ob der Premierminister auftaucht. Japan wäre nicht Japan, wenn es zwischen Auftauchen und Wegbleiben nicht noch feine Abstufungen gäbe. So erklärte Ex-premier Junichiro Koizumi einige seiner Besuche offiziell für inoffiziell, andere wählten einen weniger politisch aufgeladenen Termin für ihren Besuch oder machten Unterschiede zwischen Reingehen und Draußen-Warten.

In der Bevölkerung ist immerhin (oder leider nur) eine knappe Mehrheit gegen den Besuch des Schreines durch den Premierminister. Wie kontrovers dieses Thema ist, bekam auch der chinesische Filmemacher Li Ying zu spüren, der einen Dokumentarfilm über den Tempel gedreht hatte, den auch die meisten japanischen Medien als einigermaßen ausgewogen abgenickt hatten und der teilweise mit japanischen Fördergeldern finanziert worden war. Als rechte Politiker die Frage aufwarfen, ob das denn anginge, dass in so einen Film japanisches Geld gesteckt würde, bekamen viele Kinobesitzer, deren Häuser *Yasukuni* bereits angekündigt hatten, kalte Füße und nahmen den Film wieder aus dem Programm.

Anfangs wollten sie nur spielen: die Yakuza

Wer ein Herz für Filme hat, die einfach gar nichts richtig machen können, dem wird es bei Philip G. Atwells amerikanischem Actionfilm *War* aufgehen. Darin herrscht ein blutiger Bandenkrieg zwischen chinesischen und japanischen Verbrechern, also Triaden und Yakuza, in einer kalifornischen Großstadt. Um das Blutvergießen zu beschleunigen, schickt der Ober-Yakuza in Japan seine Tochter über den Großen Teich, damit sie den amerikanischen Arm des Familienunternehmens anführe. Für die gefährlicheren Aufgaben heuert sie einen mysteriösen Killer an, vermutlich ein Chinese. Zur Sicherheit schickt sie auch noch ein paar Ninja hinterher.

Hierzu stelle ich fest:

1. Yakuza operieren niemals außerhalb Japans. Zumindest nicht im großen Stil und nicht mit Expansionsabsich-

ten. Allenfalls wird dort mal Handelsware (Waffen, Drogen) für den japanischen Markt eingekauft. Eine globale Yakuza-Verschwörung aber gibt es nicht.

2. Eine Frau wird in einer Yakuza-Organisation nie eine Führungsposition einnehmen. Auch nicht die Tochter vom Boss.

3. Einem dahergelaufenen maulfaulen Mordbuben wird man sicherlich keine heiklen Aufgaben übertragen ohne gewissenhafte Überprüfung der Personalien und Loyalitäten. Einem Chinesen schon gar nicht.

4. Ninja gibt es seit fast vierhundert Jahren nicht mehr. In Japan nicht und in Kalifornien erst recht nicht. Genauso gut hätte Yakuza-Girl ein paar gehörnte Wikinger anheuern können.

5. Dass die Tochter überdies ein offenbar simultan souffliertes Japanisch-als-Fremdsprache-Japanisch spricht, wollen wir ihr nicht ankreiden. Immerhin versteht man sie dadurch als Lernender besser als echte Japaner. Außerdem wird sie von Devon Aoki gespielt, von der schon bald, so es noch Restspuren von Gerechtigkeit in der Welt gibt, nicht mehr als *Devon* Aoki gesprochen werden wird, sondern als *die* Aoki. Ob der Die-Status mit Filmen wie *War*, *Dead or Alive* oder *The Mutant Chronicles* erreicht werden kann, muss sich zeigen, aber warum nicht. Die Aoki überstrahlt jeden inhaltlichen Quatsch. Was sie sagt und wie sie es sagt, ist eigentlich egal, solange sie dabei aussieht, wie sie aussieht. Die Schönheit der Amerikanerin japanischer Abstammung ist weder eine östliche noch eine westliche Schönheit, sondern eine ganz und gar außerirdische. Also viel Augen, wenig Mund und kaum Nase. Bitte verzeihen Sie den schwärmerischen Exkurs, ich habe einfach eine Schwäche für Außerirdische.

Ninja, maskierte und originell bewaffnete Mörder und Spione von großem Geschick, sind Teil der japanischen Geschichte, Teil der japanischen Gegenwart sind sie nicht. Der Filmregisseur Noboru Iguchi war verwundert, dass die Produzenten seiner Splatter-Groteske *The Machine Girl* ihn ausdrücklich dazu ermutigten, im Film ein paar Ninja unterzubringen, obwohl er in unserer Gegenwart spielt. Grund: Der japanische Film war eine amerikanische Auftragsarbeit und sollte speziell Japan-Fans im Ausland gefallen, und die erwarten halt, dass in einem japanischen Film Ninja vorkommen. Die übergroßen weißen Socken übrigens, die die Titelfigur auf dem Plakat zur Schuluniform trägt, sind in dieser Kombination längst verboten, weil zu keck. Das weiß das Maschinenmädchen offenbar, denn im Film selbst kommen sie an keiner Stelle vor. Genauso wenig wie der Berg Fuji, vor dem sie auf dem Poster posiert.

Viele kleine Jungs in aller Welt bekommen leuchtende Augen, wenn sie den Begriff ›organisiertes Verbrechen‹ hören. Vor den leuchtenden Augen haben sie dann Bilder von kriminellen Superhirnen, smarten Strippenziehern und Puppenspielern, eleganten Geschäftsmännern der Unterwelt. Nichts könnte weiter von dem armseligen Bild entfernt sein, das der durchschnittliche Yakuza bei Licht betrachtet abgibt. Seine schlechten Manieren werden nur von seiner Dummheit überboten. Der Antritt einer Yakuza-Laufbahn ist kein heiß ersehnter Ritterschlag, sondern oft der letzte Notnagel, wenn es mit einem richtigen Beruf nicht geklappt hat. Yakuza haben einen legendär lausigen Geschäftssinn. Meist sind ihre eigenen Geschäfte hoffnungslos verschuldet. Das verlustigte Geld treiben sie von den Geschäften anderer ein, der Druck wird nach unten weitergegeben. Wer ganz unten steht, wo der Druck kein logisches nächstes Ziel mehr findet, gibt den Druck in Form von Gewalt einfach an Unbeteiligte weiter. Dennoch stellen Yakuza keine ernsthafte Gefahr für einfache Touristen dar. Sie sehen sich als Geschäftsleute, und mit Touristen machen sie keine Geschäfte. Es gilt dieselbe Regel wie für andere wilde Tiere: Nicht provozieren, dann tun sie einem nichts. Und woran erkennt man einen Yakuza? Auch eine einfache Regel: Wenn einer aussieht, wie man sich einen Gangster vorstellt, ist er wahrscheinlich einer. Originell sind Yakuza nicht.

Um noch einmal auf die Yakuza-Tochter zurückzukommen: Wer aus berufenem Munde erfahren möchte, wie es sich als solche lebt, dem sei Shoko Tendos Autobiografie *Yakuza na tsuki* ans Herz gelegt, von dem als *Yakuza Moon: Memories of a Gangster's Daughter* zumindest eine englische Übersetzung vorliegt. Frauen mag die große Yakuza-Karriere versperrt sein, aber mit den richtigen Drogen und den falschen Freunden haben auch sie reichlich Gelegenheiten, auf die schiefe Bahn zu geraten und ihr Leben zu verpfuschen, wovon Tendo packend erzählt.

Obwohl die 1968 geborene Autorin mit ihrer kriminellen Vergangenheit gebrochen hat und nun als freie Schriftstellerin und alleinerziehende Mutter ein verhältnismäßig beschauliches Leben führt, mag sie die Yakuza noch immer nicht komplett verdammen. In Interviews gibt sie freiherzig zu Protokoll, dass diese immerhin die anderen Verbrecher in ihre Schranken verweisen und dass beispielsweise Rotlichtviertel wie Kabukicho in Tokio von ausländischen Banden überrannt würden, wenn die Yakuza nicht alles unter Kontrolle hätten. Ob eines von beiden Übeln ein kleineres wäre, darf freilich bezweifelt werden.

Allgemein hat die Bevölkerung die Nase voll von den Yakuza. Das war nicht immer so. Das liegt daran, dass die Yakuza nicht immer das waren, was sie heute sind. Anfangs wollten sie nur spielen beziehungsweise den guten Bürgern Japans das Spielen ermöglichen. Glücksspiel ist seit Jahr und Tag ebenso verboten wie beliebt. Yakuza organisierten zunächst illegale, aber ansonsten harmlose Zusammenkünfte, in denen Gleichgesinnte ihrer Würfelleidenschaft frönen konnten. Nach dem Zweiten Weltkrieg wäre der japanische Alltag ohne einen gut bestückten Schwarzmarkt nicht vorstellbar gewesen und der Schwarzmarkt nicht ohne Yakuza. Noch beim verheerenden Kobe-Erdbeben 1993 verbuchten die Gangster positive Publicity, als sie mit Suppenküchen und anderer Hilfe schneller vor Ort waren als staatliche Institutionen. Aber die Yakuza-Gewalt wird zunehmend erratischer und brutaler und die Bewaffnung bedenklicher. Mittlerweile kommen sogar Panzerfäuste zum Einsatz. Und das in einem Land, in dem Schusswaffen so streng verboten sind, dass selbst Polizisten nur in Ausnahmefällen welche tragen.

Wer sich indes ärgert, dass Tätowierten per Wir-müssen-leider-draußen-bleiben-Schildern der Zutritt zu vielen öffentlichen Bädern verweigert wird, darf sich bei den Yakuza bedanken. Anders als etwa in Deutschland sind in Japan nicht breite Bevölkerungsschichten der Tätowierung gegenüber aufgeschlossen. Nur Yakuza kommen hier auf die Idee, sich freiwillig zu brandmarken. Ein Tätowierungsverbot ist also eigentlich ein Yakuza-Verbot, ohne es so direkt auszusprechen.

Wer nichts wird, wird Englischlehrer

Jim brauchte mit Anfang 20 eine Auszeit von seiner amerikanischen Heimat und machte sich mit einem Rucksack und einer Handvoll Yen auf nach Japan, mit dem Ziel, dort so lange Urlaub zu machen, wie das Geld reiche. Also eher kurz. Nennenswerte Landeskenntnisse hatte er nicht vorzuweisen, Sprachkenntnisse schon gar keine.

Das ist ungefähr zehn Jahre her, als ich Jim in einer Bar in Kawasaki zwischen Tokio und Yokohama kennenlerne. Er ist nicht schon wieder in Japan, sondern immer noch. Jim scherzt links und rechts mit Japanern in ihrer Muttersprache, übersetzt mir Zeitungsartikel und Speisekarten, ohne auch nur einmal zu stocken, und erzählt von seiner Arbeit in Tokio. Er arbeitet als bilingualer PR-Berater in einem Büro in der Ginza, Tokios oberster Pracht-, Prunk- und Protzstraße, und sein Apartment liegt nicht weit von seinem Arbeitsplatz entfernt. Also auch in einer nicht unbedingt preisgünstigen Gegend in einer der nicht unbedingt preisgünstigsten Städte der Welt. Problematisch sei das nicht, sagt er. Tokio sei zwar tatsächlich frech teuer, aber die Gehälter würden dies berücksichtigen.

Folgendes war geschehen: Japan hatte Jim von Anfang an gut gefallen. Und weil in Amerika keine Arbeitsstelle und keine Liebe auf seine Rückkehr warteten, beschloss er, einfach wegzubleiben. Er lernte hartnäckig die Sprache, hielt sich mit Gelegenheitsjobs über Wasser und bekam von einem seiner ersten Arbeitgeber die nötigen Dokumente, die es braucht, um sich erstens länger als drei Monate am Stück in Japan aufhalten zu dürfen und zweitens einer beruflichen Tätigkeit dort nachzugehen. Mit den Jahren wurden die Jobs und Jims Sprachkenntnisse besser, und der Rest ist Geschichte (s. o.).

Bitte vergessen Sie die Geschichte von Jim sofort wieder. Sie ist zwar wahr, aber auch die absolute Ausnahme. Es gilt die Faustregel: Ohne Job in Japan bekommt man keinen Job in Japan. Dabei gibt es durchaus genügend Möglichkeiten, als Ausländer oder Ausländerin in Japan zu arbeiten. Diverse englischsprachige Anzeigenblätter und Internetforen sind voll von Angeboten für Übersetzer, Dolmetscher, Lehrer, Servicepersonal und Barhostessen. Voraussetzung sind allerdings so gut wie immer ein bestehender Wohnsitz in Japan und ein gültiges Arbeitsvisum. Beides bekommt man aber nicht, wenn man noch keinen Job hat. Rudimentäre Sprachkenntnisse werden selbstverständlich ebenfalls vorausgesetzt (als Übersetzer oder Dolmetscher sollte es freilich über das Rudimentäre hinausgehen).

Das war nicht immer so. Es gab Zeiten, in denen sich japanische Unternehmen Quotenausländer ohne nennenswerte berufliche Qualifikationen in gut bezahlte, repräsentative Positionen holten, lediglich um ihrem Firmenimage eine internationalere Optik zu verpassen. Diese Zeiten sind vorbei, seit Anfang der Neunzigerjahre die japanische Wirtschaftsblase platzte und im Budget für derlei Spaßausgaben kein Platz mehr ist.

Da der Fremdsprachenunterricht an japanischen Schulen katastrophal ist, besteht eine enorme Nachfrage nach privaten Sprachschulen. Insbesondere Englisch möchte jeder können, sei es aus beruflichen Gründen oder weil man Brad Pitt kennenlernen möchte. Es ist nicht lange her, dass japanische Sprachschulen im englischsprachigen Ausland auf Mitarbeiterfang gingen und jeden mitnahmen, der einigermaßen seine eigene Muttersprache beherrschte und gerade nichts Besseres zu tun hatte. Man flog diese vorwiegend jungen Menschen herdenweise nach Japan ein, steckte sie in firmenfinanzierte Wohngemeinschaften und regelte für sie den gesamten Papierkram von der Arbeitserlaubnis bis zur Steuererklärung. Wer irgendein akademisches Vordiplom hatte, gerne auch in Botanik, wurde im Nu zum Englischlehrer erklärt.

Diese Zeiten sind vorbei, seit Nova vorbei ist. Nova war eine Sprachschulenkette von McDonald's-artiger Verbreitung und ähnlichem Ruf. Die Lehrmethoden und die Kompetenz der Lehrkräfte waren mehr als fragwürdig, aber das Geschäftsmodell sah lange Zeit nach einer phänomenalen Erfolgsgeschichte aus. Bis sich die Beschwerden der Schüler über nicht erbrachte Leistungen häuften und die ersten Lehrergehälter länger auf sich warten ließen und schließlich das ganze Megaunternehmen innerhalb weniger Monate spektakulär verpuffte. Plötzlich gab es im Land ein Überangebot an sogenannten Englischlehrern.

Trotz der Nova-Pleite ist das Vermitteln von Fremdsprachen noch immer der unkomplizierteste Weg, als Ausländer beruflich einen Fuß in die Tür zu bekommen. Wer keine Festanstellung findet, kann sich immer noch über Zeitungsannoncen oder Agenturen als ›Konversationslehrer‹ an Einzelkunden vermieten. Dann wird man als platonischer Callboy von mal mehr, mal weniger jungen Damen stundenweise dafür bezahlt, dass man mit ihnen Kaffee trinken geht.

Wurde schon erwähnt, dass der Beruf des ausländischen Sprachlehrers wenig gesellschaftliches Ansehen in Japan genießt?

Japan und Korea: Warten auf die perfekte Welle

Ein besonders schwieriges Verhältnis hat Japan zu Südkorea (zu Nordkorea natürlich auch, aber wer hat das nicht). Von 1910 bis 1945 stand Korea unter japanischer Kolonialherrschaft und steht dementsprechend den ehemaligen Unterdrückern nach wie vor skeptisch gegenüber, während Teile der Kultur noch immer stark japanisch geprägt sind. Insbesondere die Pop- und Jugendkultur haben aber in den letzten Jahren zu einer begrüßenswerten Annäherung zwischen Japan und Südkorea geführt, unabhängig vom monatlich wechselnden diplomatischen Klima.

Japanische Popkultur hat es traditionell schwer in Südkorea. Nicht, weil die jungen Leute nicht auf J-Pop oder Manga stünden, sondern weil es ihnen schwer gemacht wird. Bis 1998 war es in Südkorea verboten, auf Japanisch zu singen. Der Manager der japanischen Pop-Rock-Band The Brillant Green erzählte noch 2002 in einem Interview, dass in Südkorea nur die englischen Songs der zweisprachig textenden Band veröffentlicht würden.

Inzwischen öffnet sich das Land zögerlich der modernen japanischen Kultur, aber zuvor öffnete sich Japan der koreanischen – und wie. Schuld waren fünf süße Jungs. 1997 trat die Boyband H.O.T. mit gut einstudierten Tanzschritten die

sogenannte Korea-Welle los, die bald ganz Asien mit korea-
nischer Musik, Seifenopern, Comics, Computerspielen und
Kinofilmen überschwemmte. Kleinere Ausläufer schwappten
auch nach Europa herüber, hier war es jedoch eher ein Hips-
ter-Phänomen für Jungs, die statt chinesischen Ballerfilmen
vorübergehend lieber koreanischen Ballerfilmen huldigten.
In Asien und besonders in Japan hingegen war es ein echtes Mainstream- und Multimediaphänomen und vor allem
weiblich gesteuert. H.O.T. bereiteten den Boden, Bae Yong-
Joon fuhr die Ernte ein. Mit der Fernsehserie *Winter Sonata*
und Kinoschnulzen wie *April Snow* wurde der Schauspieler,
erkennbar am ungefährlichen Gesicht mit Schwiegersohn-
brille und -frisur, zum ersten Sexsymbol, für das der Begriff
Sexsymbol eigentlich zu schmutzig klingt. Aber es wirkte,
und zwar nicht zu knapp. Bei Damen waren plötzlich Kore-
anischkurse sehr beliebt, und wenn japanische Herren überhaupt noch was zu melden haben wollten, mussten sie sich
mit überall erhältlichen Yong-Joon-Brillen und -Perücken
ausstaffieren. Ob solche Requisiten wirklich die Partnersuche positiv beeinflussten, ist nicht ausreichend dokumen-
tiert.

Heute ist die Welle ein wenig abgeebbt. Der letzte ganz
große südkoreanische Kinohit, der kluge Monsterfilm *The
Host* (das amerikanische Remake demnächst in Ihrem Theater), wurde 2006 gesichtet. Die Musikindustrie in Südkorea
stöhnt unter der Digitalisierung genauso wie die der restlichen Welt und bekommt inzwischen zu spüren, dass sich die
Scheuklappenfokussierung auf den Trend der Stunde langfristig rächt, wenn die Stars der letzten Stunde vergessen sind
und die der nächsten auf sich warten lassen. Und auch ich
traue mich inzwischen wieder ohne Bae-Yong-Joon-Haar-
teil aus dem Haus.

Aber selbst bei geringem Wellengang verbindet die Popkultur die beiden Länder besser als die Diplomatie. Wobei
Südkoreas und Japans Politik stärker denn je ein verbinden-

des Element haben: den Lieblingsfeind Nordkorea. In den Siebzigern und Achtzigern entführten nordkoreanische Spione mehrere japanische Bürger aus undurchsichtigen Gründen. Nordkorea gibt dreizehn Entführungen zu, die japanische Regierung spricht offiziell von sechzehn, Spekulationen gehen bis zu siebzig. Für Nordkorea ist das Thema erledigt, weil die angeblich einzigen fünf Überlebenden 2002 nach Japan zurückkehrten. Japan hingegen möchte wissen, was aus den anderen acht bis fünfundsechzig geworden ist. Da die fünf Rückkehrer von ihrer Japan-Reise aber nicht wie vereinbart wieder nach Nordkorea zurückkehrten, hat Nordkorea alle weiteren Verhandlungen abgebrochen.

Das nordkoreanische Atomprogramm sieht Japan außerdem mit großen Bedenken. Das ist in unseren Breiten nicht anders, aber in Japan ist die Angst in der Bevölkerung um einiges konkreter, nahezu greifbar. Stellen Sie sich vor, Holland würde von einem verrückten Diktator regiert und plötzlich anfangen, Atomwaffen zu testen. Von hier mag die Anti-Nordkorea-Rhetorik der japanischen Politik mitunter etwas hysterisch klingen, gänzlich unverständlich ist sie aber nicht.

Das G-Wort …

Kürzlich las ich in einer deutschen Illustrierten einen Bericht über eine China-Reise, in dem der kaukasische Verfasser es schaffte, auf der ersten Seite dreimal den Begriff ›Langnasen‹ inklusive Ironieanführungszeichen unterzubringen, wenn er von sich und seinesgleichen sprach. Mehr noch als die aufdringliche Wiederholung ärgerte mich der Begriff an sich. Man sollte weder andere noch sich selbst denunzieren, indem man Menschen auf der Grundlage von Äußerlichkeiten sprachlich zusammenpfercht. Nie würde ich auf die Idee kommen, eine Postkarte mit folgendem Wortlaut zu verfassen: »Hallo, Mami, bei den ›Schlitzaugen‹ gefällt es mir wie

immer gut, liebe Grüße aus Yokohama.« Wer mich Lang-
nase nennt, dem huste ich was. Wer mich *gaijin* nennt, dem
erst recht.

Gaijin ist wohl eines der bekanntesten japanischen Wörter. Es ist ebenfalls das am häufigsten falsch übersetzte Wort
der japanischen Sprache. *Ausländer*, wie meistens angenommen wird, heißt es nicht. Das wäre *gaikokujin*. Da steckt alles
drin: das Außen (gai), das Land (koku) und der Mensch (jin).
Im *gaijin* fehlt das Land. Somit ist hier eher vom Außenseiter
als vom Ausländer die Rede. Und der Außenseiter ist meist
ein Ausgeschlossener.

Im August 2008 machte der umtriebige Aktivist Debito
Arudou, ein gebürtiger Amerikaner mit japanischer Staats-
bürgerschaft, ein ziemliches Fass auf, als er in einer Zeitungskolumne das japanische G-Wort mit dem englischen N-Wort
gleichsetzte. Unter den Lesern der *Japan Times* entbrannte
eine lang anhaltende, mehr als leidenschaftlich geführte
Debatte. Zu Recht wurde an Arudous These kritisiert, dass
das Wort *gaijin* im Gegensatz zum englischen Schmähwort
keineswegs mit jahrhundertelanger systematischer Unter-
drückung, Misshandlung und Entmenschlichung verbunden
sei. Der Vergleich schießt also eindeutig übers Ziel hinaus.
Aber man kann kaum bestreiten, dass die ungefähre Richtung schon hinkommt. Der Alltagstest zeigt, dass das Wort
gaijin weit häufiger gebrüllt oder gezischt als gegurrt oder ge-
säuselt wird.

... und das F-Wort

Wer glaubt, mich bei einem eigenen sprachlichen Fauxpas
ertappt zu haben, weil ich den unter samtpfötigen Asienex-
perten umstrittenen Begriff *Fernost* nicht aus meinem Vokabular gestrichen habe, dem sei gestanden: Ich sehe weder
das politisch noch das geografisch Inkorrekte in diesem Aus-

druck und werde ihn munter weiterverwenden. Zumindest solange ich da bleibe, wo ich bin. Nimmt man unseren Planeten als Maßstab und den Freistaat Bayern als Ausgangspunkt, kommt man nicht umhin festzustellen, dass Japan fern und östlich liegt. Da gibt es noch nicht einmal den geistigen Spielraum der Subjektivität. In keinem Teil der Feststellung ist eine negative Konnotation auszumachen. Fernost ist kein Vorwurf, nur eine Ortsbestimmung.

Im vorangegangenen Satz hatte ich übrigens zunächst versehentlich geschrieben: Gernost. So sieht es nämlich aus. Doktor Freud, übernehmen Sie. Tatsächlich verbinde ich mit dem Begriff Ferne eher Sehnsüchte als Abneigungen.

Geschlechterrollen & Beziehungskisten: Frauen & Männer

Spagat zwischen Office Lady und Harajuku Girl

Meine Freundin Kaori geht heute einkaufen, und ich gehe mit. Es ist Sonntag, da geht jeder einkaufen, denn Sonntag ist der einzige Tag in der Woche, an dem die meisten Angestellten frei haben. Abgesehen natürlich von den Verkäuferinnen und Verkäufern. Kaori ist unterwegs in Harajuku, jenem Stadtteil Tokios, der bei jungen und sehr jungen Damen besonders beliebt ist, wenn es um das Zulegen und Herzeigen neuer Kleider und Accessoires geht. Haute Couture ist es nicht, was hier hergezeigt wird. Es sind die jeweils aktuellen Auswüchse der Jugendkultur. Der Stil ändert sich naturgemäß von Saison zu Saison, aber gewisse Konstanten werden wohl nie verschwinden: Es ist immer bunt, immer eklektisch, immer ein bisschen beeinflusst von Comic- und Zeichentrickübertreibung, immer ein bisschen abgeschaut beim Punk. Es handelt sich selbstverständlich um die knallbunte Postkartenversion von Punk, nicht um ideologisch-authentische Leck-mich-Gammeligkeit. Dafür stecken viel zu viel Zeit, Arbeit und Geld im Look der Harajuku Girls, die sich am Wochenende nicht nur von staunenden Touristen bereitwillig fotografieren lassen, sondern auch von einheimischen Familienvätern, deren Alltag es möglicherweise ein wenig an Farbe mangelt. Kaori sympathisiert mit den Mädchen und ihrem Look, auch wenn sie selbst nicht mehr mittut. Als erwachsene Frau färbt sie sich nicht mehr die Haare türkis, aber ihr plüschiger rosa Mantel über dem ansonsten schwarzen Outfit und die grobmaschigen Netzstrümpfe, sichtbar zwischen hohen Stiefeln und hohem Rock, heben sich immer noch stark ab vom Look der anderen Einkäuferinnen in Kaoris Alter, die nahezu ausnahmslos in beigen Einheitstrenchcoats aus dem Haus gehen.

Auch heute würde Kaori lieber in den kleinen, flippigen Boutiquen stöbern, die teilweise mit schrillen Schaufenstern auf sich aufmerksam machen, teilweise hinter unscheinbaren Kellereingängen verborgen sind, die nur Insiderinnen bekannt sind. Aber das muss sie auf später verschieben. Heute kauft sie nicht für die Freizeit, sondern für den Beruf.

Kaori heißt nicht wirklich so, aber sie wird auf eigenen Wunsch in ihrem Freundeskreis so genannt. Das Wort bedeutet ›Duft‹ und wird als Künstlername inflationär häufig angenommen von Models, Popsängerinnen und Erotikfilmschauspielerinnen. Unsere Kaori singt außerhalb von Karaoke-Kabinen eher selten, und ihren Lebensunterhalt verdiente sie schon immer aufrecht und angezogen. Eine Zeit lang sogar ziemlich exklusiv angezogen, denn Kaori war Model. Aber das ist lange vorbei, schließlich liegt Kaoris dreißigster Geburtstag schon ein paar Jahre zurück. Auch im Westen wäre sie inzwischen aus dem besten Modelalter heraus, in Japan mit seinem noch fanatischeren Jugendkult ist sie längst im Ruhestand. Nun war Kaori leider nur eine von vielen Kaoris, die lieb in Kameras lächelten und dabei gut aussahen. Mädchenmodel ist keine seltene Beschäftigung. Der Bedarf ist da: Am Kiosk lächelt einem von jedem Rätsel-, Comic-, Kochrezepte- oder Nachrichtenmagazin eine junge Schönheit kaufanreizend zu. Die Bezahlung ist besser als in herkömmlicheren Studentenjobs, die Aufmerksamkeit schmeichelt dem Ego, und es könnte der Beginn von etwas Größerem sein. Aus manchen Models werden Supermodels oder Schauspielerinnen oder Popidole. Aber die meisten Models bleiben bloß Models und müssen sich nach einem anderen Beruf umsehen, wenn sie unübersehbar erwachsen geworden sind. So wie Kaori. Nun möchte sie – spät im Leben – Office Lady werden. Oder OL, wie es im abkürzungswütigen originaljapanischen Sprachgebrauch heißt. Die Office Lady ist die ungefähre weibliche Entsprechung des Salary Man, jenes typischen männlichen Angestellten, der nach der Universität in eine Firma eintritt, der er bis zur Pensionierung treu bleibt und in der er nach klar umrissenen Regeln und Zeitplänen stetig die Karriereleiter hinaufsteigt. Das Platzen der japanischen Wirtschaftsblase 1990 sorgte zwar nachhaltig dafür, dass die Salary-Man-Karriere heute keine so sichere Bank mehr ist wie in den Jahrzehnten zuvor. Komplett ausmerzen konnten die Krise und der langsame, nach wie vor andauernde Heilungsprozess sie nicht.

Der wesentliche Unterschied zwischen der Karriere eines Salary Man und der einer Office Lady ist die Kürze. Vor allem die Kürze der Karriereleiter. Von einer Frau erwartet die Gesellschaft und damit die Firma, dass sie sich nach der Hochzeit ins Private zurückzieht und sich um den Haushalt und den ebenfalls gesellschaftlich erwarteten Nachwuchs kümmert. Deshalb erschöpft sich der Tätigkeitsbereich der Office Lady zumeist in Tipp- und Ablagearbeiten im Auftrag der Salary Men.

Damit will sich Kaori über kurz oder lang nicht zufriedengeben. Sie ist ohnehin nicht nur über das Modelalter hinaus, sondern auch über das gesellschaftlich akzeptierte Singlealter. Wer mit 25 oder drüber unverheiratet ist, macht sich verdächtig. Nicht nur – aber besonders – als Frau. Immerhin erlauben Kaoris Partner- und Kinderlosigkeit es ihr, ernsthaft an Karriereplanung zu denken. Und so steht es auch in Englisch auf dem Schild, das im Kaufhaus die Abteilung ausweist, in der sich Kaori heute nach der passenden Garderobe für Vorstellungsgespräche umschauen wird: »Career Women«.

Offiziell spricht nichts dagegen, dass eine Frau in Japan beruflich Karriere macht. Männer und Frauen sind per Gesetz gleichberechtigt. Im real stattfindenden Arbeitsleben sieht das jedoch anders aus als im Gesetzbuch. Das ist in Deutschland ähnlich, mag man zu Recht einwerfen. Japan tut sich mit der Akzeptanz weiblicher Führungskräfte jedoch noch deutlich schwerer als andere Industrienationen. In einer weltweiten Untersuchung von 2007 zum Frauenanteil in Politik und Wirtschaft kam Deutschland auf Platz 9, die USA auf Platz 15. Japan auf Platz 54. Im asiatischen Raum lagen China und Südkorea sogar noch hinter Japan, aber das deutlich autoritärer regierte Singapur schloss auf Platz 16 deutlich besser ab. Besonders beschämend wird es, wenn man auf das Teilergebnis der Untersuchung sieht, das die Parlamentssitze der Politikerinnen pro Land auszählt: Mit nur 9,4 Prozent Frauenanteil kommt Japan hier auf Platz 131 von 189. Dabei ist dieser Anteil noch vergleichsweise hoch, wenn man ihm den Anteil der Frauen in akademischen Berufen an Japans Universitäten gegenüberstellt: Im technologischen Sektor betrug er 2007 nur 2,5 Prozent, im Ingenieursbereich gar nur 1,1 Prozent.

Apologetisch wird oft angemerkt, dass sich die Zeiten ändern und die Situation der Frauen sich zunehmend bessert. Das stimmt, es war schon schlimmer, und ein Positivtrend ist auszumachen. Ein bisschen merkt man es auch im Sprachgebrauch. Immerhin hieß die heutige Office Lady vor einigen Jahren noch Office Girl. Aber es ist noch ein weiter Weg in die Top 20.

Kaori will das Beste daraus machen. Sie kauft sich ihr erstes Career-Woman-Outfit in schlichtem Grau und Dunkelblau. Ein beiger Trenchcoat kommt heute nicht in die Einkaufstüte.

Die Lolita-Gesetze nach Takemoto

Die Harajuku Girls haben diese Sorgen noch nicht. Wobei die Unbeschwertheit der Jugend freilich relativ ist und nur retroperspektiv als solche wahrgenommen wird. Der Schulalltag japanischer Teenager ist geprägt von den bevorstehenden Aufnahmeprüfungen für die Universitäten. Ein Universitätsabschluss wird von Arbeitgebern und Familien erwartet. Die Eignungstests sind umfangreich und schwierig, die Jugendlichen stehen unter enormem Druck von Lehrern und Eltern. In dieser Atmosphäre machen sich Schüler und Schülerinnen auch gerne gegenseitig das Leben zur Hölle. Das Mobbing unter Schulkindern hat in Japan dramatische Ausmaße angenommen. Kritiker weisen immer wieder darauf hin, dass die starren und straffen Unterrichtsmethoden und die Angst vor den Universitätsprüfungen zu vermehrten Psychosen und sogar einer erhöhten Selbstmordrate bei Jugendlichen führen. Manche sind dem Stress nicht gewachsen und ziehen sich völlig aus dem gesellschaftlichen Leben zurück. Immer mehr junge Menschen weigern sich schlicht, ihre Zimmer zu verlassen.

Andere bewältigen den Stress auf genau gegenteilige Art: Sie werfen sich einmal die Woche in bizarre wie aufwendige Kostüme und flanieren selbstbewusst durch die Straßen von Harajuku und durch das Blitzlichtgewitter der Hobbyfotografen. Es wird gesagt, dass die Harajuku Girls mit den größten Starqualitäten oft die sind, die in der Schule die Graumäusigsten und Meistgehänselten sind.

Eine große Fraktion unter den Harajuku Girls machen schon seit rund dreißig Jahren die sogenannten Lolitas aus. Die erste Begegnung mit einer Lolita macht den Unvorbereiteten verlegen: Da steht eine junge Frau, von Kopf bis Fuß in Pink gekleidet, komplett mit Spitzenhäubchen und aufgerüschten Söckchen. Wo eine Stickerei hinpasst, ist auch eine hingestickt, mit Vorliebe Blümchen- oder Erdbeermotive. Da fragt man bzw. Mann sich sofort: Was soll das denn?! Machen sich hier Mädchen zu ihrem eigenen Klischee? Wird gar gedankenlos mit pädophilen Phantasiebildern gespielt?

Tatsächlich ist einer Lolita ziemlich schnuppe, was irgendwer von ihr denkt. Ursprünglich war der erschreckend kindliche Look sogar gedacht, um Männer abzuschrecken und ihnen keine sexuelle Projektionsfläche zu bieten. Dass genau daraus ein Fetisch wurde, war nicht im Sinne der Bewegung. Lolitas sind am liebsten mit anderen Lolitas zusammen, und sie folgen einem Kodex, den der Rest der Welt ohnehin nicht verstehen würde. Sie beziehen sich auf eine selektive Wahrnehmung vom französischen Rokoko, was ästhetische Vorlieben und elitäres Klassenbewusstsein angeht. Die authentischen Lolita-Boutiquen erkennt der Tourist an handgemalten Hinweisschildern in ungewohnt korrektem Englisch: ›No photos. Fuck off.‹ Wenn man schon höflich gebeten wird, hält man sich besser dran.

Ausgerechnet ein erwachsener Mann war es, der den Japanern und mittlerweile auch dem Rest der Welt die Lolitas und ihr ganz eigenes Universum nahegebracht hat: der Schriftsteller Novala Takemoto, eine der schillerndsten Figuren der japanischen Popliteratur. Er schrieb mehrere Essays und Romane, die von der Welt der Lolitas erzählen, aber vor allem ein Buch wurde zu einer multimedialen Sensation: *Shimotsuma Monogatari*, was sinngemäß *Die Geschichte von Shimotsuma* bedeutet. Shimotsuma ist eine als hinterwäldlerisch verschriene Kleinstadt in der insgesamt nicht besser beleumundeten Präfektur Ibaraki. *Shimotsuma Monogatari* erzählt auf rund zweihundert Seiten von der resoluten Lolita Momoko, die schwer an ihrem bäuerlichen Lebensumfeld zu leiden hat und sich mehr oder minder unfreiwillig auch noch eine Begleiterin anlacht, die so gar nicht zu ihr passen will: Ichiko, ausgerechnet eine Yanki. Als Yanki bezeichnet man einen ungehobelten und ungebildeten Motorradrowdy nach US-amerikanischem Vorbild (Yanki/Yankee). Natürlich werden die beiden über kurz oder lang beste Freundinnen, die als Backfischvariante von Thelma & Louise alle Widrigkeiten des Lebens meistern. Zum Schluss begreift die harte Ichiko, dass Momoko eine echte Kämpferin ist, und die strenge Momoko sieht, dass auch Ichiko ganz, ganz tief in sich das Zeug zu einer Lolita hat, wenn man ganz, ganz genau hinguckt.

Der Roman wurde ein Bestseller, und wie es sich für einen Bestseller gehört, wurde ein Film daraus. In diesem Fall sogar ein außerordentlich gelungener, der wiederum einen Comic und eine Comicfortsetzung zur Folge hatte. Der Roman und der Comic erfuhren in englischen Übersetzungen unter dem missglückten Titel *Kamikaze Girls* auch internationale Aufmerksamkeit. Unter diesem Titel fand die Realverfilmung sogar den Weg auf den deutschen DVD-Markt. Wer *Kamikaze Girls* gesehen hat, wird eine Lolita nie wieder als konteremanzipatorischen Modefreak abtun.

Novala Takemoto wurde von den Lolitas als eine Mischung aus Chronist und Guru angenommen. Er brachte schriftlich Lolita-Regeln auf den Punkt, die in der Szene eh schon als ungeschriebene Gesetze gelebt wurden. Mal geht es um die Körperhaltung (»Die Handtasche wird immer mit beiden Händen vor dem Körper getragen«), oft um die geistige Haltung: ›Lolitaing‹ muss auf jeden Fall als ganzheitlicher Lebensstil verstanden werden und sich so vom vulgären Cosplay, dem reinen Verkleiden, deutlich abgrenzen. Takemoto selbst gibt sein Geburtsjahr als 1745 an, zu Zeiten des Rokoko (tatsächlich ist er Jahrgang 1968). Der bekennende Heterosexuelle gab sogar Männern mittlerweile kanonisierte Anhaltspunkte, wie sie sich im Lolita-Stil kleiden dürfen, wenn sie unbedingt den Drang verspüren. In Artikeln im Magazin *Gothic & Lolita Bible* (die Gothic Lolitas oder Goth-Lolis sind eine akzeptierte Splittergruppe, die Schwarz statt Pink bevorzugt) empfahl er nicht nur passende Geschäfte für den Einkaufsbummel, sondern gab auch handfeste Tipps wie: »Wenn Sie ein Spitzenhäubchen tragen, binden Sie es unbedingt hinten zu. Vorne wirkt zu mädchenhaft.«

Es ist wohl so, wie die in Japan geborene und aufgewachsene frankobelgische Autorin Amélie Nothomb in ihrem autobiografischen Roman *Mit Staunen und Zittern* schreibt: »Was ein Exzentriker ist, weiß man erst, wenn man einem japanischen Exzentriker begegnet ist.« Im selben Buch schreibt Nothomb: »Nicht alle Japanerinnen sind schön. Aber wenn eine mal schön ist, können alle anderen einpacken.« Dem kann man unmöglich widersprechen, weder dem ersten noch dem zweiten Satz. Ob allerdings die Lolitas in die Einpackkategorie gehören, muss jeder Exzentriker mit sich selbst ausmachen.

In vielen urbanen Kaufhäusern ist eine Lolita-Abteilung inzwischen genauso selbstverständlich wie eine Career-Women-Abteilung. Wer zufällig von Rolltreppe oder Aufzug dort entlassen wird, greift reflexartig zur Sonnenbrille ob des alles beherrschenden Grell-Pink-Overkills. Echte Lolitas bevorzugen selbstredend Fachgeschäfte wie die Boutique mit dem klangvollen Namen BABY, THE STARS SHINE BRIGHT, der auch im Roman und Film *Kamikaze Girls* eine Schlüsselrolle zukommt. Viele westliche Konsumenten des Films meinen, das Geschäft sei ein erfundenes und übertriebenes Konstrukt der Filmemacher. Das ist keineswegs der Fall. BABY, THE STARS SHINE BRIGHT wurde schon 1988 im jugendaffinen Tokioter Einkaufs- und Vergnügungsviertel Shibuya (welches in Harajuku übergeht) gegründet und spezialisiert sich heute auf Lolita-Mode im Angel- bzw. Sweet-Style (also Original-Pink statt Gothic-Schwarz). Mittlerweile gibt es mehrere Filialen in Japan und sogar eine in Paris. San Francisco ist in Planung.

Vorübergehend waren die Betreiber von BTSSB Novala Takemoto sehr dankbar für die kostenlose Werbung in Buch, Film und Comic. Es wurde sogar eine von Takemoto selbst entworfene Modekollektion vertrieben. Dann aber wurde der Autor im Herbst 2007 wegen des Besitzes von 22 Gramm Cannabis zu einer Haftstrafe von acht Monaten, die in drei Jahre auf Bewährung umgewandelt wurde, verurteilt. Daraufhin erfuhr er zwar eine große internationale Solidaritätsbekundungswelle seiner Fans, aber viele Geschäftspartner kündigten die Beziehung auf.

Jetzt auch mit weniger Kultur: Geisha light

Hand aufs Herz: Das japanische Frauenbild im Westen ist weder von Office Ladies noch von Career Women oder Lolitas geprägt. Man denkt spontan an die Geisha – weiß geschminkt, aufwendig frisiert und in einen prächtigen Kimono gewickelt. Diese Geisha gibt es durchaus. Noch.

So sicher wie in der Kirche das Amen kommt in jedem deutschen Japan-Reiseführer die mahnende Feststellung, dass die Geisha keineswegs eine Prostituierte sei. Ehrlicher und korrekter müsste es heißen, dass die Geisha keineswegs *nur* eine Prostituierte ist. Geisha bedeutet wörtlich ›Person der Künste‹, und es handelt sich um einen hoch angesehenen Ausbildungsberuf. Die Ausbildung findet abgeschottet von der Öffentlichkeit in Geisha-Häusern statt und beginnt bereits im Mädchenalter. Zunächst lernen die angehenden Geisha das Servieren von Speisen und Getränken, später schauspielerisches und musisches Handwerk, schließlich die Kunst der angenehmen Konversation. Sexuelle Dienstleistungen sind nicht Teil der Ausbildung und gehören auch nicht zwangsläufig zu einem Abend in Geisha-Gesellschaft. Da die Geschäftswelt männlich geprägt ist und bei Geschäftsessen oder abendlichen Feiern unter Kollegen akuter Frauenmangel herrscht, ist es an der Geisha, das weibliche Element einzubringen. Darüber hinaus ist sie multitalentierte Unterhaltungskünstlerin, spielt traditionelle Saiteninstrumente und sorgt durch anregende Gespräche für gute Stimmung. Die Konversationskunst der Geisha ist nicht zu unterschätzen. Es handelt sich keineswegs um bloßen SmallTalk. Eine Geisha muss mit Männern aus verschiedensten Umfeldern geistreich genug plaudern können, um das Gespräch interessant zu gestalten, darf aber selbstverständlich nie kontrovers diskutieren. Ob es nach der Unterhaltung zu körperlicher Intimität kommt, ist der Geisha überlassen. Sexuelle Bereitschaft kann über sehr subtile Details an der Kleidung oder im Make-up signalisiert werden.

Diese subtilen Signale, die sich Nichtjapanern kaum erschließen werden, sind nicht der einzige Grund, warum die Welt der Geisha Ausländern weitgehend verschlossen bleibt. Ein tief greifendes Verständnis der japanischen Kunst und Kultur und nicht zuletzt der Sprache ist unerlässlich, um der Gesellschaft einer Geisha gewachsen zu sein. Ohne Einladung eines einflussreichen Einheimischen wird ein Ausländer keinen Einlass in ein Geisha-Haus finden. Es gibt aber zunehmend organisierte und betreute Schnupperveranstaltungen für Touristen. Die Geishas dabei sind durchaus echt, aber die Kunstdarbietungen sind stark vereinfacht, und die Abende verlaufen in der Regel familienfreundlich.

Diese zaghafte Öffnung entspringt vor allem wirtschaftlicher Notwendigkeit, denn der Berufsstand der Geisha ist vom Aussterben bedroht.

Wer an einer der erwähnten Touristenveranstaltungen teilgenommen hat, wird sich ob des meist horrenden Preises wahrscheinlich denken, dass er als dummer Ausländer ordentlich übers Ohr gehauen wurde. Tatsächlich müssen Japaner für einen authentischen Geisha-Abend noch weitaus tiefer in die Tasche greifen. Und das kann sich in wirtschaftlich schwierigen Zeiten kaum jemand leisten. Bis in die Achtzigerjahre schienen die Spesenkonten der Firmen kein Limit zu kennen, inzwischen dreht man vielerorts jeden Yen zweimal um.

Viele Geschäftsleute greifen deshalb zunehmend auf eine preiswertere und weniger kultivierte Alternative zurück: die Hostessenbar. Auch hier lässt sich sagen: Eine Hostess ist nicht *zwingend* eine Prostituierte. Mit viel Kulanz gegenüber dem Berufsbild der Hostess könnte man sagen, dass es sich um eine Lightversion der Geisha handelt. Wo die Geisha mit traditionellen Liedern und eigenhändiger musikalischer Begleitung unterhält, singt die Hostess ins Karaoke-Mikrofon. Reden muss auch eine Hostess können, aber geistreiche Konversation wird von ihr nicht erwartet. Und die erotischen Signale in ihrer Aufmachung sind kulturübergreifend weitaus offensichtlicher als die der Geisha.

Kimono heißt Kleidungsstück

Der Ausländer assoziiert mit dem Begriff Kimono sofort das prächtige und komplizierte Gewand der Geisha. Tatsächlich bedeutet Kimono nichts anderes als Kleidungsstück, von *kiru* (anziehen) und *mono* (Sache, Gegenstand). Da sich in Japans Alltag längst Kleidung westlichen Standards durchgesetzt hat, versteht man auch als Einheimischer inzwischen unter Kimono die traditionellen japanischen Gewänder. Allerdings ist es nur ein grober Oberbegriff und bezeichnet nicht ausschließlich weibliche Kleidung. Ein Kimono, der auch von Männern getragen wird, ist der Yukata, der in Schnitt und Zweck Ähnlichkeit mit dem westlichen Bade- oder Hausmantel hat. Dabei ist es keineswegs unschicklich, im Yukata vor die Haustür zu gehen. Ein Yukata gehört auch in westlich geprägten japanischen Hotels zur selbstverständlichen Zimmerausstattung. Wer abends noch Appetit auf einen Snack aus dem Hotelautomaten hat, muss sich nicht wundern, wenn er auf dem Gang Gleichgesinnte im Yukata trifft, auch wenn Hotelleitungen auf Hinweisschildern höflich darum bitten, davon Abstand zu nehmen. In Gegenden, die vom Heiße-

Quellen-Tourismus leben, sieht man auch auf der Straße Männer und Frauen im Yukata flanieren. Für den westlichen Betrachter wirkt es etwas wie eine Freiluft-Pyjama-Party.

In den Yukata schlüpft man einfach wie in einen Mantel, eine Bedienungsanleitung ist nicht notwendig. Bei explizit weiblichen Kimono gibt es große Unterschiede. Viele Japanerinnen geben ›Kimono‹ direkt als Hobby an, denn das korrekte Anziehen und Tragen kann je nach Modell eine Wissenschaft für sich sein. Wer es im Elternhaus nicht beigebracht bekommen hat, kann Kurse belegen. Einige Kimono kann man eh ohne fremde Hilfe nicht anlegen. Verständlich, dass nur noch sehr wenige Frauen so traditionsbewusst sind, täglich einen zu tragen. Eine angenehme Pflicht ist es aber bei besonderen Anlässen, insbesondere traditionellen Volksfesten und Paraden oder Schul- und Universitätsabschlüssen. Bei solchen Anlässen schießen westliche Fotografen auch gerne das Motiv, das einfallslose Bildredakteure besonders gerne verwenden, wenn sie die japanische Verquickung von Kultur und Moderne auf vermeintlich originelle Weise illustrieren wollen: Kimono-Frau, die mit Handy telefoniert. Da der Kimono in der japanischen Kultur nicht altmodisch, sondern zeitlos ist, würde ein Japaner nie auf die Idee kommen, in dieser Anordnung etwas Widersprüchliches zu sehen.

Vom Samurai zum *sarariman*

Der Salary Man, oder *sarariman* in korrekter Übertragung aus der Katakana-Schrift, steht heute exemplarisch für den typischen japanischen Mann, wie es bis ins 17. Jahrhundert der Samurai tat. Oberflächlich betrachtet, könnte der Salary Man im grauen oder dunklen Einheitsanzug, mit Einheitsscheitel und Einheitsbrille nicht weiter vom furchtlosen und furchterregenden Kriegerbildnis entfernt sein. Der Bushido-Kodex – gemeint ist die japanische Philosophie vom Weg des Kriegers, nicht ein Werk des populären Rappers und Buchautors aus Berlin-Tempelhof – bestimmt aber immer noch das Selbstverständnis der Japaner. Dazu gehört eine große Loyalität zum Meister, was sich in der modernen Arbeitswelt als Loyalität zur Firma äußert. Im Idealfall bleibt ein Angestellter bis zur Pensionierung der Firma treu, in die er nach der Universität eingetreten ist. Die Frage nach der Arbeit ist in Japan eine Frage nach der Firmenzugehörigkeit, nicht nach der Berufsbezeichnung. Befördert wird zwar durchaus nach Leistung, aber wer lange genug bei einer Firma bleibt, wird über kurz oder lang automatisch Karriere machen. Dabei ist das Arbeiten kein Zuckerschlecken. Auch wenn die vertraglich geregelten Arbeitszeiten sich nicht von westlichen Standards unterscheiden, gilt das ungeschriebene Gesetz, dass man vor dem Chef im Büro ist und es erst nach ihm verlässt. Wenn gegen acht Uhr morgens alle Salary Men und Office Ladies gleichzeitig zur Arbeit strömen, müssen sie in den großen Städten von Ordnungskräften mit Gewalt in die U-Bahnen gestopft werden, damit die Türen noch geschlossen werden können und kein Millimeter Stehfläche ungenutzt bleibt.

Bei der beengten Situation in den öffentlichen Verkehrsmitteln ist Körperkontakt unvermeidlich. Immer wieder wird dieser Umstand von Männern als Ausrede für gezielte sexuelle Belästigung weiblicher Fahrgäste genutzt. Über viele Jahrzehnte hinweg ließen die Frauen das stillschweigend über sich ergehen, aber diese Zeiten gehören mehr und mehr der Vergangenheit an. Zunehmend setzen sich Opfer mit lauten Beschimpfungen zur Wehr – die tatsächliche Schande für den öffentlich Beschimpften ist weitaus größer als die eingebildete Schande der betroffenen Frauen, die früher der Grund für das passive Erdulden war. Auch polizeiliche Anzeigen sind keine Seltenheit mehr und werden ernst genommen, auch wenn im Nachhinein mutwillige oder zufällige Berührungen juristisch schwierig zu unterscheiden sind. Für Frauen, die solche Situationen von vornherein vermeiden wollen, sind inzwischen in vielen Städten in den Morgenstunden einzelne U-Bahn-Waggons exklusiv weiblichen Fahrgästen vorbehalten. Ihre Position wird auf den Böden der Bahnsteige auf Japanisch und Englisch ausgewiesen.

Da von Frauen mit Beginn der Ehe der Rückzug aus dem Arbeitsleben erwartet wird, stehen sie nicht unter einem ganz so hohen Leistungsdruck wie ihre männlichen Kollegen (werden dafür aber auch schlechter bezahlt und mit weniger verantwortungsvollen Aufgaben betreut) und sind nicht so sehr den Arbeitszeiten der ungeschriebenen Gesetze verpflichtet. Die Männer hingegen werden selten vor 22 Uhr zu Hause sein. Schließt sich an die reguläre Arbeit noch ein geselliges Beisammensein in einer Wirtschaft an, kann es weitaus später werden. Nicht selten wird die letzte Bahn verpasst und in einem der berüchtigten Kapselhotels übernachtet, die meist in praktischer Nähe der großen Bahnhöfe gelegen sind. Oft wird dem Kapselhotel auch der Vorzug vor dem eigenen Heim gegeben, wenn man nicht – vielleicht schon wieder – alkoholisiert der Ehefrau unter die Augen kommen möchte.

Gearbeitet wird oft sechs Tage in der Woche, der Sonntag ist frei. Dann wird ausgeschlafen und schließlich Zeit mit dem Nachwuchs verbracht, falls welcher da ist. Die meisten Kinder sehen ihre Väter nur am Sonntagnachmittag.

Da an Sonn- und Feiertagen kaum der ganze Schlaf nachgeholt werden kann, der in der Arbeitswoche verpasst wird, scheinen alle Japaner die Fähigkeit zu besitzen, in allen Situationen, die ihre Aufmerksamkeit nicht unmittelbar erfordern, sofort einzuschlafen.

Das ist keine Seltenheit im Büro und gilt besonders für die Fahrt in öffentlichen Verkehrsmitteln. Noch erstaunlicher ist die Fähigkeit, pünktlich an der gewünschten Haltestelle wieder aufzuwachen.

Derlei Verhältnisse mögen nach maßloser Ausbeutung klingen. Es gibt aber auch positive Aspekte in der japanischen Arbeitswelt. Die Jobs sind relativ sicher, die Bezahlung ist gut, Sozialleistungen gelten als vorbildlich. Für neue oder zugereiste Angestellte werden häufig firmeneigene Wohnungen zur Verfügung gestellt.

Skeptiker weisen darauf hin, dass diese Sicherheiten und Vergünstigungen zunehmend verschwinden. Es ist wahr, dass die Zeiten nicht mehr so rosig sind wie vor zwanzig Jahren. Aber im internationalen Vergleich sind japanische Arbeitsverhältnisse noch immer sehr sicher.

Viele junge Männer wollen sich jedoch nicht mehr darauf verlassen. Einige glauben nicht länger an die Stabilität der Salary-Man-Karriere, andere mögen nicht ewige Treue schwören. Beängstigend ist auch, dass es in der japanischen Sprache ein eigenes Wort für den Tod durch Überarbeitung gibt: *karoshi*. Ein Begriff, der heute vor allem mit der Welt der Salary Men verknüpft ist. Ein neueres Phänomen ist das der sogenannten *freetas*, ein Kunstbegriff mit englisch-deutschem Wortursprung. Er meint Freiberufler und setzt sich zusammen aus dem englischen Wort *free* und dem japanischen Begriff *arubaita*, einer Übernahme aus dem Deutschen. Die Arbeitszeiten der Freetas mögen flexibel sein, aber die Bezahlung ist schlecht, und die Zukunftsperspektiven sind ungewiss. Verdächtig zeitgleich mit den Freetas ist ein weiteres Phänomen aufgetaucht: eine neue Art von freiwilliger Obdachlosigkeit. Viele junge Erwachsene ziehen aus dem Elternhaus aus, beziehen aber nicht etwa eigene Wohnungen, sondern nächtigen in Internet- und Manga-Cafés. Solche Einrichtungen, in denen man Computer nutzen und Comics ausleihen kann, haben oft durchgehend geöffnet und bieten mit engen Einpersonenzellen ein Minimum an Privatsphäre. Neben Toiletten sind in den Cafés auch Duschen vorhanden. Von den Betreibern werden die Dauergäste geduldet. Wer für seine Zeit im Lokal bezahlt, kann dort auch schlafen.

Das Gleichnis vom Weihnachtskuchen

Es ist heute nicht ungewöhnlich, wenn Japanerinnen und Japaner aus Liebe heiraten. Diese Feststellung ist nicht so selbstverständlich, wie sie klingt. Traditionell ist die Ehe in Japan eher eine Zweckgemeinschaft. In der Vergangenheit war es die Norm, dass Eheleute von Familienmitgliedern oder professionellen Heiratsvermittlern verkuppelt wurden. Auch heute wird das noch als eine legitime Methode angesehen, einen Partner zu finden. Eine derart arrangierte Ehe ist auf keinen Fall mit einer Zwangsheirat zu verwechseln. Der oder die Vermittler machen lediglich Vorschläge, oft mehrere, die von beiden Seiten angenommen oder abgelehnt werden können. Der japanische Begriff für diese Ehevermittlung ist *o-miai*, was sich mit *Sehen und Treffen* übersetzen lässt. Die Kandidaten lassen sich nicht blind trauen, sondern prüfen einander. Neben dem Abgleich möglichst gemeinsamer Interessen und kompatibler Mentalitäten wird bei der eigenen wie unterstützten Partnersuche auch auf sehr esoterisch anmutende Komponenten geachtet. Dass aufs Tierkreiszeichen geschaut wird, mag hiesigen Horoskopgläubigen noch nachvollziehbar sein. Kurioser mutet schon der Wirbel an, der um die Blutgruppe gemacht wird. In Japan und einigen anderen asiatischen Ländern werden den verschiedenen Blutgruppen Charaktereigenschaften zugeordnet wie anderswo den Sternzeichen. Manche Blutgruppen passen perfekt zueinander, andere sollten besser nicht längere Zeit auf engem Raum miteinander verbringen. Vielen Menschen ist es mit diesem Thema sehr ernst. Auf den Anmeldeformularen professioneller Heiratsvermittler ist die Angabe der Blutgruppe oft Pflichtfeld.

Eine kurze, äh, Stichprobe:

- Träger der Blutgruppe A (z. B. George Bush sen., Jet Li, Adolf Hitler, Britney Spears) gelten als verbissene, unsichere Perfektionisten.

- In Gruppe B (Akira Kurosawa, Tom Selleck, Leonardo DiCaprio, Luciano Pavarotti) finden sich leidenschaftliche Kreative mit Hang zum Narzissmus.
- AB-Bluter (Jackie Chan, John F. Kennedy, Marilyn Monroe, Mao Zedong) gelten als kühle, aber nachtragende Logiker.
- Unter Typ 0 (Michail Gorbatschow, Ronald Reagan, Elvis Presley, Al Capone) finden sich geborene Führungspersönlichkeiten mit allen positiven und negativen Eigenschaften, die man mit solchen verbindet.

O-*miai* ist ein unverbindliches Angebot, unter Druck setzen sich junge Leute allenfalls selbst, denn keiner möchte als übrig gebliebener Weihnachtskuchen enden. Das Bildnis vom *kurisumasu keki* (Katakana-Entsprechung von *Christmas cake*) schwebt wie ein Damoklesschwert besonders über weiblichen Köpfen. Ein Weihnachtskuchen sollte spätestens am 24. (Dezember) gegessen werden. Soll heißen: Wer mit 25 noch nicht unter der Haube ist, ist über das Verfallsdatum hinaus. Ein großer Altersunterschied zwischen Ehemann und Ehefrau zugunsten des Mannes ist nicht ungewöhnlich, deshalb stehen Männer weniger unter Zeitdruck als Frauen. Aber mit zunehmendem Alter werden auch ihnen zunehmend Bekannte und Verwandte die *o-miai* schmackhaft zu machen versuchen.

In Tokio und anderen großen Städten wächst mittlerweile die Akzeptanz alleinstehender und allein wohnender Frauen jenseits der 24. Eine Entwicklung, die sich langsam auch im restlichen Land durchsetzen wird. Noch ist es aber in kleineren Gemeinden die Norm, dass selbst berufstätige Frauen bis zu ihrer Hochzeit im Elternhaus wohnen.

Auch wenn die Frau mit der Ehe ihr Elternhaus verlässt, wird von ihr erwartet, dass sie ihm eng verbunden bleibt und die Eltern im Alter pflegt. Altenheime bemühen sich zusehends um positive Öffentlichkeitsarbeit und ständige Innovation, aber es gilt immer noch als substanzieller menschlicher Makel, seine Eltern in fremde Pflege zu geben. Ein verheerender Umstand, denn selbstverständlich ist ein Laie kaum imstande, Menschen mit schweren Altersleiden angemessen zu betreuen. So kommt es zu vielen Fällen von Vernachlässigung und psychischen Krankheiten bei Betreuten wie Betreuenden.

Kinder werden als Pflegeversicherung für das Alter angesehen, in einem ganz handfesten Sinne. Auch das scheint sich gerade zu ändern, denn genau wie Deutschland sieht Japan mit Schrecken auf die Entwicklung der Geburtenrate. Falls der seit Jahren andauernde Negativtrend nicht aufgehalten wird, wird die Bevölkerung Japans im Jahr 2055 um 30 Prozent gesunken sein. Die Regierung versucht dem aktuell mit Vergünstigungen für Eltern und besserer Unterstützung in der Elternzeit entgegenzuwirken.

Dass Japanerinnen und Japaner die arrangierte Ehe nicht weiter bedenklich finden, hängt nicht zuletzt damit zusammen, dass die Eheleute eh nicht allzu viel Zeit miteinander verbringen werden. Der Mann ist die meiste Zeit in der Firma, die Frau kümmert sich um Haus und Kinder. Das ist zwar so konservativ, wie es klingt, man sollte aber nicht meinen, dass die von der Gesellschaft vorgesehene Position für die Frau eine schwache oder gar untergeordnete sei. Sogar ganz im Gegenteil. Die Frau hat nicht nur die komplette Entscheidungsgewalt in allen häuslichen Dingen, sie verfügt auch über das komplette Einkommen des Mannes. In einer Art Umkehrung des hiesigen Haushaltsgeldprinzips kontrolliert die Frau die Konten und stellt dem Mann nach eigenem Ermessen einen gewissen Betrag zur Verfügung. Über den Löwenanteil des Geldes bestimmt sie. Vielfach haben die Männer gar keine Ahnung, was sie genau verdienen.

Die strikte Gewaltenteilung und die fast permanente Abwesenheit des Ehemannes während der aktiven Berufszeit führen tatsächlich dazu, dass Ehepartner erst nach der Pensionierung des Mannes merken, dass sie nicht miteinander leben können. Meist sind es dann die Frauen, die die Scheidung einreichen. Vor wenigen Jahren wollte dieser Schritt noch wohlüberlegt sein, denn Scheidungen verliefen selten zum finanziellen Vorteil der Frau. Eine lange notwendige Gesetzesreform führte aber im April 2007 zu einem regelrechten Scheidungsboom.

Aber nicht alle Scheidungen werden spät im Leben eingereicht. Gerade überstürzt-leidenschaftliche Liebeshochzeiten führten in den letzten Jahren zu einem Phänomen, das als Narita-Scheidung bekannt wurde. Narita ist der internationale Flughafen von Tokio. Eine Narita-Scheidung bedeutet: Die Frischvermählten haben sich schon in den Flitterwochen derart in den Haaren gelegen, dass es unmittelbar nach dem Rückflug zum Scheidungsrichter ging.

Highnoon auf dem Spielplatz

Geht es auf den Frühling zu, ist von Krise auf dem japanischen Buchmarkt nicht viel zu merken – die Auslagen der Läden platzen vor neuen und aktualisierten Ratgebern aus allen Nähten, und die Kunden reißen sich darum. Die begehrtesten Titel sind die, die Schüler und Eltern auf die gefürchteten Eignungstests der Universitäten vorbereiten sollen. Große Nachfrage gibt es aber auch nach Hilfestellung zu einer ganz anderen Art von Prüfung: dem *koen-debyuu*.

Koen ist das japanische Wort für Park, den zweiten Teil kann man aus dem Englischen herleiten: das Debüt. Das Parkdebüt ist ein Angstthema für viele junge Mütter. Es ist der Tag, an dem sie zum ersten Mal mit ihrem Baby oder Kleinkind in den lokalen Park gehen werden. Dort werden sie auf andere junge Mütter treffen. Diese jungen Mütter kennen einander womöglich schon und haben Cliquen gebildet. Wer zu keiner Clique Zugang findet, kann sich gleich einen anderen Park suchen. Unter anderem gilt es für Frau und Kind, die richtige Kleidung auszuwählen. Man darf sich nicht zu heruntergekommen präsentieren, aber auch keinen Neid hervorrufen. Die richtigen Gesprächsthemen und die richtigen Worte wollen ebenfalls vorsichtig gewählt sein. Die Koen-debyuu-Ratgeber zeigen Fallstricke auf und geben Hilfestellung.

Mit der Ehefrau ins Stundenhotel

In Bezug auf die Sexualmoral haben Japanerinnen und Japaner Glück: Keine Religion redet ihnen ein, dass Gott keinen Sex mag. Im Shintōismus spielt das Thema keine große Rolle, und der lustfeindliche Buddhismus ist eher eine Religion für besondere Anlässe als für den Alltag. Deshalb ist das japanische Verhältnis zur Sexualität, Hetero- wie Homo-, weitaus unverkrampfter als in Ländern, in denen die moralischen Ansichten hierzu bewusst oder unbewusst von restriktiven religiösen Werten geprägt sind.

Diese Offenheit äußert sich allerdings nicht in prahlerischer Freizügigkeit, das ist dann doch eher eine westliche Unsitte. In vielen Reiseführern liest man sogar nach wie vor die veraltete Mär, dass in Japan selbst das Händchenhalten auf offener Straße ein mittlerer Skandal sei. Das ist inzwischen nicht mehr so; öffentliche Zuneigungsbekundungen sehen in japanischen Großstädten heute nicht mehr anders aus als in europäischen, und auch auf dem Lande wird wie wild Händchen gehalten.

Wahr ist, dass Japaner gerne Privates privat lassen. Das hat weniger etwas mit Prüderie zu tun als vielmehr mit der Notwendigkeit, sich in beengten Lebensverhältnissen nicht nur private Bereiche zu schaffen, sondern auch die Privatsphäre der anderen zu respektieren. Man möchte andere nicht mit den eigenen Problemen behelligen und auch nicht mit dem eigenen Vergnügen. So ist es gang und gäbe, selbst mit dem Ehepartner für intime Stunden in ein sogenanntes Love Hotel zu gehen. Love Hotels können stundenweise oder pro Nacht gemietet werden; ihr Sinn und Zweck erschließt sich aus dem Namen. Im Gegensatz zu deutschen Stundenhotels ist an einem Besuch im Love Hotel nichts Anrüchiges. Dass auch diese Etablissements für Prostitution und Seitensprünge genutzt werden, liegt auf der Hand, aber einen Großteil der Kunden machen Eheleute aus, die zu Hause zu enge Wohnverhältnisse oder zu dünne Wände vorfinden. Beliebt sind sie auch unter jungen Paaren, bei denen beide Partner noch bei den Eltern wohnen.

Diskretion ist in Love Hotels bei aller gesellschaftlichen Akzeptanz Ehrensache (man weiß schließlich nie, wie offiziell die anreisenden Gäste wirklich miteinander verbandelt sind). Ein- und Ausgänge sind getrennt und genau wie die Parkplätze von öffentlichen Blicken abgeschirmt. Bei einigen Hotels gibt es als Service sogar Tarnüberzieher für Nummernschilder. Die Auswahl des Zimmers erfolgt in der Regel über Tastendruck an einer Tafel mit fotografischen Abbildungen der Räumlichkeiten. Bezahlt wird an der Kasse, wobei der Kassierer oder die Kassiererin nicht zu sehen ist und selbst die Gäste nicht sieht – lediglich ein Schlitz für Geld oder Kreditkarte ist frei, wenn nicht gar der gesamte Bezahlvorgang am Automaten abgewickelt werden kann. Vielfach kommt sogar der obligatorische Willkommensgruß »*Irasshaimase!*« vom Band.

Ähnlich wie beim Stundenhotel ist auch das Verhältnis der Japaner zur Pornografie weniger scham- und schuldbehaftet als beispielsweise in Deutschland. Zwar werden per (nach Meinung vieler auch seriöser Künstler veraltetem und reformwürdigen) Gesetz die primären Geschlechtsmerkmale geschwärzt oder gepixelt, aber der Verbreitung von entsprechenden Filmen und Büchern scheint das nicht zu schaden. In manchem unverdächtigen Kaufhaus muss man sich nicht wundern, wenn man auf einmal – tatsächlich zufällig – von der Disney- in die nicht weiter geschützte Erwachsenenabteilung stolpert, wo zu Werbezwecken laut und groß auch Filmausschnitte über Flachbildfernseher flackern. Ebenso wenig verwunderlich ist es, wenn seriöse Salary Men in engen öffentlichen Verkehrsmitteln mit unbewegter Miene Erwachsenencomics von teils sehr derbem erotischem Inhalt lesen. Keiner wird kichern oder einen blöden Spruch machen. Ist schließlich Privatsache.

Da sich Toleranz in Japan meist als Ignoranz äußert, hat die japanische Toleranz auch Nachteile. So mag die Zivilgesellschaft keine Probleme mit homosexuellen Beziehungen haben, von einer juristischen Gleichstellung von gleichgeschlechtlichen Partnerschaften und traditionellen Ehen aber kann keine Rede sein. Bei der Wohnungssuche, im Erbrecht oder bei Versicherungen werden Homosexuelle nach wie vor benachteiligt, weshalb viele es sich gründlich überlegen, wie offen sie ihre Beziehung leben.

Binationale Beziehungen

Jahrhundertelang war Japan stolz auf seine eingebildet homogene Gesellschaft, die vor allem durch die isolierte geografische Lage und zögerliche Bereitschaft zum wirtschaftlichen und kulturellen Austausch mit anderen Nationen bedingt war. Seit einigen Jahrzehnten öffnet sich Japan besonders wirtschaftlich, und Fernreisen stellen einen ebenfalls nicht mehr vor unlösbare Probleme. Somit sind Ehen zwischen japanischen und ausländischen Partnern keine Seltenheit mehr. Es ist keine allzu große Verallgemeinerung, wenn man feststellt, dass in binationalen Ehen fast immer der männliche Teil der Ausländer ist. Theorien über diesen Umstand gibt es viele. Japanischen Männern wird nachgesagt, sie würden sich von ausländischen Frauen nicht angezogen fühlen. Ausnahmen bestätigen jedoch, dass man hier nicht allzu verbissen pauschalisieren sollte. Bestätigen sie auch die Regel? Wer die Stellenangebote in ausländeraffinen Zeitungen durchblättert, wird vor allem zweierlei Arten von freien Stellen im Überangebot finden: Englischlehrer für die Jungs, Barhostess für die Mädchen. Der Reiz des Exotischen ist also keine Einbahnstraße.

Eine Theorie, die sich auf die ausländischen Männer bezieht, besagt, dass diese Männer mit den vermeintlich zu emanzipierten Frauen des eigenen Landes nicht zurechtkämen und sich deshalb nach einer vermeintlich fügsamen Asiatin sehnen. Das mag vorkommen, aber eine gröbere Fehleinschätzung der japanischen Frau kann es nicht geben. Diese Beziehungen gehen spätestens dann in die Brüche, wenn die Frau erst mal wie selbstverständlich (*weil* in Japan selbstverständlich) das gesamte Gehalt des Mannes einstreicht.

Mein erstes japanisches Wort (und der ganze Rest)

Ich gehe eine Wette mit Ihnen ein: Der erste japanische Ausdruck, den Sie in Japan hören werden, wird weder *konnichi wa* (guten Tag) noch *yokoso* (willkommen) sein. Auch nicht die in Geschäften und Gaststätten geschriene Begrüßungsformel *irasshaimase*. Das am häufigsten benutzte Wort im japanischen Alltag und somit das allerwichtigste japanische Wort überhaupt lautet: *sumimasen*. Reisen Sie in einem Flugzeug zusammen mit japanischen Heimkehrern und/oder japanischem Flugpersonal an, werden Sie es schon gefühlte tausendmal gehört haben, bevor Sie den europäischen Luftraum verlassen haben.

Das Wort bedeutet: Entschuldigung. In erster Linie. Eigentlich handelt es sich um ein Universalwort, das nie verkehrt ist. Man benutzt es, um auf sich aufmerksam zu machen (»Entschuldigung – ich bin auch noch da!«) oder um von sich abzulenken (»Entschuldigen Sie, dass ich da bin!«). Tut einem jemand ungefragt einen Gefallen, bedankt man sich eher mit *sumimasen* (»Entschuldigen Sie, dass Sie sich meinetwegen mühen mussten«) als mit *arigato* (»danke«). *Arigato* ist Geschenken und Ähnlichem vorbehalten.

Das allgegenwärtige *sumimasen* ist nur eine Floskel, die den Japanern in Fleisch und Blut übergegangen ist und über die sich ausländische Beobachter viel mehr tiefenpsychologisch bedeutsame Gedanken machen als die Einheimischen. Die echte Entschuldigung – weil man sich verspätet hat oder jemanden mit Schmackes auf den Fuß getreten ist – lautet *gomen nasai*.

Zwei Alphabete und über zwanzigtausend Sonderzeichen

Wer Japanisch lernen möchte, ist gut beraten, sich von Anfang an mit dem Silbenalphabet und seinen beiden Schreibweisen bekannt zu machen. Über das Alphabet und seine Schrift erschließt sich vieles über den Aufbau und die Betonung von Wörtern und sogar über die Art und Weise, wie Japaner ihnen fremde Sprachen sprechen. Wer artig seine Katakana gelernt hat, wundert sich beispielsweise nicht, warum der aufgeregte japanische Sprecher im Filmtrailer behauptet, der Star aus *Gladiator* hieße Rassuro Kuro. (Ja, natürlich, er meint Russell Crowe.) Und ein tieferes Verständnis von Kultur und Geisteshaltung erschließt sich durch das Verständnis der Sprache ohnehin.

Das japanische Alphabet besteht nach unserem Verständnis nicht aus Buchstaben, sondern aus Silben, die mit jeweils einem Zeichen dargestellt werden. Eine Unterteilung in Vokale und Konsonanten gibt es somit nicht. Es existiert kein Zeichen für den Buchstaben K, aber es gibt Zeichen für ka, ki, ku, ke und ko. Für die 46 Zeichen (Kana) des Alphabetes gibt es zwei verschiedene Schriftformen, die Hiragana und Katakana. Hiragana, tendenziell kurvig und schwungvoll, sind Wörtern japanischen Ursprungs vorbehalten. Die zackigen und kantigen Katakana dienen der Übertragung fremdsprachiger Wörter und ausländischer Namen, aber auch der Hervorhebung von Wörtern in literarischen und werbenden Texten.

Und so sieht's aus:

	Hiragana	Katakana
a	あ	ア
i	い	イ
u	う	ウ
e	え	エ
o	お	オ
ka	か	カ
ki	き	キ
ku	く	ク
ke	け	ケ
ko	こ	コ
sa	さ	サ
shi	し	シ
su	す	ス
se	せ	セ
so	そ	ソ
ta	た	タ
chi	ち	チ
tsu	つ	ツ
te	て	テ
to	と	ト
na	な	ナ
ni	に	ニ
nu	ぬ	ヌ
ne	ね	ネ
no	の	ノ
ha	は	ハ
hi	ひ	ヒ
fu	ふ	フ

	Hiragana	Katakana
he	へ	ヘ
ho	ほ	ホ
ma	ま	マ
mi	み	ミ
mu	む	ム
me	め	メ
mo	も	モ
ya	や	ヤ
yu	ゆ	ユ
yo	よ	ヨ
ra	ら	ラ
ri	り	リ
ru	る	ル
re	れ	レ
ro	ろ	ロ
wa	わ	ワ
(w)o	を	ヲ
n	ん	ン

Variationen ergeben sich durch die Kombinationen von Kana in verschiedenen Größen, so wird zum Beispiel aus ki und kleinem yu ein kyu: きゅ. Die Hilfszeichen Tenten (zwei kleine Striche) und Maru (ein kleiner Kreis) machen die Aussprache härter oder weicher: は (ha) wird mit Tenten zu ば (ba), mit Maru zu ぱ (pa).

Was ist dem adleräugigen Beobachter sofort aufgefallen? Es gibt keine L-Silben. Wasser auf die Mühlen derer, die behaupten, Japaner könnten kein L aussprechen. Können sie schon, es klingt nur manchmal wie R. Tatsächlich sind die Silben ra, ri, ru, re und ro nach westlichem Sprachverständnis recht ambivalent. Im aktiven Sprachgebrauch klingen sie mal so, wie es die hier verwendete offizielle Lateinumschrift vorsieht, mal klingen sie eher wie la, li, lu, le, lo. Meistens klingen sie irgendwo dazwischen. Genauso gut, wie man behaupten kann, dass Japaner kein L aussprechen können, könnte man mutmaßen, dass Nichtjapaner kein ra, ri, ru, re oder ro aussprechen können. Vollzieht man mal im Mundraum nach, was beim Aussprechen von L und R passiert, stellt man fest, dass der einzige Unterschied die Stellung der Zunge ist. Japanische Zungen sind nicht etwa anders beschaffen, sie kümmern sich bloß nicht im gleichen Maße – oder schlicht anders – um den Unterschied zwischen L und R.

Japanisch wäre eine ganz einfache Sprache, wenn sie nicht so kompliziert wäre. Einerseits werden Verben und Adjektive nicht nach Personalpronomen und Geschlechtern gebeugt, Regelausnahmen sind selten, und zeitlich kommt man gut mit Perfekt und Präsens aus; so ein Unsinn wie ›vollendete Zukunft‹ ist verzichtbar. Und wenn man doch mal nicht umhinkommt, sind die Flexionen leicht und systematisch von der Stammform der Verben abzuleiten.

Andererseits wird unterschieden zwischen fünf Abstufungen von Höflichkeit (und etlichen Zwischenstufen), und Frauen sprechen anders als Männer (nicht in einem Venus-Mars-Ach-du-verstehst-mich-nicht-Mario-Barth-Comedy-Sinne, sondern mit tatsächlich unterschiedlichem Vokabular). Und wenn Sie meinen, Sie könnten perfekt Japanisch lesen und schreiben, wenn Sie die obigen knapp einhundert Kana verinnerlicht haben (was verdächtig schnell geschieht), sind Sie schief gewickelt. Wäre die japanische Schriftsprache eine Schachpartie, wären die Kana lediglich die Bauern. Spielentscheidend aber ist ein ganz anderer Zeichensatz, nämlich die Kanji. Und wie viele es davon gibt, ist eine so gute Frage, dass sie niemand beantworten kann. Die Kanji wurden aus dem Chinesischen übernommen, als es in Japan noch keine eigene Schrift gab. Daher gibt es in der Regel für jedes Kanji mindestens zwei Lesarten: die japanische und die chinesische. Lernende bringt es regelmäßig an den Rand der Verzweiflung oder gar darüber hinaus, dass im Japanischen keineswegs nur die japanische Lesung der chinesischen Schriftzeichen Verwendung findet, sondern auch die chinesische, je nach Wortzusammenhang. Das Anfänger-Kanji 田 beispielsweise lässt sich *den* und *ta* lesen.

Weil das Ganze so noch nicht kompliziert genug ist, gibt es bei den meisten Zeichen überdies nicht nur *eine* japanische und *eine* chinesische Lesung, sondern von beiden Sorten gleich mehrere.

Obwohl viele der Kanji bildliche Abstraktionen ihrer Bedeutungen sind, kann man sie insbesondere in der japanischen Verwendung nur bedingt mit Hieroglyphen vergleichen. Zum einen, weil die bildliche Herleitung der komplizierteren Zeichen sich heute kaum noch erschließt, zum anderen, weil sie im Japanischen oft nur wegen ihrer Aussprache verwendet werden. So heißt das Zeichen *ta* als eigenständiges Wort *Reisfeld* (hier ist das visuelle Vorbild leicht zu erkennen), was aber nicht bedeutet, dass jedes Wort, in dem dieses Zeichen vorkommt, etwas mit Reisfeldern zu tun hat. Es bedeutet lediglich, dass in diesem Wort die Silbe *ta* vorkommt. Oder *den*.

Wie viele Kanji es genau gibt, ist wie gesagt unbekannt. In japanischen Nachschlagewerken ist von circa 20 000 die Rede, chinesische Lexika kommen auf rund das Doppelte. Keine Panik: Die meisten davon sind äußerst ungebräuchlich. Besserer Grund zur Panik: Ein durchschnittlich begabter Japaner beherrscht ungefähr 3 000 dieser Zeichen, zum Zeitunglesen gelten je nach Zeitung 1 800 bis 2 000 als Voraussetzung.

Wann Kanji und wann Kana? Als sehr grobe Faustregel gilt: Worte mit eigener konkreter Bedeutung werden in Kanji oder in einer Kombination aus Kanji und Hiragana geschrieben. Worte, die in erster Linie grammatikalische Funktion haben, werden nur in Hiragana geschrieben. Klartext: Alles Wichtige besteht zumindest teilweise aus Kanji.

Es ist durchaus theoretisch möglich, jedes japanische Wort ausschließlich in Hiragana zu schreiben. Für idiotensichere Warnschilder und Kinderbücher für sehr junge oder sehr dumme Kinder schon, sonst wird davon aber kein Gebrauch gemacht.

Ein lästerlicher und verständlicher Gedanke kommt wohl jedem Sprachschüler früher oder später während des Kanji-Studiums: Kann man die nicht abschaffen? Der Gedanke ist in Japan nicht völlig unbekannt, aber es gibt nur sehr wenige Unruhestifter, die dafür ernsthafte Lobbyarbeit betreiben, und diese Arbeit wird wohl vergeblich bleiben. Nicht nur, weil die Kanji ein ebenso großer Teil der Kultur wie der Sprache sind (in der Kalligrafie werden sie zur Kunst; die Wahl des ›Kanji des Jahres‹ ist ein ähnliches Ereignis wie die jährliche Wahl der deutschen Wörter und Unwörter). Selbst wenn man die kulturellen Aspekte als Sentimentalitäten abtäte, sprächen gute sprachliche Gründe gegen den Kanji-Verzicht. Ohne Kenntnis der Zeichen wäre alle bisherige große und kleine Literatur aus Japan in wenigen Generationen völlig unleserlich. Außerdem gibt es viele gleich klingende Worte, deren Unterscheidung erst durch den Satzzusammenhang oder die Schreibweise möglich wird. Würde man das Wort *ki* in Hiragana schreiben (き), wüsste man ohne Weiteres nicht, ob damit *ki* wie Baum (木) oder *ki* wie Geist (気) gemeint ist.

Kanji und Kana haben gemein, dass sie nicht irgendwie hingekritzelt werden, sondern dass man beim Schreiben die vorgegebene Strichfolge jedes Zeichens einhält. Grob gilt: von links nach rechts und von oben nach unten. Aber der Ausnahmen sind viele, und manchmal weiß man gar nicht mehr, wo oben und unten ist.

Inzwischen verbindet mich mit den Kanji eine wunderbare Hassliebe, gespeist zu gleichen Teilen aus Frustration und Faszination. Bei geschätzten 20 000 bis 40 000 Zeichen kann man davon ausgehen, dass die Beschäftigung damit ein Hobby ist, das sich nicht so schnell erschöpft. Man lernt nie aus.

Ein Crashkurs in Kanji soll Ihnen an dieser Stelle erspart bleiben, aber diese zwei sollten Sie sich merken, wenn Sie sich abseits der Touristenrouten bewegen: 女 (Damen), 男 (Herren).

Die Todeszahlen

Der Gleichklang vieler japanischer Wörter speist zum einen eine Art von Wortwitz, die keinerlei Übersetzung überlebt, und zum anderen eine Zahlenmystik (das politisch korrekte Wort für Aberglauben), mit der nicht zu spaßen ist. Als Unglückszahl No. 1 gilt die 4, weil eine ihrer Lesarten *shi* lautet, was auch *Tod* bedeutet. Die Zeichen für die Zahl und das Lebensende sind völlig unterschiedlich, aber die Aussprache ist identisch. Umgangen wird das Problem am liebsten, indem die 4 ganz gemieden wird. Ist das nicht möglich, behilft man sich mit der Lesart *yon*, die ebenfalls 4 bedeutet, aber ansonsten unbedenklich ist. Die 7 ist ebenfalls nicht gern gesehen, ist der traditionelle Ausdruck dafür doch *shichi*, wo auch wieder der Tod drinsteckt. Auch hier kann man zur alternativen Aussprache greifen: *nana*. Nicht ganz so schlimm, aber schlimm genug ist die 9 beleumundet, denn *ku* heißt neben 9 auch *Leiden*. Gottlob kann man auch *kyu* sagen. Aber besser, man meidet sie ganz.

Die 4 wird als Unglückszahl derart ernst genommen, dass man immer wieder hört, es gebe in japanischen Hotels keinen vierten Stock, sondern auf den dritten würde in der Nummerierung gleich der fünfte folgen. Das wollte ich einmal in einem Hotelkomplex im Tokioter Stadtteil Shinagawa überprüfen. Die Anlage bestand aus mehreren Türmen unterschiedlicher Preisklassen. Ich hatte mich im günstigsten Turm einquartiert. Ein Blick auf die Knopftafel im Fahrstuhl: Da war sie, die 4. Zwischen der 3 und der 5, wo sie hingehört. Von wegen kein vierter Stock.

Am Abend war mir nach einem Getränk mit Aussicht, deshalb wollte ich die Panoramabar des Hotels nutzen, die sich im obersten Stockwerk des teuersten der Türme befand. Ich wechselte den Turm, und siehe da: Im teuren Fahrstuhl keine 4. Lektion gelernt: Uns einfache Leute kann man ruhig mit dem Tod konfrontieren. Die Betuchteren bleiben davon unberührt.

Ich hab's überlebt.

Das höfliche O

Die Höflichkeit mit ihren verschiedenen Abstufungen ist eine große Sache in der japanischen Sprache. Man sollte sie nicht auf die leichte Schulter nehmen. Denn leicht denkt man: Was soll's, ich spreche doch eigentlich immer höflich.

Irrtum. Die gesellschaftliche Hierarchie bestimmt, wen man wie höflich anzusprechen hat. Wenn man in einer bunt gemischten Gruppe das Mitglied, das hierarchisch am weitesten unten steht, mit dem gleichen Höflichkeitsvokabular adressiert wie das Mitglied, das ganz oben auf der Leiter hockt, kann man sicher sein, dass letztere Person beleidigt sein wird. Und erstere peinlich berührt. Außerdem wird übermäßige Benutzung von Höflichkeitsvokabular oft als Zeichen von mangelnder Aufrichtigkeit gewertet.

Eine unverfängliche Art der höflichen Ausdrucksweise im alltäglichen Sprachgebrauch ist das Vorstellen eines O vor Nomen und Adjektive. Die Worte werden dadurch geadelt. »Genki desu ka?«, heißt so viel wie: »Wie geht's?« Wer es genau wissen möchte: *genki* heißt *gesund*, *desu* heißt *sein*, *ka* ist ein Partikel, der anzeigt, dass es sich um eine Frage handelt. Es kann aber nie schaden, um ein O zu erhöhen:

»*O-genki desu ka?*« Mit dem O wird aus der Frage nach der Gesundheit die Frage nach dem werten Befinden. Noch feiner wird es mit: »O-genki ikaga de gozaimasu ka?« Die Bedeutung bleibt, das Vokabular ist weitaus vornehmer. Kennt man sich bestens, reicht situationsbedingt auch schon mal ein: »Genki?« In etwa: »Alles klar, Alter?«

Dass gerade so vulgäre Dinge wie die Toilette oder Geld durchs Höflichkeits-O zu *o-toire* und *o-kane* erhöht werden, legt die Vermutung nahe, diese Dinge genössen ein besonders hohes Ansehen im japanischen Gedankenkosmos. Es ist aber genau das Gegenteil der Fall. Oft dient das O dazu, eher unangenehme Dinge zumindest sprachlich ein wenig aufzupolieren.

Generation Gorufu: Japanglizismen und der Abkürzungswahn

Professor Suzuki schaltete mit der *rimokon* den *terebi* aus, denn er hatte noch Arbeit an seinem *pasokon* zu erledigen, bevor er morgen wieder ins *rabo* musste. Viel lieber hätte er eine Partie *gorufu* oder *tenisu* gespielt. Aber dafür war es jetzt sowieso zu kalt, es war eher die Saison für *sunobo*. Das war nichts für ihn. Also schloss er die *doa*, machte sich ein *sandoitchi* mit *chīzu* und *sarada*, braute einen starken *kohi* und machte sich ans Werk.

Wenn Sie jetzt nur *eki* (Bahnhof) verstanden haben, liegt das nicht etwa daran, dass der letzte Satz mit japanischen Wörtern gespickt war. Die kursiv gesetzten Begriffe sind alle in Englisch. Allerdings auf Japanisch geschrieben. Und mitunter bis zur Unkenntlichkeit abgekürzt.

Gern wird über die Invasion der Anglizismen in der deutschen Sprache gestöhnt, und das nicht immer ganz zu Unrecht. Falls es ein kleiner Trost ist: In Japan ist es noch viel, viel schlimmer. Man sollte es nicht für möglich halten, wo die

Sprachen doch in Aufbau, Historie und Schrift nicht unterschiedlicher sein könnten. Und genau daher kommt es auch, dass englische Ausdrücke im Japanischen oft nur mit einiger Übung zu erkennen sind, denn sie wurden mithilfe des japanischen Silbenalphabetes übertragen, damit sie in Katakana geschrieben werden können. Das Wort *gorufu* besteht aus den Silben go, ru und fu, wobei ru die naheste Entsprechung für den Buchstaben L ist, die die japanische Sprache vorzuweisen hat, und näher als mit fu kommt man dem lateinischen F nicht. Und so wird aus Golf *gorufu*. Auch mit Schlägern, nur anders, spielt man *tenisu*, in der Hoffnung ein zweiter Borisu Bekka zu werden. Ein *sandoitchi* ist auch in Deutschland beliebt, wenn einem *belegtes Brot* zu lang und *Stulle* zu rustikal ist. Zumindest morgens gehört ein starker *kohi* dazu, notfalls to go. *Chīzu* sagt man in Japan nicht nur, wenn man Käse möchte, sondern auch bevor das Vöglein aus der Kamera kommt. Bei *sarada* ist die Auswahl groß. Am Nudel-sarada scheiden sich die Geister, aber ein bisschen Eisberg-sarada geht immer. Dass es im Japanischen keinen eigenen Begriff für die Tür gibt, stimmt nicht. Aber die traditionelle japanische Schiebetür (*shōji*) ist eben nicht dasselbe wie die westliche *doa* (door).

Eine Stufe schwieriger sind die Begriffe, die nicht nur aus dem Englischen übernommen wurden, sondern auch noch abgekürzt wurden, meist ohne Rücksicht auf die Wortstämme der Originalausdrücke. Rimokon meint die **remo**te **con**trol (Fernbedienung), heute bei keinem *terebi* (**televi**sion) wegzudenken. Das *rabo* ist ein Labor (laboratory), möglicherweise steht auch dort ein *pasokon* (**perso**nal **com**puter). Wer bis hierhin gekommen ist, hat bestimmt bereits erraten, dass ein *sunobo* ein Schneebrett für Wintersport ist. Harmlos und sehr japanisch klingt *sekuhara*, aber dahinter verbirgt sich Ernstes: *sexual harassment* (sexuelle Belästigung).

Sogar für Reis wurde aus dem Englischen das Wort *raisu* übernommen. Ist es denn die Möglichkeit, dass die Japaner vor Bekanntschaft mit der englischen Sprache kein Wort für ihr Grundnahrungsmittel hatten? Doch, aber der japanische Begriff *gohan* steht für auf japanische Art gekochten Reis, während *raisu* den Reis meint, wie er in ausländischen Gerichten vorkommt. Tatsächlich ist der Reis in der japanischen Sprache so gegenwärtig, dass das Wort *gohan* außerdem gleichbedeutend mit den Wörtern *Essen* oder *Mahlzeit* ist. Bei der flüssigen Nahrung verhält es sich ähnlich: *sake* bezeichnet einerseits den sogenannten Reiswein, ist andererseits aber auch der Oberbegriff für alle alkoholischen Getränke. Wobei *sake* ebenfalls eine Art Lehnwort ist, stammt es doch aus der Sprache der Ainu, der Ureinwohner Nordjapans, deren Sprache und Kultur sich stark von der des restlichen Japans unterscheidet.

Auch wenn die Vorliebe der Japaner für japanisierte englische Worte zum Ersten gehört, was man als Sprachlernender lernt, überrascht sie einen immer wieder. Der Titel der Polizeiserie *Anfea* (アンフェア) gab mir Rätsel auf. Bis ich erfuhr, dass Anfea nicht etwa der Name der Polizistin, die im Mittelpunkt der Handlung stand, war, sondern die Weltsicht der Serie beschreibt: *unfair* auf Englisch, aber japanisch geschrieben.

Wie in Deutschland gibt es auch in Japan Mahner und Warner, die finden, dass es so nicht weitergehen sollte. Für viele Lehnworte gibt es durchaus urjapanische Begriffe, sie geraten jedoch zusehends in Vergessenheit. Aber die Sprachschützer schreien gegen den Zeitgeist an, und der Zeitgeist schreit einfach lauter. Auch die beiden Trendwörter des Jahres 2008, die vom Verlag Jiyu Kokuminsha ermittelt wurden, wären ohne die englische Sprache nicht möglich. Und nicht ohne das japanische Fernsehen. Platz 1 belegte *guu*, eine lang gezogene Verballhornung von *good*, die das Markenzeichen einer beliebten japanischen Komikerin ist. Auf Platz 2 kam *arofō*, eine Bezeichnung für Frauen *around forty*, Titel einer hippen Fernsehserie.

Das Englische ist übrigens nicht die einzige europäische Sprache, aus der die japanische sich Ausdrücke leiht. Woher mögen die Japaner *arubaito* kennen? Damit ist indes nicht deutsche Wertarubaito gemeint, sondern eher niedere Zeitarubaito. Wer einer solchen Tätigkeit nachgeht, ist ein *arubaita*. Beim *bīru* lässt sich streiten, ob der deutsche oder englische Ausdruck Pate stand. Aber da die Japaner die Braukunst von den Besten gelernt haben, wollen wir uns das mal auf die eigene Fahne schreiben. Erst die *arubaito*, dann das *bīru*.

Und jetzt probieren Sie es selbst aus! Übertragen Sie den Inhalt des Duden und des Oxford English Dictionary nach dem Kana-System ins Pseudo-Japanische, und schlagen Sie die neu entstandenen Wörter in einem guten Japanisch-Wörterbuch nach. Sie werden staunen, wie viele tatsächlich existieren!

Ich sage *boku*, sie sagt *atashi*

Japaner und Japanerinnen stellen sich ungern selbst in den Mittelpunkt ihrer Rede, deshalb wird die erste Person Singular meist weggelassen, wenn aus dem Zusammenhang klar ist, dass man von sich selbst spricht. Kommt man um das Wörtchen *ich* nicht herum, so lautet das offizielle Wörterbuchwort dafür *watashi*. In zünftiger Herrenrunde wird man es aber nie hören, obwohl richtige Kerle unter richtigen Voraussetzungen zunehmend weniger Probleme mit dem Ich-Sagen haben. Sie sagen dann aber: *boku*. Heißt dasselbe, ist aber Männersprache. Ganz große Macker sagen: *ore*. *Watashi* wird man, wenn überhaupt, eher aus weiblichem Munde hören. Wobei in der weiblichen Sprache daraus oft *atashi* oder *atakushi* wird. Das wiederum wird keinem Mann über die Lippen kommen.

Dass Frauen und Männer unterschiedlich daherreden, ist allgemein bekannt. Weltweit können Ratgeberautorinnen und Bühnenkomiker gut davon leben, dass sie davon erzählen. Weltweit gemeint ist damit aber nicht, dass unterschiedlich *geredet* wird. Gemeint ist, dass Unterschiedliches *gemeint* wird. In Japan ist es umgekehrt: Es wird Unterschiedliches gesagt, aber dasselbe gemeint. *Boku* und *(w)atashi* ist dabei nur die Spitze des Eisbergs.

Allerdings: Es wird angeblich immer häufiger belauscht, wie Damen keck das *boku* in den Mund nehmen. Angefangen haben damit Furcht einflößende Rocksängerinnen, aber inzwischen ist der Brauch auch in der Zivilgesellschaft angekommen.

Herr Andreas, der Bowie David und die Visitenkarten

Ich kann hingehen, wo ich will, ich werde mit ›Herr Andreas‹ angesprochen. Bzw. Herr A-n-do-re-a-su (siehe Kana-Tabelle). Der Grund für das ständige Missverständnis ist zweigeteilt. Erstens werden japanische Namen aus westlicher Sicht andersrum verwendet: Familienname zuerst, dann Taufname. Zweitens: Menschen in aller Welt machen sich entweder zu wenige oder zu viele Gedanken. So wissen viele Japaner, dass in anderen Ländern Namen in anderer Reihenfolge üblich sind, und drehen die Angaben, die auf deutschen Visitenkarten oder von Deutschen ausgefüllten Formularen stehen, automatisch um. Man sieht es aber keinem Menschen an der Nasenspitze an, was er weiß und was er nicht weiß. Halte ich mich für zuvorkommend und trage mich in ein Formular an Hotel- oder Firmenrezeptionen mit ›Neuenkirchen Andreas‹ ein, kann ich sicher sein, dass die bearbeitende Person ihrerseits davon ausgeht, dass ich nichts von den japanischen Gepflogenheiten wüsste, und ihr Entschluss deshalb feststeht: »Herzlich willkommen, Herr Andreas!«

Wer öfters in Japan zu tun hat, tut gut daran, zweisprachige Kärtchen mit sich zu führen. Auf der einen Seite die

Kontaktinformationen in guten alten lateinischen Buchstaben, auf der Rückseite in Kana. Selbst wenn das nicht möglich sein sollte – ganz ohne Visitenkarten geht in Japan gar nichts. Das sei in Deutschland heutzutage nicht anders, mag man einwerfen, hat aber unrecht. Japan ist da noch unnachgiebiger. Das Überreichen von Visitenkarten ist so selbstverständlich wie die Verbeugung und so japanisch wie die Teezeremonie. Zum Glück nicht so kompliziert. Aber Regeln sind trotzdem zu beachten, insbesondere für den Empfänger: mit beiden Händen annehmen und auf keinen Fall sofort wegstecken, sondern erst mal gebührend würdigen. Und wenn die Visitenkarte danach weggesteckt wird, um Himmels willen nicht in die Gesäßtasche. Sondern an einen Ort, der nicht haarscharf am Allerwertesten vorbeigeht.

Falls Sie sich fragen sollten: In diesem Buch werden bürgerliche Namen japanischer Persönlichkeiten nach der westlichen Regel geschrieben – erst Vorname, dann Nachname. Bei Künstlernamen wird von Einzelfall zu Einzelfall entschieden und die Reihenfolge benutzt, die international am geläufigsten ist. Das Japanische hat die schöne Eigenheit, dass aus jedem x-beliebigen Begriff Personennamen geschmiedet werden können. Deshalb sind Pseudonyme oft eher Statements als Namen, was die eindeutige Unterteilung in Künstlervornamen und Künstlernachnamen schwierig bis unmöglich macht.

Wer in Japan CDs kaufen möchte, muss die japanische Namenfolge beachten, bei West wie Ost. Wer eine seltene Japanpressung von David Bowie sucht, findet Herrn David unter D. Japans Superduperstar Ayumi Hamasaki (Vorname Ayumi) wird zwar aus Gründen der internationalen Coolness oft nach westlicher Marotte geschrieben, bei der Einordnung ist sie aber doch Frau Hamasaki Ayumi (also abgelegt unter は). Das Zurechtfinden im CD-Laden ist vielleicht das beste Argument, sich mit dem Silbenalphabet vertraut zu machen. Mit der Aussprache wie mit der Reihenfolge. Westliche Künstler werden zwar nach dem westlichen ABC sortiert, aber für die attraktiven japanischen Künstler muss man schon mit dem japanischen AIUEO vertraut sein. Das Erfolgserlebnis, wenn man zum ersten Mal in einem mehrstöckigen japanischen Musikalienkaufhaus genau die CD, die man haben wollte, nicht durch Zufall, sondern durch Systematik aus dem Regal gefischt hat, ist unbeschreiblich.

Wer die Millionenstädte nicht verlässt, sollte mit ein paar Brocken Englisch unter Zuhilfenahme von Gliedmaßen und Grimassen über die Runden kommen, auch ohne Japanischkenntnisse. Außerdem kann man sich in Städten wie Tokio und insbesondere Osaka auch mit exzellenten Sprachkenntnissen mühelos verlaufen. Oftmals schon bevor man den Bahnhof über einen der zig Ausgänge, die sich von mehreren Stockwerken in alle Himmelsrichtungen spreizen, verlassen hat. Als ich mich gegenüber einer Bewohnerin Osakas bitterlich beschwerte, ich würde in ihrer Stadt immer nur erfolglos im Kreis laufen, wenn ich irgendwelchen Schildern folgte, erklärte sie mir gelassen, worin das Geheimnis liege: »Einige der Schilder stimmen, andere Schilder stimmen nicht.« Osaka gilt übrigens als Wiege des japanischen Humors und Comedy-Hochburg.

Godzilla, Kabuki & Co.: Kunst & Kultur

Von Shakespeares Bühne wissen wir, dass zunächst sämtliche Rollen von Männern gespielt wurden. Das hat Ähnlichkeit mit der Ordnung im farbenfrohen japanischen Kabuki-Theater. Hier verlief die Entwicklung allerdings andersherum. Werden heute alle Rollen von Männern gespielt, so waren im 17. Jahrhundert ausschließlich Frauen auf der Bühne. Nicht genug damit: Es handelte sich um Prostituierte. Was sie darboten, war also recht unkeusch und ging den Autoritäten bald zu weit, dabei hatte das Ganze doch moralisch korrekt angefangen, nämlich als Methode der Spendensammlung für den Erhalt eines Tempels. Es wurde entschieden, dass die Stücke bleiben könnten, aber die Frauen gehen müssten. Fortan sollten alle Rollen von Männern gespielt werden. Das ist bis heute so. Und dennoch bleibt Kabuki die zugänglichste und unterhaltsamste der japanischen Theaterformen mit viel Bewegung, Musik, Kostümwechseln, großer Dramatik und breiter Komik. Ein bisschen wie Bollywood mit historischem und künstlerischem Anspruch. Sitzfleisch muss man allerdings mitbringen, unter fünf Stunden kommt man selten raus, wenn es ein ganzes Stück sein soll (es gibt aber in einigen Theatern Schnuppertickets, bei denen man nach einem Akt gehen darf).

Haiku, Baseball und ritueller Selbstmord

Mit weltweit einzigartigen Gedichtformen wie Haiku und Tanka und dem ältesten Roman der Weltliteratur kann Japan auf eine reiche literarische Tradition zurückblicken. Mit sehr lebendigen und sehr modernen Autorinnen und Autoren wie dem ewigen Nobelpreisfavoriten Haruki Murakami oder der blutjungen Skandalnudel Hitomi Kanehara hat Japan außerdem eine der interessantesten zeitgenössischen Literaturlandschaften im internationalen Vergleich. Und dennoch schaute man bisweilen neidisch auf den Westen. Lange klagten japanische Kritiker beispielsweise, dass japanische Schriftsteller einfach keine vernünftigen Kriminalromane hinbekämen. Inzwischen kann man gerade in dieser Hinsicht nicht jammern, aber das war zur vorletzten Jahrhundertwende noch anders. Edgar Allan Poe wurde in Japan hoch angesehen und inspirierte viele Autoren zu ähnlichen Werken. Die meisten waren traurige Nachahmungen, aber einige Perlen waren doch darunter, die der japanischen Literatur neue, positive Impulse gaben – sowohl der Trivial- wie der Hochliteratur. Gerade einer der wichtigsten Autoren machte am wenigsten Hehl aus seiner Poe-Verehrung: Edogawa Rampo. Edogawa Rampo ist ein Pseudonym, das aus der japanischen Schreibweise bzw. Aussprache von ›Edgar Allan Poe‹ entstand. Zu den plumpen Nachahmern gehörte Rampo aber nicht: Er ist heute als der Erfinder des japanischen Kriminalromans anerkannt – ebenso wie Edgar Allan Poe als Begründer des englischsprachigen Krimis gesehen wird.

Mehr literarisches Gewicht noch als Edogawa Rampo bringt Natsume Sōseki auf die Waage. Er gilt als einer der ganz großen Erneurer der japanischen Literatur. Sein Geschichtenzyklus *Träume der zehn Nächte* ist eindeutig von Poes Schauergeschichten inspiriert, greift in den schicksalhaften Begegnungen von Menschen und Geistern aber auf japanische Mythologie und Wertvorstellungen zurück. Bekannt wurde Sōseki jedoch weniger durch Übernatürliches als vielmehr als Chronist des realen Lebens im frühindustriellen Japan. Eines seiner beliebtesten Werke ist derweil eher leichte Kost. In *Botchan* (dt.: *Der Tor aus Tokio*) verarbeitet er humorvoll seine eigene unglückliche Zeit als Lehrer in Matsuyama auf Shikoku, Japans kleinster Hauptinsel, die in Japan zumindest zu Sōsekis Zeiten als provinzieller Hintern der Welt galt. Die Lausbuben-vs.-Lehrer-Geschichte ist eine Art japanische Feuerzangenbowle und im Entstehungsland mindestens genauso beliebt wie das deutsche Gebräu bei uns. Eigentümlicherweise besonders in Matsuyama, obwohl der Autor kaum ein gutes Haar an seiner vorübergehenden Heimatstadt ließ. Aber heute, knapp neunzig Jahre nach seinem Tod, mag man da nicht mehr kleinlich sein. Matsuyama vereinnahmt Sōseki als Sohn der Stadt (er lebte sehr viel länger in Tokio, wo auch *Botchan* entstand). Auf Matsuyamas Straßen sind 365 bis 366 Tage im Jahr Natsume-Sōseki-Festspiele. Mindestens eine Theaterbühne führt garantiert eine Botchan-Bühnenfassung auf, Sōseki wirbt auf Postern und Produktverpackungen für Drinks und Snacks. Es gibt kaum einen Artikel, auf dem nicht das Bild von Sōseki prangt, eine autoritäre, geschniegelte Erscheinung mit beeindruckendem Schnauzer und britisch wirkender Gentleman-Garderobe (er verbrachte tatsächlich einige Zeit in London, war dort aber noch unglücklicher als in Matsuyama). Ferner gibt es eine Botchan-Uhr an einer zentralen Straßenkreuzung (gegenüber der Haltestelle der Botchan-Straßenbahn), die zu jeder vollen Stunde Nachbildungen der Schlüsselfiguren des Romans herzeigt. Zu touristischen Hauptverkehrszeiten kann man sich vor ihr auch mit kostümierten menschlichen Darstellern der Romanfiguren fotografieren lassen.

Matsuyama ist überhaupt ein gutes Reiseziel für Literaturinteressierte, auch die Haiku-Dichtung hat der Stadt einiges zu verdanken. Das Haiku ist mit einer vorgeschriebenen Länge von 17 Silben die kürzeste Gedichtform der Welt. Als bedeutendster Haiku-Dichter gilt Matsuo Bashō (1644–1694). Gleichwohl ist fraglich, ob diese Form heute noch Relevanz hätte, wenn nicht im späten 19. Jahrhundert ein beherzter Reformator (manch einer schimpfte auch: Revoluzzer) auf den Plan getreten wäre: Masaoka Shiki, ein Zeitgenosse und Freund Natsume Sōsekis. Die beiden waren ungleiche Freunde: Sōseki eine imposante Erscheinung, ein polterndes Mannsbild, ein talentiertes Arschloch, wie man in der Fachwelt sagt. Shiki war der andere Schriftstellerprototyp: ein kränkliches dünnes Männchen, das gezwungenermaßen viel Zeit im Bett verbrachte und mit 34 an Tuberkulose starb. Shiki gilt als radikaler Modernisierer des Haiku. Bevor er selbst seine über 20 000 Gedichte schrieb, unterlag die Gattung nicht nur strengen Regeln in der Versform, sondern auch im Inhalt. Es durfte nur um Themen gehen, die als poetisch korrekt galten (Natur, Jahreszeiten etc.), ebenso war das zulässige Vokabular arg begrenzt. Shiki scherte sich nicht um das Dogma und schrieb über das Leben im damaligen Hier und Jetzt, in zeitgemäßen Worten.

Außer Haiku liebte Masaoka Shiki Obst. Er konnte gar nicht genug davon kriegen, führte genau Buch über die verschiedenen Obstsorten, die er am Tag so verspeiste, und malte viele davon. Im Museum, das zu seinem Andenken in seinem Geburtsort Matsuyama eingerichtet wurde, hängt neben vielen Bildern von Äpfeln, Birnen und Bananen auch ein Brief von Natsume Sōseki, in dem er sich darüber beschwert, dass Shiki einfach die Rechnungen für sein Obst an ihn schicken ließ.

Es ist leicht, sich Shiki als einen liebenswerten, aber lebensunfähigen Freak vorzustellen, der viel im Bett lag, Gedichte schrieb und Obst aß. Aber das Bild trügt, seine Produktivität war nahezu erschreckend. Noch einen Tag vor seinem Tod, stark geschwächt von der Tuberkulose und Schmerzmitteln, schrieb er seine letzten drei Haiku, seine letzte Zeitungskolumne reichte er zwei Tage vor seinem Tod ein. Neben seinen über 20 000 Gedichten schuf er auch etwas, wovon selbst weniger literarisch interessierte Japaner profitieren: Er führte japanische Baseball-Vokabeln ein, die noch heute in Gebrauch sind. Baseball war sein Ding, neben Obst und Versdichtung, und solange seine gesundheitliche Verfassung es zuließ, spielte er selbst. Sein Pseudonym Shiki, zu Deutsch Gackelkuckuck, wählte er, weil diesem Vogel nachgesagt wird, er singe so lange, bis er Blut spuckt.

Wer ohne japanische Sprachkenntnisse etwas von Masaoka Shiki lesen möchte, hat es nicht leicht. Auf Deutsch liegt nahezu nichts vor, englische Übersetzungen werden kaum noch aufgelegt. Wer zufällig mal in Matsuyama vorbeikommt: Die ›Shiki-Kinen Museum English Volunteers‹ haben mit viel Liebe und Kompetenz eine eigene kommentierte Kompilation herausgebracht, die im Museum verkauft wird.

Matsuyama ist eine Reise wert für Freunde heißer Quellen und guter Lektüre, aber die Hauptstadt der modernen japanischen Literatur ist selbstverständlich die tatsächliche Hauptstadt: Tokio. Hier wurde 1925 mit Yukio Mishima auch einer der ersten Autoren geboren, die außerhalb Japans einen Ruhm erlangten, der über Akademikerkreise hinausging. Zugegeben: Heute ist er vielen vor allem wegen seines dramatischen Abschieds aus dem literarischen Leben und dem Leben überhaupt bekannt. Am 25. November 1970 legte Yukio Mishima sein letztes fertiggestelltes Manuskript vor seiner Haustür ab und machte sich mit vier Mitgliedern seiner Privatarmee auf zu einer Tokioter Kaserne der echten japanischen Armee. Dort nahm er einen General als Geisel und versuchte, die Soldaten für einen Militärputsch zu begeistern, der den Kaiser wieder als Staatsoberhaupt einsetzen und die pazifistische Konstitution außer Kraft setzen sollte. Die Soldaten hielten nicht viel von der Idee. Desillusioniert beging Mishima mithilfe eines seiner Getreuen an Ort und Stelle Seppuku, eine ritualisierte Form von Selbstmord, bei der sich der Selbstmörder den Bauch aufschlitzt, woraufhin ein Adjutant ihm den Hals durchtrennt.

Wie konnte das passieren? Darüber streiten die Mishimaisten in aller Welt. Viele sind der Auffassung, dass das, was an jenem Novembertag geschah, mehr psychologisch als politisch motiviert war. Mishima war ein manischer Ästhet und extrovertierter Unterhaltungskünstler. Er litt sehr darunter, dass sein Karriereflug zu jener Zeit schon merklich an Höhe verloren hatte und dass sein Körper, den er durch rigoroses Krafttraining stählte, nicht ewig jung und makellos bleiben würde. Man kann davon ausgehen, dass er von vornherein wusste, dass der Putsch nicht stattfinden und er in der Kaserne durch die eigene Hand sterben würde: Die Tat war also eine Mischung aus privater Erlösung und letzter öffentlicher Performance. Auch seine Privatarmee, die er ungefragt zum ›Schutz des Kaisers‹ gegründet hatte, lässt sich leicht als Militärfetisch eines Männer liebenden Mannes lesen.

Mishimas absurde politische Ansichten sollen auf keinen Fall schöngeredet werden, aber wer ihn nur als rechtsradikalen Hobbymilitaristen mit Vollmeise abtut und rechts liegen lässt, versagt sich die Lektüre eines der lesenswertesten Autoren des 20. Jahrhunderts. Emsig wurde in seinem Werk nach Hinweisen auf sein Ende gesucht, und man wurde schnell fündig. Am eindeutigsten wohl in der Kurzgeschichte *Yūkoku*, die er selbst als Regisseur mit sich in der Hauptrolle verfilmte, fünf Jahre vor seinem Tod. Darin geht es um einen kaisertreuen Soldaten, der sich nach einem missglückten Putschversuch gemeinsam mit seiner Frau das Leben nimmt.

Der Film war unter dem Titel *Patriotism* in erster Linie für das internationale Publikum gedacht. Mishima war bei allen rechten Ansichten alles andere als ein Fremdenfeind. Er sprach mehrere Sprachen fließend, hielt immer wieder Vorträge vor Ausländervereinen in Japan, bereiste die Welt und verhehlte nicht seine Vorliebe für westliche Autoren wie Oscar Wilde und Thomas Mann. Er wünschte sich das alte, ge- und verschlossene Japan zurück. Aber er wünschte sich auch, dass das Ausland seinen Wunsch verstand.

Ein weniger plakativer Hinweis auf Mishimas zerstörerische und selbstzerstörerische Tendenzen als in *Patriotism* findet sich bereits in einem Roman von 1956. In *Der Tempelbrand* ist ein junger, von Minderwertigkeitskomplexen geplagter Mönch derart eingeschüchtert von der Schönheit des Goldenen Pavillons, einem berühmten Kyotoer Tempelbau, dass er sich entschließt, ihn niederzubrennen (der Roman basiert auf einer wahren Begebenheit, der Tempel wurde aber inzwischen wieder aufgebaut). Ein kraftvoller, schlüssiger Roman über die Tyrannei der Schönheit und die, die sie empfinden. Heute so relevant wie eh und je.

Der amerikanische Filmemacher Paul Schrader, spätestens seit seinem Drehbuch zu *Taxi Driver* ein Spezialist für ebenso martialische wie dubiose Mannsbilder (und seit seinem früheren Drehbuch zu *The Yakuza* ein bekennender Japanophiler), huldigte Yukio Mishima 1985 mit dem Film *Mishima: A Life in Four Chapters*, einer hochstilisierten, episodisch angelegten Verquickung von erzählter Biografie und punktueller Werkverfilmung. Es war eines jener künstlerisch wertvollen, aber (aber?) himmelschreiend unkommerziellen Großprojekte, mit denen Francis Ford Coppola in den Achtzigern seine Produktionsfirma Zoetrope nach Strich und Faden in den Ruin trieb. In den USA tendierte das Publikumsinteresse gegen null. Ein bühnenhaft inszenierter Film, teilweise in Schwarz-Weiß gedreht, in dem fast ausschließlich Japanisch gesprochen wird, mit avantgardistischer Musik von Philip Glass – wer hätte gedacht, dass die Leute lieber Michael J. Fox auf Zeitreise zur Musik von Huey Lewis schauen? Da war es besonders fatal, dass die Situation für den Film in Japan noch düsterer war. Hartnäckig hält sich bis heute das schlichtweg falsche Gerücht, er sei dort verboten. Wie in jedem anderen freiheitlichen Land auch werden in Japan keine Filme verboten. Wie jedes andere freiheitliche Land auch hat Japan viel subtilere Methoden, Filme der Öffentlichkeit vorzuenthalten. Zuerst sprach sich Mishimas Witwe, die vorher als Beraterin mitgewirkt hatte, gegen den Film aus, weil ihr der Fokus auf Mishimas letztem Tag ebenso wenig gefiel wie die offene Darstellung des homosexuellen Lebenswandels ihres Mannes. Dann wurde der Film von Tokios internationalem Filmfestival abgelehnt. Wie zu erwarten war, machten ultrarechte Kreise Stimmung gegen Schraders Werk. Schließlich behauptete sogar das japanische Filmstudio Toho-Towa, das den Film mitfinanziert hatte und ihn in Japan vertreiben sollte, in Wirklichkeit gar nichts damit zu tun zu haben. Kinobetreiber hatten Angst vor harmoniestörenden Protesten, und *Mishima* fand nie einen Verleih. Irgendwann kam der Film jedoch ins Fernsehen – in geschnittener Fassung; eine Szene, die in einer Schwulenbar spielt, musste dran glauben.

2008 rang sich das amerikanische Streber-Label Criterion durch, dem Film eine angemessen opulente DVD-Veröffentlichung zukommen zu lassen. Darauf erstrahlt nicht nur der Film in prallen Farben (bzw. Grautönen), sondern es gibt neben den üblichen Dokumentationen zur Entstehung des Films auch welche zu Yukio Mishima selbst.

Ob es unter den heutigen japanischen Autoren welche gibt, die Privatarmeen unterhalten, ist zu bezweifeln. Der Schriftsteller, Filmemacher und TV-Talker Ryu Murakami wird mitunter im rechten Lager verortet, aber wir wollen hier keine voreiligen Verdächtigungen aussprechen. Vielleicht ist er auch nur einer dieser schrecklich penetranten Zwangsprovokateure, die einfach immer in die große Runde brüllen in der Hoffnung, dass sich irgendwer schon beleidigt fühlen wird. Zwar zeichnet er in seinem humoristischen (ein Einzelfall in Murakamis Œuvre) Roman *69* noch ein recht zärtliches Bild von der linken Studentenbewegung der späten Sechziger, die auch Japan nicht umschiffte, aber ohne Spott ist seine Zeichnung sicher nicht, außerdem sieht die Hauptfigur, ein Teenager mit den üblichen Teenagerprioritäten, die politische Revolution ausschließlich als Vorwand, seine persönliche sexuelle Revolution einzuleiten. Fest steht, dass Ausländer bei Murakami meist Eindringlinge sind und nicht allzu gut wegkommen. Sei es als Drogendealer in *Blaue Linien auf transparenter Haut*, einem wilden autobiografischen Schwank aus seiner Jugend im US-Kasernen-Umfeld, oder als Serienkiller im Rotlichtdrama *In der Misosuppe*. Fest steht außerdem, dass bei ihm überhaupt niemand gut wegkommt, schon gar nicht das lethargische und amoralische japanische Personal seiner Bücher und Filme. Eine Distanzierung von Nationalismus oder Patriotismus muss das nicht sein. Man könnte auch die Forderung heraus- oder hineinlesen, dass ein Ruck durchs Land gehen müsse.

Ideologisch unbedenklicher kommt der Namensvetter Haruki Murakami daher (keinerlei Verwandtschaft, Murakami ist ein japanischer Müller-Meier-Schmidt-Name). Er ist der große internationale Knuddelbär der japanischen Literatur. ›International‹ ist dabei das Schlüsselwort. In Japan mag Murakami hohes Ansehen genießen, aber im Ausland scheinen seine Leser ihn für den wiedergeborenen Heiland zu halten. Sein Ruf in Japan ist vergleichbar mit dem Hermann Hesses in Deutschland: In jungen Jahren macht jeder Leser mal so eine Phase durch, aber das gibt sich. Meist kommt diese Phase nach der Phase mit den drei Fragezeichen, und man fühlt sich plötzlich sehr erwachsen. Ein sicheres Zeichen, dass man es noch nicht ist, sondern sich gerade erst auf den Weg gemacht hat. Was nicht heißen soll, dass Murakami-Liebhaberei komplett als jugendliche Marotte abzutun wäre, der Mann hat seinen Erfolg redlich verdient. Und er hat ihn auf die redlichste denkbare Weise genutzt: Er hat sich freigeschrieben. Muffelig könnte man sagen: Der Murakami kann inzwischen ja schreiben, was er will! Begeistert muss man hinzufügen: Und zum Glück tut er das auch! Von den melancholischen Männern, die in verrauchten Jazzkneipen verflüchtigte Beziehungen zu komplizierten Frauen rekapitulieren, ist er inzwischen in einen bizarren Kosmos übergewechselt, der ganz sein eigener ist und der auch mit Angebervokabeln wie ›magischer Realismus‹ nur unzulänglich beschrieben ist. In Romanen wie *Mister Aufziehvogel* oder *Kafka am Strand* spielt er mit Realitäten und Identitäten, Täuschungen und Vielleichtwahrheiten auf eine Art, die mit Mitteln der Literatur, bei der doch immer alles eindeutig, weil schwarz auf weiß dasteht, nur schwer zu erreichen ist. Eigentlich ist diese Literatur eher dem Kino eines David Lynch verwandt mit seinen unverlässlichen Bildern, seiner erzählerischen Traumlogik und seinem Imaginären im Imaginären als mit anderen Schriftwerken.

Ein deutscher Bekannter fragte mich nach der Lektüre von *Kafka am Strand* entgeistert, ob es in Japan wirklich so sei wie in den Romanen von Haruki Murakami. Das ist ungefähr so, als würde man fragen, ob es in Amerika wirklich so ist wie in den Filmen von David Lynch. Die Antwort muss natürlich lauten: Aber ja! Irgendwie.

Eilmeldung: Auch Frauen schreiben in Japan! *Die Geschichte vom Prinzen Genji*, der voluminöse Startschuss der japanischen Belletristik im elften Jahrhundert, wird der kaiserlichen Hofdame Shikibu Murasaki zugeschrieben. Moderne Autorinnen fassen sich meist kürzer. Banana Yoshimoto wurde in den späten Achtzigern mit zeitgeistigen, im Guten wie im Bösen federleichten Romanen über eine orientierungslose, aber diffus idealistische urbane Jugend berühmt. Damit kann man sie als eine Vorreiterin sowohl der amerikanischen Generation X sowie der deutschen Popliteratur sehen. Ein japanisches Fräuleinwunder läutete sie außerdem ein. Yoshimotos Pseudonym geht übrigens tatsächlich auf ihr Lieblingsobst zurück.

Inzwischen gehört Yoshimoto eher zum verlässlichen Establishment denn zu den jungen Wilden der japanischen Literatur, was schlicht daran liegt, dass niemand lange jung ist und dass sie wild noch nie war.

Aber es wachsen genügend junge Schriftstellerinnen nach, und sie werden von Jahr zu Jahr jünger und wilder. Schreiben mitunter darüber, dass junge Frauen auch etwas drunter und innendrin haben. Ähnlich wie in Deutschland gibt es das dazu passende Feuilleton, das auf diese Informationen völlig überrascht reagiert.

Dass Schriftsteller ihr Handwerk institutionell erlernen oder von familiären Banden profitieren, findet in Japan niemand verdächtig oder anstößig. Niemand blickt auf Autoren hinab, die von der Schreibschule kommen oder von literarischen Koryphäen abstammen. Hitomi Kanehara hatte Unterstützung ihres Vaters, eines renommierten Literaturprofessors und Übersetzers, als die damals 21-Jährige 2003 mit *Tokyo Love*, einer ungemütlich zu lesenden Liebesgeschichte aus dem Körpermodifikationsmilieu, den Skandalroman/Bestseller/Preisabräumer des Jahres ablieferte. Banana Yoshimoto ist die Tochter eines berühmten Philosophen und Literaturkritikers. Hellhörig wird die Öffentlichkeit eher, wenn Autoren aus kunstfernen Kreisen stammen und auf ungeradem Wege zum Schreiben gefunden haben. Über Miyuki Miyabe, einer Art weiblichen japanischen Stephen King, wird man nicht müde zu betonen, dass diese überaus erfolgreiche (und sehr gute) Krimi/Fantasy/SF/Horror-Autorin irgendwann, nach einer üblichen Bürokarriere, einfach so mit dem Schreiben angefangen habe, ohne dahingehende Ausbildung oder sonstige Berechtigung. Ähnliches gilt für Natsuo Kirino, deren ganz großer Durchbruch erst mit Anfang fünfzig kam, nach

Büro, Kindern und einer Fortbildung in Drehbuchschreiben. Jener große Durchbruch hatte im japanischen Original den englischen Titel *Out*, wurde in alle Welt übersetzt und heißt auf Deutsch *Die Umarmung des Todes*. Es geht um eine Frauenclique, die den Affektmord am Ehemann einer der Frauen zu vertuschen versucht. Dabei blicken sie nicht nur in ihre eigenen seelischen Abgründe, sondern bekommen auch sehr handfesten Ärger mit der Tokioter Unterwelt. Das kann man als Thriller lesen, aber es ist viel mehr. Die Rolle der Frau in der Gesellschaft versus das Selbstverständnis der Protagonistinnen wird genauso thematisiert wie die Stellung der Einwanderer in Japan und die Arbeitsbedingungen in unteren Mittelschichtsberufen.

Auf dem deutschsprachigen Markt hat man Natsuo Kirino einen Bärendienst erwiesen, indem man nach *Die Umarmung des Todes* erstens eine kleine Ewigkeit gewartet hatte, bis man sich ein zweites Buch traute, und dann mit *Teufelskind* ausgerechnet eines ihrer schwächeren und sperrigsten wählte. Die Geschichte über ein ungeliebtes Waisenkind, das als junge Frau zur blutrünstigen Serienrächerin wird, gräbt zwar wieder konsequent am unteren Rand der Gesellschaft, aber die kaleidoskopartige Struktur mit wechselnden Hauptfiguren schmälert das Lesevergnügen erheblich. Warum man sich gerade von diesem experimentellen und schmalen Werk einen Erfolg versprach, wo doch der deutsche Leser auf die traditionelle Schmökerschwarte geeicht ist, ist nicht nachvollziehbar. Wer zwar nicht des Japanischen, aber doch des Englischen mächtig ist, sollte unbedingt weiterlesen. Mit den Psychodramen *Grotesque* und *Real World* liegen im englischsprachigen Raum zwei Titel neben *Out* vor, die beide trefflicher Kirinos Talent für spannende Erzählungen und wütende Gesellschaftskritik widergeben als das ambitionierte, aber ein wenig missratene *Teufelskind*.

Comics sind kein Kinderkram

In der japanischen Kunst hatten Bilder schon immer erzählerische Qualitäten, wodurch die Geburtsstunde des japanischen Comics, des Manga, schwerlich genau zu benennen ist. Der Begriff wird dem Holzschnittkünstler Katsushika Hokusai (1760–1849) zugeschrieben und bedeutet in etwa ›wunderliche Bilder‹. Hokusai war für seine Naturbilder ebenso bekannt wie für seine detaillierten Darstellungen des alltäglichen Menschenlebens. Manga war für lange Zeit ein recht beliebiger Sammelbegriff für Karikaturen, Cartoons und simple Comicstrips in Zeitungen. Der Startschuss für das, was heute international als Manga bekannt ist und in Japan genauer als Story-Manga bezeichnet wird, ist derweil genau zu terminieren: 1947 erschien *Shin-Takarajima* (Die neue Schatzinsel) vom 1928 geborenen Texter und Zeichner Osamu Tezuka. Auf fast 200 Seiten erzählte der Manga eine zusammenhängende Geschichte und benutzte optische Stilmittel, die von der Ästhetik und Schnitttechnik der Filmsprache inspiriert waren. Ein Genre, das bis dahin auf simple Pointen und statische Darstellungen setzte, wurde durch einen dynamisch erzählten Plot auf einen Schlag revolutioniert. Das gefiel Kindern genauso wie Erwachsenen, und bald gab es Bildergeschichten, die sich explizit an ältere Leser wandten. Selbstverständlich war und ist darunter allerlei Schlüpfriges, aber auch vieles, dessen inhaltliche Komplexität jüngere Leser überfordern würde. Osamu Tezuka leistete selbst mehrere Beiträge, unter anderem mit Manga-Adaptionen von Dostojewskis *Schuld und Sühne* und Goethes *Faust*, der Lebensgeschichte Buddhas und seinem Spätwerk *Adolf* über drei Männer namens Adolf, deren Schicksal miteinander verwoben ist: ein japanisch-deutscher Jude, ein Nazi und Adolf Hitler. Kindern schenkte er Ikonen wie den frechen Roboter Astro Boy oder Kimba, den weißen Zeichentricklöwen, an dem auch kein Deutscher vorbeikam, der in den

Siebzigern Kind war. Kimbas Abenteuer und Figurenensemble wurde 1994 für den Disney-Film *Der König der Löwen* dreist kopiert, wobei außerdem Teile der Moses-Geschichte und aus Shakespeares *Hamlet* übernommen wurden (nicht die schlechteste Gesellschaft für einen Manga). Warum damals stolz behauptet wurde, *Der König der Löwen* wäre der erste Disney-Zeichentrickfilm, der *nicht* auf einer Vorlage basiere, gibt heute Rätsel auf. Vielleicht lag die Betonung in dieser Feststellung auf *einer*.

Osamu Tezuka als den japanischen Walt Disney zu bezeichnen ist nicht ganz verkehrt, aber ein wenig untertrieben. Er ist ebenso die japanische Entsprechung Will Eisners, des Erfinders des literarischen US-Comics, und ihn umweht etwas Staatsmännisches und Sakrales. In Japan hat er den Beinamen ›Gott der Comics‹, und als er 1989 starb, bekam sein Tod fast genauso viel Presse wie der von Kaiser Hirohito ein paar Wochen zuvor. Als Manga-Gott ist er durch seinen Tod freilich nicht gestorben, sondern unsterblich geworden. Noch immer werden seine Werke aufgelegt, fortgesetzt und verfilmt. Eine landesweite Ladenkette verkauft ausschließlich Merchandisingartikel seiner Kreationen, in der Stadt Takarazuka ist ihm ein Museum gewidmet.

Tezuka war Autor und Zeichner in Personalunion, die meisten Mangas entstehen aber in der klassischen Arbeitsteilung eines Künstlers und eines Schreibers. Ein maßgeblicher Autor ist Kazuo Koike, der in den Siebzigern mit unterschiedlichen Zeichnern zwei Reihen für Erwachsene schuf, die heute jedes (japanische) Kind kennt. In *Lone Wolf & Cub* zieht ein herrenloser Samurai durchs Land, der sich als Auftragsmörder verdingt. Immer im Schlepptau: sein kleiner Sohn im Krabbelalter. Ein alleinerziehender Vater mit einem gefährlichen Beruf. In *Lady Snowblood* rächt die sexy und tödliche Titelfigur den Mord an ihrem Vater und die Vergewaltigung ihrer Mutter. Der Comic ›inspirierte‹ Quentin Tarantino zu seinem Rabaukenfilm *Kill Bill*, aber man muss das nicht gesehen haben. Schließlich wurde *Lady Snowblood* in Japan schon 1973 gut und richtig verfilmt. Die japanische Verfilmung von *Lone Wolf & Cub* aus den Siebzigern ist in Japan ein Teil der TV-Folklore wie im Westen *Bonanza*.

Ein Manga-Phänomen jüngeren Datums ist die zwölfbändige Reihe *Death-Note* von Tsugumi Ohba (Story) und Takeshi Obata (Zeichnungen), die bislang eine Zeichentrickserie, zwei Realfilme sowie mehrere weiterführende Romane und Film-Spin-offs nach sich zog. Darin findet ein gelangweilter Musterschüler ein Notizbuch aus dem Reich der Toten, mit dem er jeden umbringen kann, dessen Namen er in das Buch schreibt. Er schwingt sich zum Richter über Gut und Böse, Leben und Tod auf, und bald beginnt ein seltsames weltweites Massensterben zwielichtiger Gesellen. Ein exzentrischer Superdetektiv übernimmt den Fall, und die beiden verwickeln einander in ein ebenso rasantes wie intellektuell raffiniertes Katz-und-Maus-Spiel. Im späteren Verlauf kann einem ein wenig schwindelig werden von all den »Wenn-er-weiß-dass-ich-weiß-dass-er-weiß-dass-ich-weiß-dass...«-Planspielen der Protagonisten, aber man kann nicht anders als fieberhaft weiterlesen. Derart vielschichtige Figuren, moralische Diskurse und überraschende Handlungswendungen wie in diesem Comic findet man in der unbebilderten Fantasy-Literatur von heute kaum.

Wo Comics sind, sind Zeichentrickfilme nicht weit. Das Prinzip des Zeichentrickfilms für Erwachsene war in der westlichen Welt keineswegs unbekannt, bevor die Japaner kamen. Gemeint waren damit aber lange Zeit so gut wie ausschließlich kindische Frivolitäten à la *Tarzoon – Schande des Dschungels* oder spätpubertäre Jungsphantasien wie der Blut-und-Busen-Film *Heavy Metal*. Nun soll nicht behauptet werden, jeder japanische Erwachsenentrickfilm berufe sich ausschließlich auf den Reich-Ranicki-Literaturkanon. Auch und gerade im Anime, wie der japanische Animationsfilm frankophil genannt wird, gibt es einen unüberschaubaren Sumpf aus Machwerken, die einzig der Frust- und Lustabfuhr dienen. Aber daneben eben florieren auch Filme von großer Ernsthaftigkeit und künstlerischer Qualität, die ihre gehobene Altersfreigabe nicht wippenden Brüsten und fliegenden Innereien verdanken, sondern der Komplexität ihrer Plots, Themen und Figuren. In Deutschland leistete man in den Neunzigern endlich Aufklärungsarbeit, indem man das Wagnis einging, die Science-Fiction-Animes *Akira* und *Ghost in the Shell* in die Kinos zu bringen. Immerhin mit dem Ergebnis, dass sich hierzulande eine liebenswert hundetreue Fangemeinde bildete, die heute das DVD-Geschäft mit Animes zu einem lohnenden macht.

Akira erzählt eine Geschichte um Jugendbandenkriege und Genmanipulation in einem futuristischen, postnuklearen Trümmer- und Neon-Japan. *Ghost in the Shell* bedient sich des klassischen Science-Fiction-Themas menschenähnlicher Roboter und ihrer Stellung in der Gesellschaft. Beide Filme behandeln dabei Fragen über die Menschenwürde und -identität oder das Verhältnis von Staat, Individuum und Gesellschaft ernsthafter als die meisten Realfilme ihres Genres. In Deutschland warb man für *Akira* mit dem Slogan: ›Der Zeichentrick-*Blade Runner* der Neunziger‹. Treffender hätte der Spruch auf das Poster von *Ghost in the Shell* gepasst, der mit seiner Mensch-Maschine-Thematik gewisse inhaltliche Ähnlichkeiten mit dem Ridley-Scott-Realfilm hat. *Ghost in the Shell* verhandelt diese Themen aber ausdauernd und konsequent, wo sich *Blade Runner* einfach in seiner urbanen Guck-mal-hier-Ästhetik genügt.

Roboter sind freilich ein Thema, das in Japan zusehends den Bereich der Science-Fiction verlässt und in den Bereich der Realität vordringt. Kuschelige Pelzroboter werden als Trostspender in der Altenbetreuung eingesetzt, und in einem Einkaufszentrum in Osaka gibt es Wegweiserroboter, die orientierungslose Einkäufer an ihren Bewegungsmustern erkennen und ihnen selbstständig Hilfe anbieten. Kein Wunder, dass die japanische Kunst das Thema ernst nimmt. Der viel gelobte Zukunftslook des amerikanischen *Blade Runner* war übrigens am Gegenwartslook von Yokohama und Tokio inspiriert. Es braucht wohl japanische Zeichentrickregisseure und -autoren, um diese Ästhetik mit Inhalten zu füllen. Wer unter Science-Fiction mehr versteht als Raumschiffe, die schnell hintereinander herfliegen und dabei aufeinander schießen, kommt an Animes nicht vorbei. Und wer mit schießenden Raumschiffen zufrieden ist, wird dort auch etwas finden. Vielleicht hat man Glück, und die Raumschiffe werden sogar von großäugigen Mädchen ohne Oberteile gesteuert.

Und wer mit Science-Fiction gar nichts anfangen kann, wird erst recht fündig. Weltweit gelten die Filme der Ghibli-Studios als offiziell anspruchsvoll. Das hatte spätestens 2003 auch der Letzte mitbekommen und akzeptiert, als *Chihiros Reise ins Zauberland* den Oscar für den besten Zeichentrickfilm gewann – nachdem er 2002 schon den Goldenen Bären von Berlin als bester Film und 2003 den französischen César als bester nichtfranzösischer Film abgeräumt hatte; von zahllosen japanischen Auszeichnungen und internationalen Genrepreisen ganz zu schweigen. Mir persönlich kommen die Ghibli-Filme immer ein wenig zu gediegen und bildungsbürgerlich daher. Ich muss dabei an den Gallier Asterix und seine Leserschaft denken. Ähnlich wie *Asterix* ein Comic für Menschen ist, die normalerweise keine Comics lesen, so produzieren die Ghibli-Studios Zeichentrickfilme für Menschen, die eigentlich keine Zeichentrickfilme schauen. Dagegen ist prinzipiell nichts einzuwenden, mit irgendwas müssen die ja geködert werden. Dumm ist nur, dass die bildungsbürgerlichen Asterix- und Ghibli-Anhänger sich mit ihren Steckenpferden bereits auf den Gipfeln wähnen, obgleich ihr Ritt zu den wahren künstlerischen Höhen der Gattungen noch nicht einmal begonnen hat. Lohnender sind da die Filme des Regisseurs

Satoshi Kon. In *Tokyo Godfathers* erzählt er von drei Obdachlosen (einem alten Säufer, einem Transvestiten und einer jungen Ausreißerin), die in der Weihnachtsnacht an ein Findelkind kommen und sich auf die Suche nach den Eltern machen. Es handelt sich um ein Paradebeispiel für einen gelungenen Weihnachtsfilm. Nämlich einen, der nicht nur gewohnheitsmäßige Weihnachtsfilmgucker überzeugt, sondern auch Weihnachtsfilmgegner austrickst.

Wer auf Weihnachtsfilme gemeinhin allergisch reagiert, wird vom schroffen Realismus angetan sein, mit dem *Tokyo Godfathers* seine Odyssee durch die Tokioter Obdachlosen-, Yakuza-, Einwanderer- und Schwulenszene erzählt. Dennoch siegt der Geist der Weihnacht auf ganzer Linie mit einem Happy End, das nicht breit ausgewälzt wird, sondern mit vornehmen Andeutungen das Herz sanft erwärmt. Weihnachtliche und christliche Symbolik wird lustvoll gebrochen, ohne die Botschaft zu zerstören. Aufgeschlossenen Musikfreunden bietet *Tokyo Godfathers* außerdem die seltene Gelegenheit, so sie sich für die nicht synchronisierte Fassung entscheiden, *Stille Nacht* auf Japanisch zu hören. Und eine verpoppte japanische Version von Schillers Ode ›An die Freude‹ bereichert den Abspann.

Die Grundidee zu *Tokyo Godfathers* geht zurück auf einen Western mit John Wayne. Dass filmische Inspiration ansonsten eher von Osten nach Westen wandert, werden wir in wenigen Absätzen erleben. Dennoch kommt es immer wieder vor, dass Anime- und Manga-Künstler auf westliche Mythen zurückgreifen, um ihren Werken exotischen Schmiss zu verleihen. Interessant ist das meistens, gelungen nicht immer. Positivbeispiel ist der Anime *Steamboy* von *Akira*-Regisseur Katsushiro Otomo, ein im viktorianischen England angesiedelter Retro-Technik-Thriller. Vornehme britische Exzentrizität und japanische Comic-Craziness ergänzen sich aufs Schönste und ergeben ein stilvolles und erfindungsreiches

Abenteuer. Wenn sich eine Gruppe von Bobbies mit einer Truppe von Kampfrobotern konfrontiert sieht, ist das wie ein Aufeinandertreffen der Stilikonen der beiden Kulturen. Umso japanischer werden die Roboter dadurch, als sich herausstellt, dass in Wirklichkeit Menschen in ihnen stecken. Da wäre man wieder bei der klassischen Frage, wo der Mensch aufhört und die Maschine anfängt bzw. umgekehrt. Eine Frage, die in Japan nicht nur technologische, sondern auch gesellschaftsphilosophische Relevanz hat angesichts des streng regulierten Arbeitslebens von Sararimen und Office Ladies. Dass es im Kern von *Steamboy* um eine kaum kontrollierbare neue Technologie geht, die im Idealfall vielen Menschen Wärme und Energie spenden kann, aber in den falschen Händen nur Tod und Verderben bringt, ist ebenfalls nicht unterzubewerten in einem Film aus einem Land, das einerseits von zwei Atombombenabwürfen nach wie vor stark traumatisiert ist und das andererseits an Atomreaktoren festhält wie kaum ein zweites.

Sadako, lass dein Haar herunter: der japanische Film als Exportschlager

Ein geheimnisvoller Fremder kommt in eine kleine staubige Stadt mitten im Nirgendwo. Die Einwohner leben in Angst und Schrecken vor den beiden Verbrecherbanden, die die Stadt unterjocht haben und sich auf ihren Straßen gegenseitig bekriegen. Gute Geschäfte macht nur der Sargtischler. Der Fremde, eher ein Freund von Taten als von Worten, verdingt sich als Mann fürs Grobe auf beiden Seiten und spielt so die Banden gegeneinander aus. Zum Schluss ist die Stadt befreit, und der Fremde geht seines einsamen Weges.

Hier liegt der Fall für den halb gebildeten Filmfreund eindeutig. Ah! Clint Eastwood! Sergio Leone! Für eine Handvoll Dollar! Die Sternstunde des Italo-Westerns! Der Besserwisser aber muss mit der Penetranz eines Schweizer Hustenbon-bonwerbers fragen: Wer hat's erfunden?

Die Japaner haben's erfunden. Oder besser: ein Japaner. Der Regisseur Akira Kurosawa schuf 1961 mit *Yojimbo – der Leibwächter* einen Film, der mit seiner kargen Ästhetik, seinem stoischen, unrasierten Antihelden und seinen dramatischen Duellen auf menschenleeren Straßen, auf denen allenfalls Sandwehen oder abgestorbene Flora sich zu bewegen trauen, zum atmosphärischen Vorbild für jeden italienischen Western wurde und dessen Plot eins zu eins in *Für eine Handvoll Dollar* übernommen wurde; mit Pistolen statt Schwertern und Whiskey statt Sake. *Für eine Handvoll Dollar* blieb nicht der einzige Film Kurosawas, der im Ausland Nachahmer fand. Und schon gar nicht der einzige japanische Film, dessen Westversionen vielen bekannter sind als die Originale.

Akira Kurosawa gilt außerhalb Japans als bedeutendster Regisseur Japans und einer der bedeutendsten überhaupt. Im eigenen Land hinkte sein Ruf, wie bei Propheten üblich, stets etwas hinterher. Er brach mit einigen Traditionen des japanischen Kinos, und Traditionsbruch wird in Japan traditionell nicht so gern gesehen. Noch heute feixt so manch japanischer Filmkenner über die Kurosawa-Anbetung seiner europäischen und amerikanischen Artgenossen. Seinen internationalen Durchbruch schaffte der Regisseur 1950 mit *Rashomon*, einer verschachtelten Verfilmung zweier Kurzgeschichten von Ryunosuke Akutagawa, einem der bedeutendsten Schriftsteller Japans, wobei er von einer Geschichte (›Rashomon‹) den Handlungsort und von der anderen (›Im Dickicht‹) die Handlung übernahm. Ein Mordfall wird aus den Berichten aller Beteiligten, dank Medium inklusive des Ermordeten, rekonstruiert. Keine Version gleicht der anderen, der wahre Täter, das Motiv und das tatsächliche Verhältnis der Charaktere zueinander bleiben im Dunkeln. Die einzige verlässliche Wahrheit, die ans Licht kommt: Menschen sind merkwürdig und tun merkwürdige Dinge.

Mit seiner ungewöhnlichen erzählerischen Struktur, seiner morbiden Atmosphäre und seinen ambivalenten Figuren gehört *Rashomon* zu den ganz großen Klassikern der Filmgeschichte. Sein Einfluss ist noch Jahrzehnte später spürbar. Der amerikanische Drehbuchautor Christopher McQuarrie macht keinen Hehl daraus, dass sein Krimipuzzle *Die üblichen Verdächtigen* (1995) von *Rashomon* inspiriert wurde. Auch das chinesische Historiendrama *Hero* von 2002 bedient sich dramaturgischer Kniffe aus *Rashomon*, zudem könnte Jet Lis namenlose Hauptfigur ein naher Verwandter der geheimnisvollen Einzelgänger sein, die Kurosawas Lieblingsdarsteller Toshiro Mifune in *Yojimbo* und einigen anderen Filmen spielte. Der italienische B-Movie-Ästhet und verhinderte Intellektuelle Mario Bava, selbst einer der einflussreichsten und somit meistnachgeahmten Regisseure der Filmgeschichte, benutzte *Rashomon* sogar als Vorlage für eine groovy Sixties-Sexkomödie (*Quante volte... quella notte*).

Mehr als nur zulässige Inspiration war im Spiel, als John Sturges 1960 seinen Western *Die glorreichen Sieben* präsentierte. Der Film war ein lupenreines Imitat von Kurosawas bekanntestem Film *Die sieben Samurai* von 1954. Kurosawas Film erzählt die Geschichte eines armen Bauerndorfes, dessen Einwohner ihre letzten Ersparnisse zusammenkratzen, um eine Gruppe abgehalfterter Samurai anzuheuern, die das alljährlich ins Dorf einfallende Banditenheer in die Flucht schlagen sollen. Sturges verlegte das Dorf einfach von Japan nach Mexiko und machte aus den Samurai Cowboys.

Dass der Meisterregisseur Kurosawa seinen Plagiatoren mit der Gelassenheit eines Zen-Meisters begegnete, kann man nicht behaupten. An Sergio Leone schrieb er in Bezugnahme auf *Für eine Handvoll Dollar*: »Es ist ein guter Film, aber es ist mein Film.« Gemessen an der japanischen Art der bestenfalls indirekten Konfliktbenennung, war das schon ein sehr direkter Rüffel. Am Italiener Leone, wahrscheinlich Auseinandersetzungen der lautstärkeren Art gewohnt, ging diese Kritik komplett vorbei. Er deutete den Brief gar als Kompliment und freute sich darüber wie ein Schneekönig. Wahrscheinlich hatte er nur bis »guter Film« gelesen. Die Freude war von kurzer Dauer, denn im nächsten Schritt verklagte Kurosawas Studio Leones Studio erfolgreich auf Zahlung von 15 Prozent der Kinoeinnahmen des italienischen Films. Dadurch machte Kurosawa mit *Für eine Handvoll Dollar* mehr Geld als mit *Yojimbo*. Gut, war ja auch sein Film.

Als Walter Hill *Yojimbo* 1996 (zwei Jahre vor Kurosawas Tod) mit *Last Man Standing* noch einmal als amerikanischen Gangsterfilm verwurstete, tat er dies immerhin als offizielles Remake mit Brief und Siegel. Überhaupt war der Umgang amerikanischer Filmemacher mit Kurosawa im Herbst seines Lebens deutlich respektvoller geworden. Schon Leone und Sturges hatten es ihrerzeit nicht böse gemeint, sondern den japanischen Regisseur als Vorbild verehrt. Sie hatten nur eine fragwürdige Art gehabt, ihre Verehrung zu zeigen. Ein glücklicheres Händchen hatten da Francis Ford Coppola, Steven Spielberg und George Lucas, dessen *Star Wars* auf Motiven von Kurosawas *Die verborgene Festung* beruhte. Sie ermöglichten ihrem Vorbild als Produzent bzw. Mäzen ein beachtliches Comeback in den Achtzigern mit Spätwerken wie *Kagemusha* und *Ran*, einer Samurai-Version von *King Lear*.

Einen Traum aber konnten auch seine amerikanischen Freunde ihm nicht erfüllen: Kurosawa hätte liebend gerne einen Godzilla-Film inszeniert. Auf den ersten Blick lässt sich das schwer unter einen Hut bringen, scheint doch Kurosawa für die große, hehre, intellektuelle japanische Filmkunst zu stehen und *Godzilla* für die Kehrseite der Medaille: tösender und grunzender Gummimonsterklamauk für Jungs unter zwölf und, hm, geistig jung gebliebene Erwachsene. Lag Kurosawas Gewogenheit einzig darin begründet, dass er mit Godzilla-Regisseur Ishiro Honda befreundet war? Sicherlich nicht, denn in der Story des Films steckt viel mehr als ein Monster, das ein paar Eisenbahnwaggons zum Frühstück isst und dann gut gestärkt ein paar Häuser niedertrampelt. Wir erinnern uns: Godzilla ist ein Dinosaurier, der durch die Atombombenabwürfe der Amerikaner aus seinem Schlaf im Meer erweckt wird, woraufhin er verstrahlt und zornig ein Fischerdorf niedermacht, dessen Bewohner ihn für einen wiedergekehrten mythologischen Drachen halten, und dann Kurs auf Tokio nimmt, um dort ebenfalls nichts als Schutt und Asche zu hinterlassen. Bezwungen wird er letztendlich durch eine neuartige Wunderwaffe, die der verantwortliche Wissenschaftler nie publik machen wollte, weil er um ihr verheerendes Potenzial wusste.

Wenn jemals eine Nachtigall getrapst hat, dann hier. Selbstredend ist *Godzilla* in erster Linie Unterhaltung für die Massen. Ein Riesenmonster (Mann in Kostüm), das ganze Städte (Märklin) vernichtet. Aus Amerika kannte man schon lange King Kong, aber der alte Affe war von vornherein ein liebestoller Antiheld, während Godzilla eine echte Bedrohung darstellte. Aber es konnte keinem Japaner entgehen, dass die Echse auch Opfer war. Keiner hatte nach den Atombomben gefragt, auch Godzilla nicht. Und obwohl die Verniedlichung und Heldwerdung von Godzilla ein stetiger Prozess war, der noch ein paar Filme in Anspruch nehmen sollte, war schon am Ende des ersten Films eine gewisse Melancholie im Spiel, als das besiegte Viech skelettiert zurück auf den Meeresboden sank.

Skelettiert hin oder her, in *Godzilla kehrt zurück* kehrt Godzilla zurück: Es ist ein anderer Godzilla, mit ähnlichen Charaktereigenschaften. Zunächst. Denn wenn ein Monster gut ankommt, dann kommen viele Monster noch besser an. Und so machte Godzilla über die Jahre eine Wandlung vom tapsigen Feind der Menschheit zum Heldenmonster durch, das die Menschheit vor noch schlimmeren Monstern beschützte, die massenhaft insbesondere über Japan herfielen.

Während der letzten Jahre ist Godzilla alt geworden. Seine Fans sind wie die Dinosaurier: Die alten sterben aus, neue wachsen nicht nach. Ein teures, aber ideenloses US-Remake von 1998 interessierte weder Amerikaner noch Japaner, ebenso spektakulär floppte die wirre japanische Extravaganz *Godzilla: Final Wars* von 2004. Der Film des als hip gehandelten Regisseurs Ryuhei Kitamura biederte sich für orthodoxe Fans zu sehr dem jungen Actionpublikum an, war für Neueinsteiger aber inhaltlich zu eng mit der gesamten Reihe verzahnt.

1998 hatte das japanische Kino aber bereits eine ganz andere Figur eingeführt, die dem nationalen und internationalen Publikum Angst und Bange machte. Im Horrorfilm *Ring* übt der Geist der jung verstorbenen Sadako, die schon im Leben über paranormale Fähigkeiten verfügte, Rache an der Menschheit mithilfe einer Videokassette: Wer sie sieht, stirbt innerhalb einer Woche. Eine Journalistin und ihr Exmann bemühen sich, hinter den Fluch zu kommen. Während sie die tragische Lebensgeschichte Sadakos und ihrer ebenfalls übersinnlich begabten Mutter aufdecken, machen sie engere Bekanntschaft mit dem Fluch, als ihnen lieb sein kann.

Der Ruf, der *Ring* international vorauseilte, war einer, dem kein Film jemals gerecht werden könnte. Eine DVD des Films wurde genauso misstrauisch beäugt wie eine Videokassette von Sadako persönlich. Mein Exemplar hatte ich einmal einem Arbeitskollegen auf eigenen Wunsch ausgeliehen. Eine Woche später bekam ich die DVD zurück. Auf meine Frage, wie der Film gefallen habe, kam die kleinlaute Antwort: »Ich habe mich nicht getraut.« Wer könnte es ihm verdenken? Ich selbst musste nach all dem Geflüster über die Gruseligkeit des Films all meinen Mut zusammennehmen, um hinzugucken.

Eine Überraschung war *Ring* durchaus, allerdings eine von der sanften Sorte, nicht von der traumatisierenden. Der Film überraschte deshalb so angenehm, weil er mit seiner subtilen Inszenierung, seiner gut durchdachten Geistergeschichte und seinen erwachsenen Figuren einen Gegenentwurf zu den plumpen, platten, dummdreisten Teenie-Schlitzer-Filmen darstellte, die in den Neunzigerjahren weltweit das Horrorgenre dominierten.

Dass *Ring* in Japan ein Erfolg werden würde, war abzusehen. Der Film basierte auf einem erfolgreichen Roman, der bereits als TV-Serie für gute Quoten gesorgt hatte. Da hatte man vorgesorgt und parallel zur Kinoverfilmung gleich die Fortsetzung gedreht: *Ring: Spiral*, die sich an der Romanfortsetzung des *Ring*-Erfinders Kōji Suzuki orientierte. Aber es geschah das Unfassbare: Trotz des phänomenalen Erfolgs des ersten Films floppte die Fortsetzung ganz fürchterlich.

Man ging das Problem auf sehr japanische Weise an: Man ignorierte es. Nicht nur den Misserfolg des Films, sondern den Film an sich. Man tat so, als hätte es ihn nie gegeben, und drehte einfach einen neuen Film namens *Ring 2*. Der wurde wieder ein Riesenerfolg und galt fortan als offizielle Fortsetzung. Dadurch bewegte sich die Filmreihe weg von der Romanreihe, die zunehmend bizarrer wurde und im dritten Band eine Science-Fiction-Bahn einschlug, in der sich das zuvor Geschehene lediglich als eine Computersimulation entpuppte.

Der offiziell dritte Kinofilm, ein Prequel namens *Ring 0: Birthday*, erzählt die Geschichte Sadakos, bevor sie zum Rachegeist wurde. Eine schüchterne junge Frau, die sich dank Talent und übernatürlicher Fähigkeiten in einer Theatergruppe hocharbeitet, aber unter Neidern und einer komplizierten Liebesgeschichte leidet. Als es zur Katastrophe kommt und Sadako von einem wütenden Mob durch den Wald gehetzt wird, sind die Parallelen zu Frankensteins Geschöpf, das eher tragische Figur mit Zuschauersympathien als fieses Monster ist, unverkennbar. Möglicherweise war das zu viel für das japanische Publikum: Der Film fiel bei Kritik und echtem Publikum durch. Vielleicht wollte man die Außenseiterin Sadako nicht allzu deutlich als Sympathieträgerin sehen. Vielleicht lag es auch nur daran, dass der Film mehr auf menschliche Tragödie als unmenschlichen Schrecken setzte und deshalb in einer Horrorserie deplatziert wirkte.

Nach Hideo Nakatas *Ring*-Filmen überschwemmten Horrorfilme aus ganz Asien den Markt (aus J-Horror wurde A-Horror), die wie *Ring* aussahen, aber nicht *Ring* waren. Es waren nicht alle schlecht. Bei den *Ju-On*-Filmen von Takashi Shimizu machte ich mir dann doch noch so ins Hemd, wie es bei *Ring* ausgeblieben war. Wun-der-bar. Immer wieder gut für schlaflose Nächte eignet sich auch der Thai-Beitrag *Shutter*. Mit dem Handy-Hexen-Horror *One Missed Call* schuf der exzentrische Akkordregisseur Takashi Miike eine nicht ganz stimmige, aber dafür umso originellere Mischung aus Mainstreamhorror, Miike-Macken und einem Hauch von Medienkritik. Hideo Nakata selbst steuerte mit einer weiteren Kōji-Suzuki-Verfilmung, *Dark Waters*, einen weiteren feinen Film zum Geistermädchengenre bei. Allen der genannten Titel, und noch einigen mehr, wurde umgehend die zweifelhafte Ehre amerikanischer Neuverfilmungen zuteil, wobei ihnen mal mehr, mal weniger gründlich alle Restoriginalität ausgetrieben wurde.

Auch wenn im Zuge des J-Horror-Booms einige Werke für die Ewigkeit entstanden, so ließ es sich doch nicht vermeiden, dass die Themen und Ästhetiken irgendwann ausgereizt waren. Das rachsüchtige bleiche Mädchen mit langen schwarzen Haaren war zu einem ähnlich überstrapazierten Horrorklischee geworden wie der melancholische Vampir oder der Serienmörder-von-teuflischer-Intelligenz. Auf die Spitze trieb die Langhaarobsession das Regie-Enfant-terrible Sion Sono mit *Exte*, einer Schauerfarce über Haarverlängerungen des Todes.

In der westlichen Welt wird die *Ring*-Reihe mittlerweile eher in der amerikanischen Inkarnation wahrgenommen, an der inzwischen Hideo Nakata selbst mitarbeitet und in der

Sadako Samara heißt. In Japan aber ist und bleibt die Original-Sadako eine regelrechte Mainstreamikone, auch wenn ihre aktive Zeit (vorerst?) vorbei ist. Neben den Romanen, Comics, Kinofilmen und Fernsehserien gibt es auch Pachinko-Automaten und Vergnügungsparkfahrgeschäfte mit *Ring*-Thematik. Hello Kitty lässt grüßen.

Selbstverständlich blieb der japanische Film seinerseits nicht unbeeinflusst vom westlichen.

Ein relativ junges Beispiel ist der spektakuläre Thriller *Black Kiss* (buraku kissu) von Makato Tezuka, der sich sklavisch an die inhaltlichen und handwerklichen Konventionen des Giallo hält, eines Subgenres zwischen Krimi und Horror, das sich durch extravagante Bildkompositionen und extravagantere Handlungswendungen auszeichnet und eigentlich eine italienische Spezialität ist. Anspielungsreich auch, dass eine Absteige namens Bat's Hotel eine Schlüsselrolle spielt, wo wiederum eine der ersten Gruselszenen in einem Bad mit Dusche stattfindet. Vom Club Vertigo ganz zu schweigen. Ein missgünstiger Tropf, wer hier Hommage und Nachahmung verwechselt. Dadurch, dass die Geschichte von *Black Kiss* fest im sehr speziellen japanischen Modelgeschäft und Rotlichtgewerbe angesiedelt ist, wurde daraus ein sehr japanischer Giallo. Ähnliches gilt für die fünfteilige Filmreihe *Jingi naki tatakai* (internationaler Titel: *Battles without Honor and Humanity*) des vielleicht wichtigsten japanischen Publikumsregisseurs Kinji Fukasaku. Es ist sicherlich kein Zufall, dass der erste Teil des japanischen Yakuza-Epos kurz nach dem amerikanischen Mafiaepos *Der Pate* in die Kinos kam. Ähnlich wie *Der Pate* in Michael Corleone einen Protagonisten hat, der nur widerwillig in seine Rolle als Unterweltherrscher hineinwächst, hat *Jingi naki tatakai* mit Shozo Hirono eine zunächst redliche Hauptfigur, die erst durch eine Verkettung von widrigen Lebensumständen und schicksalhaften Begegnungen auf die gesetzlose Bahn gerät, Blut leckt und schließlich den Hals nicht vollkriegt. Zeigte *Der Pate 2* ein faszinierendes Bild des italienischen Einwanderermilieus im New York des frühen 20. Jahrhunderts, zeigt der erste Jingi-Film ein faszinierendes Bild eines Japan, das sich nach der Kapitulation und während der amerikanischen Besatzung neu finden musste. Trotz gewisser thematischer Gemeinsamkeiten sind beide Filmreihen ganz eigene Klassiker. Ein erfülltes Cineastenleben ohne Jingi ist genauso unvorstellbar wie eines ohne Pate.

Der Einfluss von *Jingi naki tatakai* auf die japanische Kultur ist durchaus vergleichbar mit dem Einfluss von *Der Pate* auf die amerikanische und somit gesamtwestliche Kultur. Nuschelt hierzulande einer von einem Angebot, das man nicht ablehnen könne, weiß jeder sofort, was gemeint ist. Analog sind den Japanern die dramaturgischen Gepflogenheit der Jingi-Reihe in Fleisch und Blut übergegangen. Das charakteristische Einfrieren dramatischer Momente in Standbilder, die mit einem extradramatischen Tusch unterlegt werden, wird in Film und Fernsehen immer wieder und immer wieder gerne zitiert. Dieser trompetende Jingi-Tusch ist in Japan ungefähr so bekannt wie die Erkennungsmelodien von *Krieg der Sterne* oder *Der weiße Hai* im Rest der Welt.

Hören Japaner japanische Popmusik?

Wenig tue ich in Tokio lieber, als stundenlang in den gigantischen Filialen von HMV und Tower Records abzutauchen, um neue Perlen der japanischen Pop- und Jazzmusik zu entdecken oder verborgene Schätze meiner Lieblingsinterpreten zu bergen. Ein bisschen authentischer und um einiges günstiger ist es natürlich in den engen Filialen der Secondhand-CD-Kette Recofan oder gleich in den spezialisierten Sammlergeschäften in den Vororten; irgendeinen schlecht gehüteten Geheimtipp hat jeder. Aber ich liebe die großen

Ketten, insbesondere die Filialen in Shibuya, jenem Stadt-teil Tokios, in dem hemmungslos dem totalen Jugendwahn gehuldigt wird. Der gläserne Außenfahrstuhl von Tower Records hilft mir mit jedem Besuch mehr, meine eingebil-dete Höhenangst zu überwinden, und HMV betrete ich am liebsten zu vorgerückter Stunde (es hat bis 23 Uhr geöff-net), wenn sich der Rest des grauen feierabendlichen Lauf-publikums mit dem ausrückenden bunten Partyvolk mischt. Mögen diese beiden prächtigen Konsumtempel dem Zusam-menbruch des Tonträgermarktes noch lange trotzen.

Eine gewisse Ernüchterung ergreift von mir Besitz, wenn ich meine neuesten Errungenschaften japanischen Bekann-ten zeige, voller Stolz, mich kulturell noch ein Stückchen weiter assimiliert zu haben, und ich zumeist nichts als ratloses Achselzucken oder Kopfschütteln ernte. Bestenfalls ein vor-sichtiges: »Den Namen habe ich schon mal gehört ...«

»Was hörst du denn für Musik?«, frage ich nach.

»Madonna und Linkin Park!«, strahlt es mir entgegen.

Kein Japaner scheint sich für japanische Popmusik zu inte-ressieren. Aber wer kauft dann die ganzen CDs in den J-Pop-Abteilungen? Ich werde das doch nicht alleine sein. Wer macht, dass die japanische Musiklandschaft blüht und gedeiht? Es kann auch nicht an den anderen Touristen liegen, so viel Tourismus gibt es in Japan gar nicht. Gut möglich, dass Japa-ner japanische Popmusik nur heimlich hören. Dabei gibt es nichts, wofür man sich kollektiv schämen müsste. Zumindest nicht mehr als in anderen Ländern mit Plattenfirmen, Cas-tingshows und Indie-Nischen. Die japanische Popmusik hat viele Facetten, jeder Geschmack wird fündig. Und warum auch nicht? Wer die Vorstellung von japanischem Reggae zum Piepen, aber die Existenz von deutschem Hip-Hop ganz normal findet, sollte noch mal drüber nachdenken. Ein biss-chen graben muss man schon, der Chart-Mainstream unter-scheidet sich kaum vom hierzulande bekannten Chart-Main-stream. Porentief reine Mädchengesichter hauchen von der ersten Liebe, ebenso makellose Jungs üben sich im Formationstanz und schwören Hingabe und Treue. Hin und wieder wird das Einerlei von einem unerwarteten Trend variiert. Anfang 2008 war es ausgerechnet die Enka-Musik, die sich nach Jahren des Siechtums zu ungeahnter neuer Popularität aufschwang. Enka ist eine Art Mischung aus Schlager und Volksmusik, und sie galt seit einigen Jahrzehnten als entsprechend uncool bei Nippons Jugend. Der jüngste Enka-Trend ist keineswegs einem neu erstarkten Patriotismus zu verdanken – sondern einem gut aussehenden 26-jährigen schwarzen Sänger aus Pittsburgh, der von seiner japanischen Großmutter mit Enka angefixt und bei einem Karaoke-Wettbewerb entdeckt wurde. Der junge Mann namens Jero, der mit Baseballkappe, Bärtchen und Baggy Pants äußerlich von einem Hip-Hopper nicht zu unterscheiden ist, wurde in Null komma nichts zum Schwarm minderjähriger Mädchen, indem er die Musik ihrer Großeltern sang.

Meister sind die Japaner darin, etwas erst zu importieren, dann zu kopieren und schließlich auf Basis des fremden Einflusses etwas völlig Neues und komplett Japanisches daraus zu machen. Das gilt für die chinesischen Schriftzeichen, die im Japanischen ganz neue Lesarten bekamen, und für portugiesische Friteusenkost, die als Tempura zu einer unverwechselbar japanischen Spezialität wurde, genauso wie für etliche Spielarten der populären Musik. Was beispielsweise unter dem Sammelbegriff Visual Kei firmiert, mag aus der Asche von Glam Rock, New Romantic und Gothic auferstanden sein, aber die aufgebrezelten Paradiesvögel, die daraus geworden sind, lassen sich mit keinem Etikett außer ihrem eigenen behängen. Das einende Moment ist dann auch die Vorliebe für bunte Gewänder und schrille Haare; musikalisch finden sich in der Visual-Kei-Schublade grunzende Bolz-Metaller genauso wie fragile Dandy-Popper.

Popmusik ist ein schnelllebiges Geschäft, hüben wie drüben. Dass die musikalischen Helden der eigenen Jugend allenfalls noch auf den Gästesofas fragwürdiger TV-Nostalgieshows Öffentlichkeit finden, hat man irgendwann akzeptiert. Einen richtigen Schock bekam ich aber noch spät im Leben, nämlich als ich zum ersten Mal einen von mir geschätzten J-Pop-Star in einer Nostalgiesendung im japanischen Fernsehen auftreten sah und über die alten Zeiten reminiszieren hörte. So lange beschäftigte ich mich doch noch gar nicht mit dieser Welt, dass meine ersten Entdeckungen schon zum alten Eisen gehören könnten! Kurze Zeit später verkündete eine meiner japanischen Lieblingsbands das freudige Ereignis ihrer Wiedervereinigung, bevor ich überhaupt die Trennung verarbeitet hatte. Offenbar nahm die Unterhaltungsindustrie keine Rücksicht auf mein Zeitgefühl.

Was sich an einheimischen Künstlern hält und was sich als Aroma der Stunde schnell verflüchtigt, ist unmöglich vorherzusagen. Im Februar 2002 klappte ich mit der Kinnlade und schlackerte mit den Ohren, als eine junge Sängerin mit dem Allerweltspseudonym Yuki (wörtliche Bedeutung: Schnee, einer der häufigsten japanischen Frauennamen) mit einem Videoclip debütierte, in dem sie sich, lasziv bis gelangweilt auf einem Sofa lümmelnd, plötzlich in autoerotischer Absicht unter den Rock greift und beherzt zur Tat schreitet, woraufhin fröhliche Zeichentrickzwerge den Rock verlassen und ihr über Bauch und Schenkel tanzen. Es gab zwar keine unschicklichen anatomischen Details zu sehen, aber die Handlung als solche war eindeutig; das hätte sich Madonna in dieser unkodierten Offenheit selbst in ihrer aufmerksamkeitssüchtigsten Phase nicht getraut. Der Clip lief im japanischen Musikfernsehen rauf und runter, eine verkürzte Version mit weniger Handgreiflichkeit und mehr Zwergen diente außerdem als Werbespot für eine Automarke. Ich vermutete ein inszeniertes Skandälchen, das nach ein paar Wochen Hitparade wieder genauso schnell vergessen sein würde wie die dazugehörige Künstlerin. Die Nummer (also das Lied) war zugegebenermaßen nicht unflott, aber auch nicht gerade originell. Die logisch schwierig zu erklärende Sache mit den Zeichentrickzwergen hatte sich für immer in mein Gehirn eingebrannt, der Song mit dem poetischen Titel ›The End of Shite‹ nicht.

Ich staunte nicht schlecht, als ich Japan im nächsten Jahr wieder bereiste und jeder Plattenladen mit Yuki-Reklame tapeziert war. Yuki? Die gibt es immer noch? Oder ist das eine andere Yuki? Vielleicht gibt es jedes Jahr eine neue Sängerin namens Yuki? Nein, es war die mit der Hand, stellte sich heraus. Inzwischen eine liebenswerte Exzentrikerin in Knallbunt, die die Hände meistens dort lässt, wo man sie sehen kann, und auch ihr musikalischer Stil hat sich vom scheppernden Rotz-Rock zu poppigerem Konsens gewandelt. Neben Musik und Werbespots macht sie Radiosendungen und gilt als Autorin diverser Bücher (Hauptthema: Yuki und Yukis rockig-poppig verrücktes Leben).

Dass Yuki Isoya (wie sie komplett heißt) trotz Wurzeln in der Independentszene sich nicht zu schade ist, ihre Musik, ihr Gesicht und ihren Körper in den Dienst von Auto-, Kosmetik- und Handywerbung zu stellen, wird ihre japanischen Fans weder wundern noch erzürnen. In der westlichen Welt hatte manch Altpunker mit Tränen der Wut, Trauer und Betroffenheit seine The-Clash-Platten vor die nächste Dampfwalze geworfen, als die ehemaligen Bandmitglieder ihr Einverständnis zur Verwendung des Songs ›Should I Stay or Should I Go‹ in einem Jeans-Werbespot verkauften. Auch bei uns greift die Werbenutzung der Musik echter Musiker immer mehr um sich, aber der Tatbestand bleibt anrüchig. Trifft es die eigene Lieblingsband, sagt man tapfer: »Ich habe keine Lieblingsband mehr.« In Japan ist die Tatsache, dass Musiker ihre Musik an die Werbung verkaufen, genauso selbstverständlich wie die Tatsache, dass Musiker ihre Musik überhaupt verkaufen. Wenn sie einen lukrativen Vertrag abschließen, freut man sich für sie. Es mag an der Geringschätzung der japanischen Gesellschaft für allzu individuelle Auswüchse liegen. Der japanische Musikfreund freut sich, wenn er viele Gleichgesinnte hat. Er denkt sich: Wenn alle das gut finden, muss es ja gut sein. Der deutsche Musikfreund hingegen ist eifersüchtig. Er fürchtet, andere könnten ihm seine Lieblingsmusik stehlen. Oder: Wenn alle das gut finden, kann damit irgendwas nicht stimmen.

In Japan gilt aber: Ein Star, der keine Werbung macht, ist in Japan kein Star. Die Finanzkraft der japanischen Werbewirtschaft lassen auch US-Prominente gerne für sich arbeiten, wenn sie sich für Werbespots hergeben, bei denen davon ausgegangen werden kann, dass in der fernen Heimat schon niemand was davon mitbekommen wird. In der Youtube-Ära ist damit natürlich Essig, deshalb sieht man inzwischen keine Hollywood-Stars mehr, die ihren japanischen Fans alkoholische Getränke oder Zigaretten schmackhaft machen wollen – der Imageschaden in den USA wäre zu gravierend. Aber wenn es um Harmloseres wie Dosenkaffee (Tommy Lee Jones), Instantnudeln (Tom Selleck) oder Diätriegel (Kiefer Sutherland) geht, triumphiert die Gier auch heute noch über die Würde.

Bei aller Begeisterung des Westens für die japanische Popkultur haben es japanische Popmusiker schwer, außerhalb des eigenen Landes Fuß zu fassen. The Brillant Green (oder Buri-Guri, wie die abkürzungswütigen Fans beflügelt vom japanischen Silbensystem sagen) sind eine der besten Pop-Rock-Bands der Welt. Wer es mir nicht glaubt, glaubt es vielleicht dem US-Magazin *Time*, das Buri-Guri 2001 zu einer der zehn besten Bands außerhalb der USA kürte (seltsames Kriterium, zugegebenermaßen). Die Stimme von Sängerin Tomoko Kawase ist im gleichen Maße wandlungsfähig wie unverwechselbar; der musikalische Kopf Shunsaku Okuda schreibt Songs, die schnell ins Ohr, aber nie auf den

Geist gehen; Leadgitarrist Ryo Matsui ist ein Virtuose ohne Angeberei. Aber höchste musikalische Qualität und bestes Songwriting reichen offenbar für eine japanische Band nicht aus, um sich im Ausland Gehör zu verschaffen. Man erwartet grellere Kostümierung und schrägere Sounds, als das Trio aus Kyoto es nötig hat.

Zu speziell japanisch für den internationalen Markt wiederum waren Kawases Soloprojekte. Im schizophrenen Kreativrausch nahm sie gleich zwei Alter Egos an: die äußerlich süße Tommy february6, die es faustdick hinter den Ohren hat, und die Rockerbraut Tommy heavenly6, die eigentlich eine ganz Liebe ist. Wer nicht genug von Sprache und Kultur versteht, dem wird der Witz der Figuren und des ästhetischen wie musikalischen Gesamtkonzepts inklusive Musikvideos und CD-Design entgehen. Auch ich bin der Maskerade anfangs gründlich auf den Leim gegangen und war total angewidert, als ich mein erstes Tommy-february6-Video sah. Unerträglicher Plastikpop von einer unerträglichen Plastikpopmieze, fand ich. Mein Schock war groß, als ich erfuhr, dass es sich um die geschätzte Frau Kawase handelte. Vielleicht ein noch größerer Schock als Yukis Hand im Rock. Aber allmählich kam ich hinter das Konzept, und heute kann ich drüber lachen. Erschreckend ist es vielleicht für den japanischen Mainstream-Pop, dass es so schwierig ist, eine satirische Überzeichnung von ernsthaft so gemeintem zu unterscheiden. Andererseits kann man bei Pro7 auch selten zwischen Switch und Nicht-Switch unterscheiden. Genauso erschreckend.

Tomoko Kawase hat übrigens am sechsten Februar Geburtstag. Das nur zur Erklärung des Pseudonyms; Sie müssen ihr aber nichts schenken.

The Brilliant Green hatten ihr drittes Album *Los Angeles* genannt. Weil es für sie ein Sehnsuchtsort ist; nicht weil sie jemals dort gewesen wären. *Time*-Artikel hin oder her – es hat sie auch nie jemand aufgefordert, mal vorbeizukommen.

Und wenn man als japanischer Pop-Act mal rübermacht, heißt das noch lange nicht, dass man wirklich angekommen ist. Davon kann Hikaru Utada ein Lied singen. Und singen kann sie wirklich. In Japan ist sie deshalb seit den späten Neunzigern einer der ganz großen Stars. Obwohl ihre Musik ein wenig zu zaghaft und beliebig in allem Populären fischt, ohne je in die Tiefe vorzudringen, attestieren ihr auch Kritiker, dass sie immerhin ein feines, volles Stimmchen hat. Außerdem ist die Tochter japanischer Eltern in den USA geboren und aufgewachsen, spricht also perfekt Englisch. Ach ja: Hässlich ist sie auch nicht. Beste Voraussetzungen, um es auch in Amerika und dem Rest der freien Welt ganz an die Spitze zu schaffen.

Aber ihr erstes amerikanisches Album mit dem unglücklichen Titel *Exodus* wurde 2004 ein internationaler Totalflop und wurde bald in Japan in großer Stückzahl verramscht. An der Platte ist kaum etwas auszusetzen, eine sehr urbane, club- und radiotaugliche Dancefloor-Produktion mit technischer Hilfe vom amerikanischen Hitproduzenten Timbaland. Lediglich beim Lied ›Easy Breezy‹ krümmen sich einem die Zehennägel wegen des vielleicht beklopptesten Refrainreims des jungen Jahrtausends: »You're easy breezy and I'm Japaneesy.« Aber das wäre das erste Mal, dass ein Album oder auch nur ein Song wegen eines bekloppten Refrains gefloppt wäre. Es lag wohl an Utada. Nicht weil sie etwas falsch gemacht hatte, sondern weil sie perfekt passte. Aber es gab halt schon genug perfekt passende amerikanische Dancefloor-Queens mit Timbaland-Connection, da musste nicht noch eine aus Japan kommen.

Die theatralische Metal-Band Dir En Grey hingegen hat es über Japans Grenzen hinaus zu einer kleinen, aber verlässlichen Fangemeinde gebracht, weil sie eben etwas ganz Besonderes, und zwar etwas ganz besonders Japanisches ist mit ihrer Mischung aus knüppelhartem Sound und einer eher fluffigen Düster-Romantik-Optik. Eine ideale Boyband für gepiercte Girlies, die eigentlich auf Boybands spucken. Nur dass Dir En Grey zunehmend auch englische Texte singen (bzw. schreien), hören gerade viele westliche Fans gar nicht gerne. Man wird es wohl nie beiden Welten recht machen können.

Und daheim war Stille: Deutschland als Zen-Garten neu erleben

Das Erste, was mir bei meiner Rückkehr nach Deutschland immer wieder auffällt, ist die Stille. Schon auf dem Münchner Flughafen meint man eine Stecknadel fallen hören zu können, wenn man über den gespenstisch leeren Platz zwischen Terminal 1 und 2 schreitet. Wo sind all die Menschen? Sie sind wohl in Japan geblieben. Die zweite Überraschung: Die Bahn, die einen vom Flughafen in die Stadt bringen soll, hat Verspätung. Was ist passiert? Ein Erdbeben? In Japan wäre das die einzige logische Erklärung für die Verspätung eines Zuges.

Da fällt einem ein: Japan war gestern. Jetzt ist man zurück in der Heimat. In dem Land, in dem der gesamte Schienenverkehr zusammenbricht, wenn an der Strecke ein Baum laubt. Hier muss sich zur äußeren Ruhe die innere gesellen. Das Mantra lautet: Der Zug kommt, wenn er kommt. Wenn er nicht da ist, ist er nicht da, und die Ungeduld im Herzen wird daran nichts ändern.

Der Eindruck der verstummten Umwelt und des entschleunigten Lebens setzt sich beim Gang durch das Wohnviertel fort. Nanu, ist jemand gestorben? Alle?

Und man wird bald eins mit der Stille, und so denkt man sich: Auch ganz schön, wenn mal kein Vogel schreit, kein Lautsprecher Kosmetikartikel oder Digitaltechnologie anpreist, kein plötzliches *»Irasshaimaseeeee!«* einen binnen Sekunden um Jahre altern lässt.

Man kann das genießen.

Aber man könnte auch mal ganz unverbindlich schauen, wann der nächste Flug geht und was der kostet.